Susanne Dank

**Individuelle Förderung
Schwerstbehinderter**

Susanne Dank

Individuelle Förderung Schwerstbehinderter

Konkrete Beispiele, Programme, Übertragungsmöglichkeiten

Dieses Buch erhielt den „Förderpreis zur Unterstützung der Arbeit mit geistig Behinderten" des Landesverbandes der Lebenshilfe für geistig Behinderte Nordrhein-Westfalen im Jahre 1985.

🔘 **verlag modernes lernen - Dortmund**

© 1988 verlag modernes lernen, Borgmann KG, D-44139 Dortmund

5., unveränd. Aufl. 1996

Herstellung: Löer Druck GmbH, Dortmund

 Bestell-Nr. 1052 ISBN 3-8080-0293-X

Inhaltsübersicht

Zum Geleit

Zehn Jahre einer systematisierenden Förderung von schwerstbehinderten Kindern in Schulen haben die Strukturen der öffentlichen Erziehungs- und Bildungsinstitutionen deutlich verändert. War die Sonderschule zunächst hauptsächlich lern- und leistungsbetont, so können wir jetzt sehen, daß durch das Einbeziehen sehr schwer behinderter Kinder der Gedanke der Entwicklungsförderung immer mehr Anklang findet.

Die Veränderung der Schülerschaft, insbesondere an den Schulen für geistig behinderte, für körperbehinderte aber auch für blinde, gehörlose und anfallskranke Kinder, hat als erste Ursache sicherlich die Intensivierung der geburtshilflichen und Neugeborenen-Medizin. Mehr Kinder, die unter großen Schwierigkeiten zur Welt kommen, bleiben am Leben — einige mit Schädigungen, die das Kind sehr schwer beeinträchtigt sein lassen. Andere wachsen zu unauffälligen gesunden Kindern heran. Es sei an dieser Stelle vermerkt, daß wir Pädagogen uns das Dilemma des Arztes und der Eltern kaum richtig vorstellen können, wenn diese vor Entscheidungen stehen, die Leben oder Sterben eines Kindes beeinflussen. Solange Hoffnungen auf ein gesundes Leben bleiben, solange werden sich die unmittelbar Betroffenen an diese Hoffnung halten und für das Leben aktiv werden. Wir können uns also kaum für berechtigt halten, eine hochentwickelte Medizin zum „Schuldigen" zu erklären, wenn es um die Zunahme schwerst behinderter Kinder geht.

Als Pädagogen — um diesen Exkurs zu befinden — sind wir dafür da, jedem Kind mit seinen individuellen Möglichkeiten zu einer optimalen Entwicklung zu verhelfen.

Behinderung ist dann keine Krankheit mehr, sondern eine spezielle menschliche Befindlichkeit, die wir in unsere beruflichen Absichten einzubeziehen haben. (Krebs)

Schwerstbehinderte Kinder und Jugendliche stellen natürlich die Institution Schule, die Mitarbeiter, aber vor allem auch die Eltern, vor schwere Aufgaben. Insbesondere die Basis jeder menschlichen Beziehung — und Erziehung ist eine Variante von Beziehung — nämlich die Kommunikation, ist schwer irritiert. Nicht nur fehlt die Möglichkeit sprachlicher Verständigung, es irritiert uns die Mimik der Kinder, wir beobachten keine Gesten, selbst die elementare Körpersprache verwirrt uns, weil kaum ein Lebens- und Äußerungsbereich ungestört und unbeeinträchtigt bleibt.

So wirken diese Kinder fremd, erschreckend, abwesend und unansprechbar — scheinbar bleibt uns Erwachsenen nur Pflege und Versorgung des Körpers ohne einen Zugang zur Person, von der wir nichts wissen, an deren Existenz wir ja gelegentlich zweifeln.

Sicher — so muß man vermuten — sind wir damit auch in unserem Verhalten für diese Kinder mit ihren extrem eingeschränkten Aufnahme- und Verarbeitungsmöglichkeiten fremd und unbegreiflich.

Die Suche nach einer gemeinsamen Lebens- und Kommunikationsbasis wird uns noch lange beschäftigen.

Das schwerstbehinderte Kind ist aber trotz aller tatsächlichen Schwierigkeiten nicht der „unheimliche Fremdling" (Doman/Delacato), sondern wir können Gemeinsamkeiten finden, die dann auch gemeinsames Handeln (= Erziehung, Förderung) ermöglichen. Wir haben daher eine Reihe von menschlichen Grundbedürfnissen formuliert, mit der sich die Gemeinsamkeit in individueller und sozialer Hinsicht ausdrücken läßt.

Unabhängigkeit	Sicherheit
Selbstbestimmung	Stabilität
Anerkennung	Verläßlichkeit der Beziehungen
Selbstachtung	Anregung
Prestige	Abwechslung
Bindung	Bewegung
Angenommen-Sein	Vermeidung von Hunger — Durst, Schmerzen
Zärtlichkeit	(Fröhlich, 1983, vgl. auch Gasiet, 1981)

Wir kennen oder spüren die Bedeutung der einzelnen Bedürfnisgruppen für uns selbst und können so vielleicht ableiten, wie wichtig eine Sicherstellung einer wenigstens ansatzweisen Bedürfnisbefriedigung für Menschen mit extrem eingeschränkter Handlungsfähigkeit ist.

Das Ihnen hier vorliegende Buch ist ein solcher Versuch, die Aktivitäts- und Erlebensmöglichkeiten schwerstbehinderter Kinder, vor allem in Schulen für Geistigbehinderte zu erweitern. Gerade in Falldarstellungen zeigt sich, wie es möglich ist, ganz individuell und sensibel die Bedürfnissituation auf einem aktuellen Entwicklungsniveau aufzuspüren und mit dem Schüler Verbesserungen seiner (Er-)Lebensfähigkeit zu erarbeiten.

Es zeigt sich aber auch, wieviel Detailkenntnis und Fachwissen aus unterschiedlichen Disziplinen zusammen kommen muß, um Diagnostik und Förderung angemessen zu realisieren. Vieles kann in einer solchen Darstellung naturgemäß nur angedeutet werden. Gerade wenn wir uns einer „neuen Ganzheitlichkeit" verpflichtet fühlen, wenn wir nicht vordergründig spezialisierend Problemisolierung oder generalisierend Problemnivellierung betreiben wollen, sondern uns um eine problemangemessene Differenzierung (Bach) bemühen, so kann dies nicht nur mit „warmem Herzen" sondern nur in Verbindung mit einem „kühlen Kopf" geschehen.

Solche geplanten und dennoch sensiblen Vorgehensweisen zeigt die Autorin beispielhaft.

Ganzheitlichkeit und problemangemessene Differenzierung kann man versuchsweise in einem Modell (Haupt) darstellen, mit dem Wechselwirkungen und Beziehungen der menschlichen Person insbesondere in frühen Phasen der Entwicklung deutlich werden (s. Abb.).

Die Zentralisierung eines Bereiches in der Mitte ist eine willkürliche Setzung aus der Sicht eines Faches. Je nach beruflicher Ausbildung und persönlichem Schwerpunkt wird man eine unterschiedliche Gewichtung vornehmen wollen. Sie können dies, lieber Leser, für sich oder andere in der Vorstellung unschwer ausprobieren.

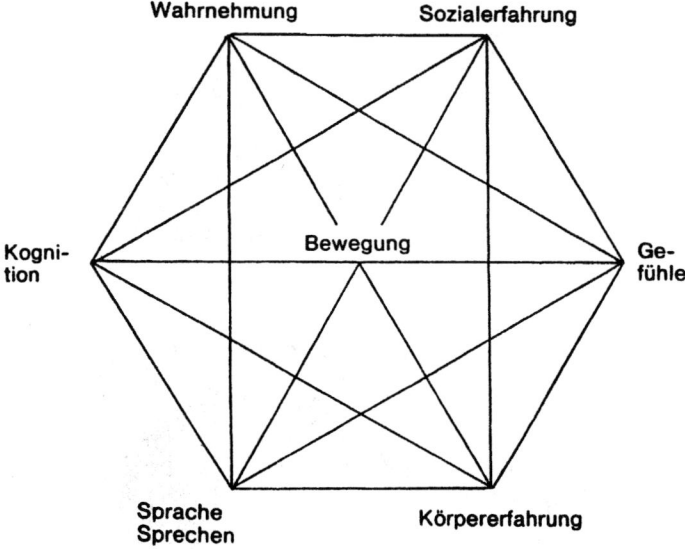

Dennoch — das eine Kind, das Kind mit einer schweren Behinderung erlebt sich und die personale Umwelt ganzheitlich, d.h. alle genannten Bereiche sind gleichwichtig, gleichwirksam und werden auch gleichzeitig erlebt. Auch unser pädagogisches oder therapeutisches Arbeiten mit dem Kind wird von diesem ganzheitlich erlebt, unsere Person und ihre Wirkung in diesen sieben Bereichen verschmilzt mit unserer Arbeitsabsicht zu einem ganzheitlich geglückten oder auch mißratenen Dialog.

Die „Schulung" eines isolierten Entwicklungsbereiches wird damit ad absurdum geführt, kann nicht mehr länger als angemessen bezeichnet werden.

Die Lektüre dieses Buches möge Ihnen Anregungen bringen, sich einem schwerstbehinderten Kind in allen seinen Entwicklungsbereichen und Möglichkeiten zu nähern.

Kaiserslautern, im März 1987   *Dr. Andreas Fröhlich*

Vorwort

des Landesverbandes der Lebenshilfe für geistig Behinderte
Nordrhein-Wesffalen

Der Landesverband der Lebenshilfe für geistig Behinderte Nordrhein-Westfalen hat im Jahre 1985 einen „Förderpreis zur Unterstützung der Arbeit mit geistig Behinderten" ausgeschrieben.

Zielsetzung dieser Ausschreibung war es, Praktiker in der Behindertenarbeit anzuregen, ihre Erfahrungen oder Methoden in der Arbeit mit geistig Behinderten schriftlich darzustellen. Die Arbeit mit behinderten Menschen wird an vielen Orten unseres Landes geleistet.

Mit dem Förderpreis war auch die Absicht verbunden, vielen Menschen die Möglichkeit einzuräumen, aus den Arbeiten Informationen zu entnehmen oder vom Entwicklungsstand zu einzelnen Problemen in der Behindertenarbeit Kenntnis zu erhalten.

Frau Dank hat sich in einer für uns lobens- und dankenswerten Weise eines wichtigen Themas angenommen und es auch vom anthropologischen Standpunkt aus vertieft betrachtet. Ihrem Buch können nicht nur Handreichungen und Anweisungen entnommen werden, sondern es wird sehr deutlich herausgestellt, daß die Förderung und Erziehung des schwerstbehinderten Menschen ihren Sinn nicht in der Erreichung fremd-bestimmter Ziele finden kann. Die Auswahl dessen, was durch die Fördermaßnahmen erreicht werden soll, muß sich nach der individuellen Ausgangslage richten. Frau Dank entwickelt aus dem Verständnis von Schwerstbehinderung als spezifischer menschlicher Daseinsform innerhalb der bestehenden gesellschaftlichen Verhältnisse zwei Konsequenzen im Hinblick auf eine mögliche Veränderung der Situation.

Von der Gesellschaft wird verlangt und erwartet, daß sie die Bereitschaft entwickelt, die verschiedenen Ausformungen menschlicher Existenz als gleichwertig anzuerkennen und die gesellschaftlich erarbeiteten materiellen Werte für die Lebenserhaltung und Lebenserfüllung aller Menschen in gleicher Weise einzusetzen.

Im gesellschaftlichen Bewußtsein muß es zur Anerkennung von Werten kommen, die außerhalb der Leistungs- und Produktionsgedanken liegen.

Eine zweite Konsequenz betrifft die individuelle Ausgangslage des schwerstbehinderten Menschen, die als prinzipiell veränderbar begriffen werden muß. Es besteht die Möglichkeit und die Notwendigkeit, durch Fördermaßnahmen die Isolation des schwerstbehinderten Menschen von der Umwelt zu durchbrechen und ihm Formen des Partizipation zu ermöglichen.

Wir zitieren aus einer Bewertung:

„Diese Arbeit liefert vor allen Dingen im praxisbezogenen Teil den Beweis, daß die Förderung und Erziehung schwerstbehinderter Menschen notwendig und sinnvoll ist. Sie vermittelt all denen, die mit schwerstbehinderten Menschen zu tun haben, Denkanstöße, Mut und Vertrauen in die eigene Arbeit. Sie hilft und regt an, neue und immer bessere Wege zu suchen, um schwerstbehinderte Menschen angemessen zu fördern. Gerade weil auf diesem Gebiet noch sehr viel Unsicherheit und Unkenntnis herrschen, wäre es wünschenswert, wenn diese klare und übersichtlich konzipierte Arbeit, die soviel Engagement für die behinderten Menschen zeigt, trotz ihres großen Umfanges anderen zugänglich gemacht würde."

Dieser Bitte und diesem Wunsche möchten wir uns anschließen, um viele Mitarbeiter im Umgang mit schwerstbehinderten Menschen zu befähigen, den richtigen Weg auch in der Beantwortung der Sinnfrage zu finden. Möge das Buch dazu beitragen, daß die am äußersten Rand der Gesellschaft lebenden Menschen in unsere Mitte geholt und aus der Verlassenheit unverschuldeten So-Seins gelöst werden.

Heinz Speck
Landesvorsitzender
der Lebenshilfe NW

Jacob Savelsberg
Vorsitzender der Jury
zur Vergabe des Förderpreises

Einleitung

Es gibt eine zentrale Aufgabe in der Förderung Schwerstbehinderter, die für Eltern und Erzieher stark im Vordergrund steht: Auf welche Art und Weise werde ich den von mir betreuten Personen *am besten* gerecht?

Auch mich hat diese Frage lange Zeit vor ein Problem gestellt. Ein *Problem* im eigentlichen Sinne wird aus dieser Aufgabe jedoch nur dann, wenn man für einen konkreten Fall *den* entsprechenden Ansatz bzw. die „beste" Theorie sucht. Auf diesem Wege ergeben sich häufig unüberwindliche Schranken. Die vorliegenden Konzepte lassen sich nur selten reibungslos individuell umsetzen und anwenden.

Dieses Problem, das hat meine bisherige Tätigkeit im Bereich der Förderung Schwerstbehinderter gezeigt, ist jedoch überflüssig, denn es ist leicht zu lösen.

Mit meinem Buch möchte ich den Beweis antreten, daß es nicht nur notwendig sondern auch möglich ist, Schwerstbehinderte individuell zu fördern: Nicht *ein* vorgedachter und abgegrenzter Ansatz in der Förderung Schwerstbehinderter tut Not — Einzelkonzepte gibt es tatsächlich was ihre Anzahl und Aussagekraft anlangt zur Genüge — sondern die *Kombination* oder anders: die *gezielte Auswertung der* in Frage kommenden Programme für einen konkreten Fall ist geboten!

Das ist die wesentlichste Erfahrung, die ich über Jahre hinweg auf diesem Feld gemacht habe.

Von dieser Erfahrung und den sich bietenden Möglichkeiten einer personenge-rechten und effektiven Arbeit mit Schwerstbehinderten handelt mein Buch und davon möchte ich in der Darstellung des kombinierten Konzeptes berichten.

Was sich also auf den folgenden Seiten inhaltlich findet, ist *nicht* ein weiterer neuer Ansatz zur Förderung Schwerstbehinderter, sondern es sind *praktische Anwendungsbeispiele* vorhandener Fördermöglichkeiten für den jeweils ganz individuellen Fall.

Susanne Dank

1. Das kombinierte Konzept in der Förderung Schwerstbehinderter

Für die Förderung Schwerstbehinderter steht eine Reihe fundierter Einzelkonzepte zur Verfügung. Trotzdem ergibt sich sofort ein deutlicher Mangel, entscheidet sich der Erzieher in der täglichen Arbeit für einen der verschiedenen Ansätze. Sobald er versucht, ein bestimmtes Konzept für die Arbeit mit heterogen zusammengesetzten Schwerstbehindertengruppen auszuwerten oder auch nur, es auf einen konkreten Einzelfall anzuwenden, muß er erkennen: *Keiner* der vorliegenden Ansätze ist für *alle* Schwerstbehinderte gleichermaßen tauglich und nur selten reicht eines der Konzepte für die umfassende Förderung eines bestimmten Schülers aus. Zusätzlich fehlt dem Praktiker oftmals das Bindeglied zwischen den vielfältigen Erkenntnissen und Handreichungen der Fachwissenschaft einerseits und dem konkret vorfindbaren Schwerstbehinderten andererseits.

In der Schwerstbehindertenpädagogik fehlt jedoch keine neue Theorie. Es ist viel einfacher! Der Erzieher hat nämlich die Möglichkeit, alle vorhandenen Konzepte für einen Schwerstbehinderten praktisch auszunutzen.

Mit dieser individuellen Umsetzung der Theorien in die Förderpraxis beschäftigt sich das kombinierte Konzept.

Die eigentliche Aufgabe in der Arbeit mit dem kombinierten Konzept besteht also darin, die verfügbaren Ansätze der Schwerstbehindertenförderung und darüberhinaus Erkenntnisse der allgemeinen Pädagogik und Psychologie für die praktische Arbeit heranzuziehen, diese jedoch nicht als fertiges Ganzes zu übernehmen, sondern sozusagen maßgeschneiderte Förderformen für Individualisten daraus zu entwickeln. Dabei ergibt sich in möglichst optimaler Abstimmung zum einzelnen Kind jeweils ein eigenständiges, individuelles Gesamtförderprogramm. Schließlich handelt es sich bei Schwerstbehinderten um eine sehr heterogene Personengruppe. Auch die Einzelpersönlichkeiten zeigen häufig verschiedenartige Fähigkeiten und Lernvoraussetzungen in den diversen Entwicklungsdimensionen. Wir haben es oft mit Kindern und Jugendlichen zu tun, die in bestimmten Bereichen (z.B. Sprachverständnis, Sozialverhalten) Fähigkeiten entwickelt haben, die weit über die übrigen Kompetenzen (Wahrnehmung, Motorik, Sprachproduktion) hinausreichen. Dieses Phänomen einer heterogenen Persönlichkeitsentwicklung ist in vielen verschiedenen Kombinationen und Variationen zu beobachten.

Ein gesonderter Ansatz, der sich schwerpunktmäßig mit nur einem Teilaspekt der Behinderung beschäftigt (z.B. Wahrnehmung, Motorik) kann den Schülern auch nur in Teilbereichen gerecht werden und weist, am Ideal einer ganzheitlichen Erziehung gemessen, immer Lücken und Mängel auf. Die einseitige Gewichtung zugunsten eines Konzeptes bringt aber noch weitere Probleme mit sich. Alle zur Verfügung stehenden Ansätze gehen von bestimmten theoretischen Setzungen, wissenschaftlichen Einschätzungen und teilweise auch von unterschiedlichen Menschenbildern aus. Will man diese Vorgaben nicht einfach übernehmen, so ergibt sich die Notwendigkeit, hier prüfend tätig zu werden. Dabei müssen mögliche Fehler oder Schwachstellen erkannt und nach Möglichkeit durch den Einbezug zusätzlicher Schritte kompensiert werden.

Das kombinierte Konzept versucht, diesen Anspruch einzulösen, indem es alle für die individuelle Förderung brauchbaren Teile der vorhandenen Ansätze zusammenfaßt, die ungeeigneteren Elemente hingegen ausklammert bzw. Korrektivmaßnahmen einbezieht.

Dies setzt in erster Linie ein breites Wissen über den aktuellen Stand der Schwerstbehindertenpädagogik voraus. Je mehr Konzeptionen man kennt, desto größer ist natürlich auch der Fundus, aus dem man schöpfen kann und um so effektiver gestaltet sich letztlich die praktische Arbeit.

Das kombinierte Konzept kann seine Stärke nur als lebendiges und wissensdurstiges Verfahren entfalten. Es verleibt sich daher immerzu neuentwickelte Ansätze, Forschungsergebnisse und Praxiserfahrungen ein. Es handelt sich bei dieser Vorgehensweise also keinesfalls um ein feststehendes Repertoire von Bestandteilen, das einmal niedergelegt, für alle Zeiten gelten kann. Im Gegenteil fließen ständig neue Erkenntnisse, Arbeitsweisen und Fördermöglichkeiten ein. Der Erzieher sucht nach Verbesserungschancen für das Altbewährte und seine Tätigkeiten und Angebote sind deshalb immer wieder Veränderungen unterworfen. Nur auf diese Weise ist jedoch zu gewährleisten, daß sich die Förderung an der Individualentwicklung des schwerstbehinderten Schülers orientiert und von der Reflexion des Förderprozesses profitieren kann.

Die Schwerstbehindertenpädagogik hat in den letzten beiden Jahrzehnten eine Vielzahl unterschiedlicher Förderkonzeptionen hervorgebracht. Im folgenden können lediglich die Hauptbestandteile des kombinierten Konzeptes und auch diese nur in knapper Form beschrieben und mit den wichtigsten Erläuterungen versehen werden. Als wesentlichste Ansätze sind nach wie vor zu nennen:

- Basale Stimulation nach Fröhlich
- Isolationstraining und sensomotorische Entwicklungsförderung nach Kiphard und Delacato
- Basale Aktivierung nach Breitinger/Fischer
- Integriertes Lernen nach Haupt/Fröhlich
- Psychomotorische Übungsbehandlung und krankengymnastische Therapie
- Entwicklungspsychologische Erkenntnisse nach Piaget

Der Abschnitt 1.7. (Zusammenfassung) stellt eine Übersicht bereit, in der weitere Ansätze genannt werden. Eine genauere Darstellung - so wünschenswert dies auch wäre - würde den Rahmen des Buches bei weitem sprengen. Der interessierte Leser sei daher ganz besonders nachdrücklich auf die nach Bereichen geordneten Literaturempfehlungen verwiesen.

Der Anschaulichkeit wegen wird die Anwendung der vorgestellten Konzepte in der Praxis von Anfang an mit einem ausführlichen Fallbespiel verdeutlicht. Dieses kann selbstverständlich nur exemplarische Wege aufzeigen. Da die einzelnen Beispiele jedoch bei aller Spezialisierung auf einen individuellen Fall das stets gleichbleibende Prinzip des kombinierten Konzeptes bebildern, sind sie der Sache nach doch übertragbar.

Fallbeispiel Dieter:

Dieter ist ein schwerstbehinderter Junge. Mit 15 Jahren wird er in eine Sonderklasse für Schwerstbehinderte eingeschult. Seit seinem 17. Lebensjahr richtet sich seine Förderung nach den Prinzipien des kombinierten Konzepts aus.

Dieter leidet an einer ausgedehnten Hirnatrophie mit Hydrocephalus internus und externus. Im Gefolge eines schweren und häufig auftretenden Grand-Mal-Anfallsleidens zeigen sich bei Dieter schon früh Lähmungserscheinungen der rechten Körperhälfte. Die spastische Symptomatik der rechten Extremitäten ist gekennzeichnet durch starke Bewegungsverlangsamung, Störung der Sensibilität und der Koordinationsfähigkeit.

Dieters Motorik ist von der Links-Rechts-Differenz deutlich geprägt. Er kann zwar gehen, doch bringen ihn kleinste Unebenheiten aus dem Gleichgewicht. Er neigt bei Unsicherheiten zur Versteifung und läßt sich ohne Stützreaktion nach hinten fallen.

Dieter sitzt häufig in der Hocke, aus der er selbständig wieder in den Stand gelangen kann. Das Aufrichten aus einer Sitzhaltung auf dem Boden ist ihm nicht möglich. Als Positionswechsel im Liegen gelingen Dieter Rotationsbewegungen. Ohne fremde Hilfe kann er sich nicht im Knie- oder Vierfüßlerstand halten. Gleichgewichtsreaktion und Sprungbereitschaft sind äußerst verlangsamt. Seine motorischen Leistungen im Bereich der Körperkontrolle und des Handgeschicks entsprechen in etwa einem Entwicklungsalter von 18 Monaten.

Dieter greift bevorzugt links. Er wendet hier den Pinzettengriff mit drei und zwei Fingern an, rechts greift er ganzhändig. Bewegungskoordinationen der rechten Hand sind nur unter Blickkontakt möglich. Dieter verfügt über einen kleinen passiven Wortschatz, der tägliche Verrichtungen und Gegenstände betrifft, mit denen er häufig zu tun hat (Haushalts- und Einrichtungsgegenstände, Räume, Spielzeug, Aktionen). Er bringt das sprachliche Verständnis jedoch nur in vertrauten Situationen auf und muß sich an bekannten Umweltkonstellationen orientieren. Dieter benutzt ein Repertoire von Stimmungslauten, mit denen er Bedürfnisse und Gefühle ausdrückt. Seine Artikulationsorgane sind mißgebildet (Verformung des Oberkiefers, Zahnfleischwucherungen, Unbeweglichkeit der Zunge, Gefühllosigkeit der Lippen), das ständige Offenstehen des Mundes bedingt einen starken Speichelfluß.

Dieter unterscheidet fremde und bekannte Personen, er zeigt Interesse an Sozialkontakten. Sein Sexualverhalten ist unentwickelt. Häufig beschäftigt sich Dieter durch stereotypes Kopfschwenken, Hyperventilieren oder das Erzeugen von Spuckgeräuschen. Er bevorzugt rollende, rotierende Spielgegenstände, die gleichförmige Geräusche produzieren. Diese begleitet Dieter oft durch rhythmisches Klatschen und Stampfen, welches einen ausgeprägt stereotypen Charakter besitzt.

Dieters Wahrnehmung unterliegt einer strengen Hierarchie. Als vorrangiger Wahrnehmungskanal dient ihm das Gehör. Dieter ist stets auf der Suche nach geräuscherzeugenden Aktivitäten und zeigt in einer geräuscharmen Situation rasch ein Suchverhalten nach akustischen Eindrücken. Dabei empfindet er jedoch nicht alle akustischen Ereignisse als angenehm. Leise Geräusche mit hoher Frequenz lösen Schreckreaktionen, ja sogar Anfälle aus. Ohrenbetäubender Lärm (Verkehr, Flugzeug, Gewitter) jedoch macht Dieter viel Freude. Reichen für Dieter die akustischen Hinweise aus der Umwelt nicht mehr aus, um sich zu orientieren, nimmt er seinen Tastsinn zu Hilfe. Gegenstände, die er zum Spielen oder für eine Übung benötigt, ertastet er sich vorwiegend links. Kleine Dinge, wie Murmeln oder Stecker, führt er an die empfindliche Stelle zwischen Oberlippe und Nase, um ihre Form und Oberfläche zu erfühlen.

Während Dieter im Bereich der akustischen Wahrnehmung ein Entwicklungsalter von etwa zwei Jahren erreicht, entsprechen seine Leistungen in der optischen Wahrnehmung höchstens einem Entwicklungsalter von einem Lebensjahr. Sein Unterscheidungsvermögen visueller Reize beruht vorwiegend auf Unterscheidungsleistungen mit Hilfe von Hell-Dunkel bzw. farblicher Kontraste. Je kleiner und unauffälliger die Gegenstände sind, desto deutlicher wird Dieters Zuhilfenahme des taktilen Sinnesbereichs.

1.1. Basale Stimulation

Die basale Stimulation wurde von Fröhlich zur Therapie Schwerstbehinderter entwickelt, die in ihrem Entwicklungsalter in den Bereichen der Wahrnehmung, Motorik, Kommunikation und des Sozialverhaltens mit einem Säugling in den ersten Lebensmonaten verglichen werden können. Dem Schwerstbehinderten sollen durch die basale Stimulation Reizerfahrungen solcher Qualität und Quantität ermöglicht werden, die er sich selbständig und aktiv nicht verschaffen kann. Über das In-Gang-Setzen *vorhandener* Verarbeitungsorgane soll das Gehirn stimuliert und dazu angeregt werden, *neue* Wahrnehmungs- und Reaktionsleistungen aufzubauen.

Die Methode der basalen Stimulation besteht also darin, dem Kind, das noch nicht gelernt hat, mit den aus der Umwelt empfangenen Reizen sinnvoll umzugehen, besonders strukturierte Reize zuzuführen, die dem jeweiligen Wahrnehmungsniveau des Kindes entsprechen und die zu einer Weiterentwicklung und Ausdifferenzierung der Wahrnehmungsfähigkeit beitragen sollen.

Das Reizangebot, mit dem der Schwerstbehinderte konfrontiert wird, folgt einer entwicklungspsychologisch begründeten Hierarchie: Die Sinnesrezeptoren der somatischen Wahrnehmung (Temperatur-, Druck- und Feuchtigkeitsempfindung der Haut) werden z.B. durch Baden und Duschen mit unterschiedlich temperiertem Wasser, durch Einreiben mit Schaum, Frottieren und Berieseln des Körpers mit verschiedenartigem Material, durch Trockenföhnen, Cremen, Massieren, in Materialbädern (Kornwanne, Styroporflocken- und Kugelbad) und unter der Trockendusche (Schnüre oder Plastikrohre, die das Kind sanft bestreichen) angeregt. Mit Hilfe von Vibrationsquellen (Vibrationswürfel, Massagestab) wird die vibratorische Wahrnehmung angesprochen. Die Lagerung des Schwerstbehinderten in wechselnden Stellungen und Raumlagen, das Angebot von Erfahrungen beim Schaukeln und Wippen (Schaukeltonne, Hängematte) regen den vestibulären Bereich an. Mundmassage sowie Gegenstände zum Kauen, Lutschen, Saugen und Beißen sind geeignet, den oralen Wahrnehmungsbereich, Geruchsdarbietungen (Riechfläschchen, Odorierung von Gegenständen und Personen) den olfaktorischen Empfindungsraum zu stimulieren. Anregungen für den Tastsinn bieten Materialbäder für die Hand, Gegenstände zum Greifen mit unterschiedlicher Oberflächenstruktur und Formung. Zur Sensibilisierung der akustischen und optischen Wahrnehmung wird zunächst mit ursprünglichsten Reizen gearbeitet (Herzschlaggeräusche, Lichtimpulse), die nach und nach bei erkennbarer Zuwendung des Kindes zur Reizquelle ausdifferenziert werden.

Fröhlichs Therapieverfahren eignet sich erfahrungsgemäß nicht nur für Schwerstbehinderte mit sehr niedrigem Entwicklungsalter, sondern auch für Übungen mit Personen, die an isolierten Störungen in einem oder mehreren Bereichen der Wahrnehmung leiden. Indem die basale Stimulation viele Anregungen zum Aufbau von Wahrnehmungsprozessen und zur Differenzierung der Wahrnehmungstätigkeit anbietet, ist sie dazu geeignet, unentwickelte oder gestörte Sinnesbereiche bei einer schwerstbehinderten Person zu aktivieren, die diese bisher nicht nutzen konnte, um Reize aus der Umwelt für die Orientierung des Verhaltens auszuwerten. Darüberhinaus sind auch bei Sensibilitätsstörungen verschiedener Körperpartien, wie z.B. bei gelähmten Extremitäten oder beim Abbau von Stimulationsstereotypien (Augenbohren, Handbeißen), die Verfahrensweisen der basalen Stimulation möglicherweise von großem Nutzen, um sensorische und motorische Funktionen anzubahnen oder wieder aufleben zu lassen.

1.2. Isolationstraining und sensomotorische Entwicklungsförderung

Das Isolationstraining ist als Teilbereich der sensomotorischen Entwicklungsförderung zu verstehen. Während die sensomotorische Entwicklungsförderung ein umfassendes Programm zur Stimulierung retardierter und gestörter Wahrnehmungsleistungen und sensomotorischer Funktionen darstellt und Übungen zur Fortbewegung, zum Handgeschick, Sprechbewegungs- und Augenfunktionstraining sowie geruchliche, geschmackliche und kinästhetische Stimulierungsmöglichkeiten vorstellt, wird das Isolationstraining speziell bei der Behandlung autistischer Kinder angewandt. Die Behinderung von Autisten zeichnet sich nach Ansicht Kiphards vor allem dadurch aus, daß sie an einer gravierenden Wahrnehmungsstörung im Sinne einer Reizüberempfindlichkeit leiden. Dieser Hypersensibilität, in deren Folge der autistische Mensch Abwehr, Ausweichverhalten und einen Rückzug von Umwelt und Kontakten zeigt, will Kiphard durch ein Desensibilisierungsprogramm entgegenwirken. Er bietet deshalb autistischen Kindern ein Wahrnehmungstraining an, in dem sie regelmäßig und mehrmals am Tage in einer sonst möglichst reizarm gehaltenen Umgebung mit Sinnesreizen konfrontiert werden, die einfach strukturiert sind und über einen längeren Zeitraum hinweg gleichbleiben. Dabei werden in der ersten nonverbalen Übungsphase nur einzelne Sinnesbereiche angesprochen und gekoppelte Reize vermieden. Die einzelnen Übungssequenzen umfassen in der ersten Phase: Isoliertes Tasten; gleichzeitiges Tasten und Sehen; isoliertes Sehen; isoliertes Hören (noch keine Sprache). Die folgenden sechs Übungsstufen gehören zur verbalen Informationsebene und bieten dem Kind gleichzeitig Reize, die aus zwei oder drei Sinnesbereichen stammen. Es werden geübt: Gleichzeitiges Tasten und Hören; Tasten und Handeln; Sehen und Handeln; Sehen, Hören und Handeln.

Schon lange vor Kiphard kam Delacato in seiner Arbeit mit Autisten zu ganz ähnlichen Ergebnissen und stellte 1975 ein im wesentlichen vergleichbares Übungsangebot zur Wahrnehmungsschulung vor.

Gerade unter Schwerstbehinderten finden wir eine große Zahl von Menschen, die ausgeprägte autistische Züge oder zumindest einzelne autistische Symptome zeigen. Dies läßt sich auf die bei Schwerstbehinderten gleichfalls häufig schwer geschädigte Wahrnehmungsfähigkeit zurückführen.

Die Erfahrung hat gezeigt, daß sich die Übungsvorschläge von Kiphard und Delacato sehr nutzbringend auch für die Therapie Schwerstbehinderter mit Wahrnehmungsstörungen einsetzen lassen und daß mit ihrer Hilfe häufig positive Resultate erzielt werden können. Ob ein Schwerstbehinderter auch mit dem erweiterten Angebot der sensomotorischen Entwicklungsförderung adäquat gefördert werden kann, hängt ab vom jeweiligen individuellen Entwicklungsstand.

Dieter setzt die visuelle Kontrolle nur selten ein, um sich in der Umgebung zu orientieren. Weder beim Essen noch beim Gehen oder Spielen richtet er seine Bewegungen gezielt nach optischen Beobachtungen aus. Im Spiel tastet er um sich, bis er den gewünschten Gegenstand gefunden hat, schaut sich das Spielzeug nur selten an, sondern benutzt es vorwiegend blind, um Geräusche damit zu erzeugen.

Bekommt er den Auftrag, einen Gegenstand (z.B. Becher) vom Tisch zu greifen, fällt auf, daß er ihn zunächst aus einer Entfernung von etwa zwei Metern fixiert, dann den Kopf abwendet und beim Näherkommen in Richtung des Gegenstandes tastet. Auch beim Hinstellen von Dingen kann man häufig diese abgewandte Kopfhaltung beobachten.

Dieter soll nun lernen, auch die visuelle Kontrolle in der Auseinandersetzung mit der Umwelt zu gebrauchen und den optischen Reizen Informationen für sein Bewegungsverhalten zu entnehmen. Da er die visuelle Wahrnehmung nur selten benutzt, kann es in diesem Bereich nur schwer zu einer Ausdifferenzierung und Weiterentwicklung vorhandener Fähigkeiten kommen. Durch eine Schulung der optischen Wahrnehmung können zusätzlich entwicklungsfördernde Effekte für die Bereiche der Greifmotorik und der

Auge-Hand-Koordination erwartet werden, so daß die eventuell neuerworbenen Wahrnehmungsfunktionen nicht nur auf den visuellen Bereich beschränkt bleiben. Für die Schulung der optischen Wahrnehmungsfähigkeit Dieters lassen sich die Ansätze von Fröhlich und Kiphard umsetzen, da beide Konzepte versuchen, Wahrnehmungsfunktionen zunächst für sich aufzubauen, die in einem sehr niedrigen Entwicklungsbereich liegen.

Dieter weist im Bereich der optischen Wahrnehmung Leistungen auf, die etwa denen eines einjährigen Kindes entsprechen, doch zeigt er nur sehr sporadisch eine visuelle Gerichtetheit und wenig Interesse an optischen Reizen. Er sucht sich jedoch optische Reizsituationen, die seiner gegenwärtigen Wahrnehmungsleistung entsprechen und die er längere Zeit durchhalten kann (z.B. wenn er abends stundenweise am Fenster steht und sich Autolichter und Leuchtreklame betrachtet). Es hat den Anschein, daß Dieter sich durch komplexere optische Reizsituationen überfordert fühlt und sich in vielen Situationen für eine Orientierung aufgrund des am besten differenzierten Sinnesbereiches entscheidet, sobald mehrere Sinneskanäle angesprochen werden. Dies würde auch seine Bevorzugung — ja Fixierung — auf den akustischen Bereich erklären. Da Dieter zudem nur selten von sich aus Blickkontakt zu Mitmenschen aufnimmt, Gegenstände nur sekundenlang fixiert und Bewegungsrichtungen nur durch vage Seitenblicke vorausbestimmt, muß mit einem Wahrnehmungstraining auf sehr niedriger Stufe (Übungen aus dem Angebot der basalen Stimulation) begonnen werden, das allmählich zu Übungen auf höherer Stufe (Isolationstraining) übergehen kann.

Eine Übertragung der von Fröhlich und im weiteren durch Kiphard entwickelten Übungen in ein Angebot für Dieter macht es notwendig, ihn in Situationen zu versetzen, die es ihm ermöglichen, sich ohne Störeinflüsse durch andere Reize auf den optischen Bereich zu konzentrieren. Eine Rangordnung bei der Erreichung visueller Fähigkeiten, wobei nach und nach auch motorische Zielsetzungen zum Tragen kommen, wird durch folgende Inhalte abgesteckt:

(1) Licht und Beleuchtung wahrnehmen, fixieren, verfolgen:
— Den Kopf zur Lichtquelle wenden;
— Licht- und Farbflecke fixieren;
— Bewegtes Licht mit den Augen verfolgen;

(2) Beleuchtete Gegenstände fixieren, ergreifen, damit hantieren:
— Angeleuchtete Gegenstände in Ruhe und Bewegung fixieren;
— angeleuchtete Spielgeräte ergreifen und mit ihnen hantieren;
— einem schnellen Beleuchtungswechsel von Gegenstand zu Gegenstand folgen können;
— Verbindung zweier zusammengehöriger Gegenstände, die abwechselnd angeleuchtet werden, erkennen und sie gemeinsam benutzen;
— von angeleuchteten Details auf den dazugehörigen Gegenstand schließen;
— in der Dunkelheit verschwundene Gegenstände suchen;
— beim Gehen dem Lichtkegel folgen;

(3) Übungen mit Kleinstmaterial, Einpaß- und Sortierübungen:
— Kleine Gegenstände fixieren, ergreifen;
— Gegenstände in einen Behälter einpassen können;
— Gegenstände aus einem Behältnis, aus anderem Material heraussuchen;
— Kleinstgegenstände in schneller Bewegung verfolgen.

Die unter (2) und (3) genannten Ziele spielen für die Schulung der Greifmotorik und der Augehand-Koordination eine wesentliche Rolle. Sie werden, parallel zu den im Dunkeln durchgeführten Übungen, ebenfalls durch Übungen bei Tageslicht (keine Geräuschbelastung) angestrebt. Der Transfer der im abgeschirmten Bereich erlernten Fertigkeiten in die normale Alltagssituation kann so erleichtert werden.

Zunächst finden die Übungen jedoch in einem völlig abgedunkelten Raum statt. Es wird darauf geachtet, daß aus den anliegenden Räumen keine Störreize hereindringen. Dieter sitzt in der Mitte des Zimmers auf dem Teppichboden. Der Erzieher befindet sich neben ihm. Es erfolgt keine verbale Aufforderung und kein Berührungskontakt, der Dieter ablenken könnte. Einige Übungsbeispiele:

Phase 1: Es werden verschiedene Lichtreize angeboten: Streichholz, Kerze, Lichtkegel der Taschenlampe an Decke, Wand und Boden, Wunderkerze, Diaprojektor (weißes Licht, Farbmusterdias). Der Wechsel von Hell und Dunkel erfolgt rasch. Nach und nach werden die Beleuchtungsperioden verlängert, danach die Lichtquellen erst langsam, dann schneller bewegt.

Dieter betrachtet die Lichtquellen interessiert. Er fixiert auch bei Verlängerung der Leuchtzeit. Leuchtet das Licht in einer anderen Richtung auf, so wendet er den Kopf dorthin. Das Verfolgen der Leuchtspur bei langsamen Bewegungen gelingt gut. Das Übungsangebot stellt sich schon nach wenigen Tagen als zu einfach für Dieter heraus. Er zeigt keinerlei Schwierigkeiten bei der Fixierung der verschiedenen Lichtquellen.

Phase 2: Aus der Ferne wird ein Gegenstand angestrahlt. Der Erzieher bewegt den Gegenstand und verfolgt die Bewegung mit der Taschenlampe. Der Gegenstand wird in Dieters Griffnähe gebracht (seitlich oder zwischen die gespreizten Beine).

Dieter ist schon bald in der Lage, den liegenden oder sich bewegenden Gegenstand (Ball, Stofftier, Plastikfrosch) zu fixieren und in der Bewegung zu verfolgen. Er lernt schnell, sich den Gegenstand zu holen, sobald dieser sich in Reichweite befindet. Er führt den Gegenstand nah vors Gesicht, um ihn genauer zu betrachten. Stofftier und Frosch wirft er desinteressiert weg, den Ball rollt er vor sich auf dem Boden hin und her.

Phase 3: Der Erzieher leuchtet abwechselnd zusammengehörige Gegenstände an, um dadurch Handlungsaufforderungen zu schaffen (Triangel und Schlegel; Klangstab und Klöppel; Büchse und Ball).

Für Dieter gehen von den angeleuchteten Gegenstandspaaren zunächst nur Handlungsimpulse aus, wenn es sich um Musikinstrumente handelt. Büchse und Ball betrachtet er abwechselnd, läßt den Ball dann liegen und rollt die Büchse auf dem Boden. Nach Demonstration durch den Erzieher wirft Dieter den Ball in die Büchse und schüttet ihn auch wieder aus. Dabei kontrolliert er seine Bewegungen zunehmend mit den Augen. Zwei Klangstäbe liegen zu beiden Seiten Dieters: Er bespielt abwechselnd die Stäbe und beeilt sich, vom einen zum anderen Stab zu kommen, damit der gemeinsame Klang der Stäbe einen Akkord ergibt.

Phase 4: Es werden halbverdeckte Gegenstände so beleuchtet, daß nur Details zu sehen sind. Dieter fixiert die Gegenstände und holt sie unter dem Tuch hervor. Das Spielzeugauto, von dem nur die Schnur zu sehen ist, zieht er sofort heran. Sobald sich die Gegenstände jedoch außerhalb seiner unmittelbaren Reichweite befinden, unternimmt er keine Anstrengung sie herbeizuholen. Verlassen die Gegenstände sein Gesichtsfeld, so wendet sich Dieter einer anderen Beschäftigung zu.

Phase 5: Es werden kleine Gegenstände und ein dazugehörender Behälter angeleuchtet (Muggelsteine und Holzkasten mit runder Öffnung, Tonkügelchen, Perlen, Erbsen, Murmeln und Büchse mit kleinem Loch im Deckel).

Das Greifen der Perlen vom Teppichboden macht Dieter anfangs große Schwierigkeiten. Die Kugeln rutschen ihm immer wieder aus den Fingern. Das Greifen aus der Hand des Erziehers oder von einer glatten Holz- oder Plastikfläche gelingt wesentlich besser. Dieter steckt die Perlen nicht gezielt in die Öffnung der Büchse, sondern legt sie meist daneben und schubst sie dann hinein. Bei den Muggelsteinen, die gerade durch das Loch in der Holzkiste passen, muß Dieter drücken, um sie in den Kasten zu bekommen. Er versucht die Steine genau in die Öffnung der Kiste einzupassen und hilft dann mit Zeige- oder Mittelfingerdruck nach, so daß sie hineinfallen. Das Geräusch der hineinfallenden Gegenstände motiviert Dieter, die Übung mehrmals zu wiederholen.

Phase 6: Kleine Gegenstände in einem Behälter und eine Rinne werden angeleuchtet, die Bewegung der Gegenstände auf der Rinne mit der Taschenlampe verfolgt (Kiste mit Sand und Glaskugeln; Wasserschüssel und Tonkügelchen).

Dieter greift erst nach der Demonstration durch den Erzieher in die Wasserschüssel und tastet dort nach den Kugeln; er fixiert dabei aber den Schüsselboden und verläßt sich nicht ausschließlich auf das taktile Empfinden. Er legt die Kugeln gezielt auf die Rinne, verfolgt die Bewegung und hilft mit der Hand nach, damit sie schneller nach unten rollen. Beim Herausholen der Kugeln aus der Auffangschale nimmt Dieter mehrere Kugeln auf einmal und versucht, sie gleichzeitig auf die Rinne zu legen. Dabei fallen die meisten Kugeln daneben.

Ergebnisse:

Die Übungen, die mit Dieter im abgedunkelten Raum und parallel dazu auch im Hellen bei geringer Geräuschbelastung durchgeführt worden sind, konnten Dieters visuelle Wahrnehmungsleistungen dahingehend verbessern, daß er nun bereit ist, in ähnlichen Situationen jedoch bei Belastung durch andere (v.a. akustische) Reize den angebotenen Spielmaterialien öfter und über eine längere Zeitspanne hinweg seine optische Aufmerksamkeit zuzuwenden. Dieter ist jetzt z.B. dazu in der Lage, bei einem Partnerspiel einen farbgetränkten Tennisball zu verfolgen, der über eine Papierplane auf dem Boden dem Mitspieler zugerollt wird. Er betrachtet sich auch interessiert die dabei entstehenden Farbspuren auf der weißen Folie.

Eine positive Wirkung der Übungen auf andere Bereiche (z.B. Essen, beim Gehen auf den Boden achten etc.) konnte jedoch nicht beobachtet werden. Beim Greifen und Hineinstecken verschiedener Materialien in einen Behälter verläßt sich Dieter immer noch vorwiegend auf sein Tastgefühl. Als Erfolg kann jedoch gewertet werden, daß er den Kopf nicht mehr abwendet, sondern gelernt hat, Tastsinn und visuelle Kontrolle für wenige Sekunden gemeinsam zu benutzen. Seit einiger Zeit beginnt Dieter, sich auch für sein Spiegelbild zu interessieren, eine Reaktion, die früher nicht bei ihm zu beobachten war.

Dieters Greifmotorik, speziell die der linken Hand, hat sich soweit verbessert, daß es ihm nun gelingt, kleine Gegenstände wie Papierfetzen, Erbsen, Tonkügelchen auch von einer rauhen Oberfläche zu nehmen oder aus feinerem Material (z.B. Holzkugel aus einer Wanne mit Korn) herauszusuchen, was ihm anfangs nicht möglich war. Das Greifvermögen der rechten Hand ist im Vergleich zu seinen Leistungen links noch immer erheblich unterentwickelt. Doch die Versuche, dieses Körperteil zu beleben und zu Funktionen anzuregen (Stimulation der Hand mit unterschiedlichem Material, Massage, Anregung zum verstärkten Gebrauch) hatten den Effekt, daß sich die Greifqualitäten auch hier verfeinern ließen und sich die Bewegungen jetzt weniger ausfahrend zeigen als vor Beginn der Förderung.

Die Übungen im Dunkeln und bei weitgehender Ausschaltung von akustischen Störreizen haben gezeigt, daß es für Dieter in der künstlich geschaffenen Situation leichter war, den visuellen Sinnesbereich einzusetzen. Vor allem konnte in dieser Situation vermieden werden, daß Dieter sich vorwiegend durch Gehör und Tastsinn orientiert. Eine Fortführung der Übungen mit verstärktem Schwierigkeitsgrad (langsame Einblendung von Umweltreizen) muß in der Folgezeit dazu beitragen, Dieters neugewonnene Kompetenz zu stabilisieren und in jeder Situation frei verfügbar für ihn zu machen.

1.3. Basale Aktivierung

Das Konzept der basalen Aktivierung stellt einen *didaktisch-methodischen* Ansatz zur Förderung schwerstgeistigbehinderter Schüler dar, wie sie in Sonderschulen für Geistigbehinderte häufig anzutreffen sind. Herkömmliche Ansätze der (Sonder-)Pädagogik werden für diese intensivbehinderten Schüler ausgewertet und unter einem einheitlichen Aspekt, der Wechselbeziehung zwischen Schwerstbehinderten und Umwelt, zusammengefaßt.

Als Förderschwerpunkte weisen Breitinger und Fischer die Bereiche der Beweglichkeit, der Wahrnehmungsfähigkeit, der Zuwendung zur personalen, sozialen und materialen Umwelt, des Handelns und Tätigseins sowie der Bedürfnisse als Ausgangspunkt von Interessen und Vorlieben aus.

Obwohl der Ansatz der basalen Aktivierung speziell für den Personenkreis Schwerstbehinderter entwickelt wurde und sich um eine Integration bisher entwickelter Förderrichtungen bemüht, ist es nicht ganz einfach, aufgrund der Ausführungen von Breitinger und Fischer zu einer praktischen Umsetzung ihrer Vorschläge zu kommen. Durch das Bestreben, alle nur denkbaren Lernsituationen, Beziehungen, Kommunikationsverhältnisse und Aktionsformen wissenschaftlich auszuformulieren und modellhaft darzustellen, wirkt der Ansatz aufgedonnert und teilweise verwirrend.

Die vielfältigen und durchaus fruchtbaren Anregungen, die in diesem Konzept enthalten sind, gehen leider zum Teil in einem Wust von Begriffen unter, die eher demonstrieren, daß alles sehr kompliziert und schwierig ist, als konkrete Handreichungen für den Unterrichtsalltag zu vermitteln.

Einzelne Aspekte sind jedoch sehr gut herausgearbeitet und können als Leitlinie für die praktische Förderung übernommen werden. So stellen Breitinger und Fischer unter anderem vier Aufgabenfelder vor, in denen sich die Zielsetzungen der Förderung Schwerstbehinderter verwirklichen können und aus denen sich sehr schön individuell abgestimmte Fördermaßnahmen ableiten lassen.

Aufgabenfeld 1: Sicherung existentieller Lebensbedürfnisse, d.h. zum Beispiel: Pflege, Versorgung mit Nahrung, Kleidung, Medikamenten; aber auch: Körperkontakt, Zuwendung, Beziehungsbildung.

Dieter ist stark anfallsgefährdet. Der Zyklus, in dem die Anfälle seit dem 17. Lebensjahr auftreten, umfaßt etwa zwei Wochen. Nach Ablauf dieser Frist muß mit einer Anfallserie von zwei bis vier Anfällen innerhalb von 48 Stunden gerechnet werden. Etwa zwei Tage vor den auftretenden Grand-Mal-Anfällen sind Dieters Reaktionen stark verlangsamt. Aufträge müssen oft drei- bis viermal wiederholt werden, bevor Dieter begreift und handelt: er macht dann einen müden und zerstreuten Eindruck. Aber auch bestimmte Geräusche können bei Dieter ganz unvermittelt und unabhängig vom geschilderten Zeitintervall heftige Anfälle auslösen.

Der Erzieher hat also die Aufgabe, Dieter ständig sehr genau zu beobachten, um sofort zur Stelle zu sein, wenn Dieter ihn braucht. Nur durch den Einsatz sofortiger Maßnahmen kann verhindert werden, daß Dieter sich schwer verletzt oder sich längere Zeit quälen muß.

Aufgabenfeld 2: Funktionale Ertüchtigung, d.h. zum Beispiel: *Grundfunktionen* wie Wahrnehmungsleistungen, Nachahmungsfähigkeit, Motorik, Sprache aufzubauen.

Zum Hinsetzen benötigt Dieter eine stabile Sitzfläche in einer Höhe von mindestens 30 cm über dem Boden (Stuhlhöhe: 45 cm). Sobald die Sitzfläche nachgibt (Schaumstoffpolster), reagiert er mit Unsicherheit, zieht die Beine an und steht auf. Obwohl er sich gut alleine auf einen Stuhl setzen kann, auch nach hinten tastet, um sich vom Vorhandensein des Stuhles zu überzeugen, wird Dieter zu Hause beim Hinsetzen gestützt. In der Schule setzt sich Dieter jedoch auch dann, wenn niemand in unmittelbarer Nähe steht. Beim Hinsetzen auf ein niedriges Polster oder auf den Boden benötigt Dieter Unterstützung, da er sonst die Beine nicht streckt, sondern in einer Kauerstellung verharrt.

Dieter soll nun lernen, sich selbständig auf den Boden zu setzen. Dazu sind folgende Zwischenziele denkbar:

— Die Sitzhöhe muß unmerklich immer niedriger gestaltet werden;
— Dieter soll lernen, sich auf einem nachgiebigen Sitzplatz (Schaumstoffpolster, Knautschsack) sicher zu fühlen;
— Dieter soll sich am Körper des Erziehers entlang hinabgleiten lassen und auf den Boden setzen;
— Dieter soll sich an der Wand entlang hinabgleiten lassen, um in den Sitz zu gelangen;
— Dieter soll sich in der Kauerstellung hinten abstützen, sein Gleichgewicht nach hinten verlagern und sich zurücksetzen.

Beim Platznehmen am Tisch soll Dieter seinen Stuhl selbst unter dem Tisch hervorziehen und ihn zurechtrücken.

Zu Hause kann er daran gewöhnt werden, sich stets alleine auf den Stuhl oder die Toilette zu setzen und keine Berührungshilfen mehr einzufordern.

Funktionale Ertüchtigung heißt auch: *Grundaktivitäten* aufzubauen;

Dieter „musiziert" gerne. Da zu beobachten war, wie sehr Dieter vom Instrumentenspiel anderer fasziniert ist, erhält er ein spezielles Angebot: Ein altes, ausgedientes Klavier. Hier lernt er mit großer Freude eine Vielzahl von Tätigkeiten einzusetzen:

— Öffnen und Schließen des Klavierdeckels;
— Anschlagen der Tasten mit der ganzen Handfläche;
— Anschlagen der Tasten mit beiden Händen gleichzeitig und abwechselnd;
— Differenzieren des Drucks (laut/leise);
— Rhythmisches Anschlagen der Tasten;
— „Begleiten" vorgesungener Lieder (wechselseitige Anpassung von Lautstärke, Rhythmus);
— Begleiten von Instrumenten (Trommel, Klangstab)
— Einbezug der gesamten Tastatur und des gesamten Klangvolumens.

Dieter lernt auch die Gitarre kennen und benutzen:

— Schlagen mit der Hand oder einem Gegenstand auf die Saiten und den Klangkörper;
— Reiben mit der Hand oder mit einem Gegenstand auf den Saiten;
— Zupfen einzelner Saiten auf dem Gitarrenhals und dem Klangkörper.

Ebenso heißt funktionale Ertüchtigung: *Grundfertigkeiten* aufzubauen;

Zu Hause wird Dieter gefüttert. Vor seiner Einschulung werden keine Versuche unternommen, Dieter zum selbständigen Essen zu befähigen. Die vier Mahlzeiten, die Dieter zu Hause täglich einnimmt, werden ihm in der Regel nicht gemeinsam mit den Mahlzeiten der übrigen Familie, sondern vor dem Essen der anderen verabreicht. Dieter sitzt beim Füttern oft mit der aufgezogenen Spieluhr an das linke Ohr gepreßt, die rechte Hand im Schoß, mit hin- und herwiegenden Kopf und offenem Mund im Stuhl, während Mutter oder Schwester ihm löffelweise die passierte Kost in den Mund schieben .

Als Dieter in die Schulgruppe kommt, erhält er zum Essen einen gebogenen Löffel mit Holzgriff, so daß er den gefüllten Löffel in einer geraden Aufwärtsbewegung zum Mund führen kann. Den Schöpfvorgang übernimmt der danebensitzende Erzieher, indem er Dieter mit einem weiteren Löffel die Speise auf Dieters Speziallöffel füllt. Die Aufwärtsbewegung erlernt Dieter rasch. Es genügt, ihm die Bewegung durch passives Hochführen der Hand immer wieder zu zeigen. In den ersten Wochen sind noch verbale Ermunterungen notwendig, doch bald schöpft Dieter alleine, wenn er den gefüllten Löffel vor sich sieht. Anstrengungen, sich die Speise selbständig auf den Löffel zu schaufeln, unternimmt Dieter nicht, selbst wenn er längere Zeit auf das Nachfüllen des Löffels warten muß. Der Versuch, Dieter zu Hause in gleicher Weise am Essen zu beteiligen, scheitert, da Dieter sich heftig gegen den Löffel wehrt, ihn gefüllt durchs Zimmer wirft, wütend brüllt und trampelt. Die Mutter, die sich in dieser Situation nicht zu helfen weiß, resigniert nach einigen vergeblichen Versuchen und füttert Dieter weiterhin.

In der Schule zeigt Dieter Ungeduld und Unzufriedenheit, wenn er vor dem gefüllten Teller sitzend warten muß, bis der Erzieher Zeit für ihn findet und ihm beim Essen hilft. Da in der Tischrunde außer Dieter noch andere Schüler Hilfe benötigen, kommt es häufig zu längeren Wartezeiten für ihn. Der Erwerb einer neuen Grundfertigkeit (selbständiges Schöpfen) bedeutet für Dieter, sich selbst Beginn, Tempo, Dauer und Ende der Mahlzeit bestimmen zu können.

Dieter soll deshalb lernen, seine Motorik soweit auszudifferenzieren, daß ihm zunächst grobe, im weiteren Verlauf immer feinere und gezieltere Schöpfbewegungen gelingen. Zunächst soll die Bewegung von links nach rechts erlernt werden, gleichzeitig auch der Druck bei dieser Bewegung nach unten auf den Tellerboden. Als Orientierungspunkte für die Schöpfbewegung soll Dieter den vorderen linken Tellerrand als Ausgangspunkt der Bewegung und den hinteren hohen Plastikrand rechts als Endpunkt der Schöpfaktion erkennen und benutzen. Später soll die Schöpfbewegung den ganzen Teller erfassen und auch auf kleine Essenshäufchen zielen, so daß nicht nur eine Rinne, sondern die ganze Tellerfläche leergeschöpft wird.

Dieter soll nicht nur in der Schule, sondern auch zu Hause lernen, selbständig zu essen, ohne diese Aktivität als unzumutbare Anstrengung, sondern als selbstverständliche, positive Situation zu empfinden. Dazu ist natürlich ein Lernprozeß nicht allein bei Dieter, sondern in der ganzen Familie erforderlich. Übergangsweise wird der schulische Erzieher den häuslichen Lernprozeß persönlich anleiten müssen.

Dieter benutzte bisher einen Speziallöffel mit rundgebogenem Vorderteil und einem sehr breiten, schweren Holzgriff. Durch Beobachtung der Essenstätigkeit Dieters konnte festgestellt werden, daß Dieter den gefüllten Löffel hochnimmt, auf halbem Weg zum Mund dann den Griff lockert, wobei sich der Löffel in der Hand dreht und das schwere vorgebogene Teil mit der Speise herunterkippt. Die Speise fällt dadurch zum größten Teil vom Löffel, und so kommt in vielen Fällen nur noch ein halbvoller oder sogar leerer Löffel beim Mund an. Außerdem erwies sich die Biegung des Speziallöffels als überflüssig und ungünstig, da Dieter die Speise mit den Schneidezähnen und der Zunge viel besser von einer breiten Fläche abstreifen kann und deshalb die Drehung des Löffels, um ihn mit der schmalen Spitze in den Mund nehmen zu können, nicht nötig ist. Dieters Speziallöffel wird deshalb durch einen normalen Löffel mit Holzgriff gängiger Größe und Dicke ersetzt. Ein Löffel mit Metallgriff wäre zu dünn für Dieters Faustschluß.

Da Dieter der Schöpfvorgang bisher abgenommen wurde, bekam er seine Mahlzeiten auf einem normalen Suppenteller vorgesetzt. Um ihm beim selbständigen Schöpfen optische und taktile Orientierungshilfen zu geben, erhält er nun einen flachen Teller mit anklemmbarem, farbigem Plastikrand. Das Verschieben des Tellers auf dem Tisch wird durch eine rutschfeste Unterlage verhindert.

Das Übungsprinzip bei der Anbahnung des Zielverhaltens läßt sich stichwortartig zusammenfassen:

— Einübung der motorischen Bewegungsabläufe durch das Angebot passiver Bewegungserlebnisse mit verbaler Unterstützung des Handlungsvollzugs;
— Abbau der Berührungshilfen bei Erhalt der verbalen Unterstützung;
— Provokation des selbständigen Problemlösungsverhaltens: Ausprobieren lassen!
— Abbau verbaler Hilfen;
— Korrekturen durch Führen der Hand, des Arms oder Lenken des Löffels;
— Weiterer Abbau der Hilfestellungen.

Das Vorgehen besteht in erster Linie darin, Dieter die fremden Bewegungsabläufe durch Führen der Hand zu zeigen und ihn nach mehreren Bewegungsmodellen zu ermuntern, das erlebte Muster nachzuvollziehen. Durch Erprobung und Korrektur der von ihm aktiv eingesetzten Bewegungen kann Dieter lernen, nach und nach das vorgeführte Modell zu erwerben. Um ihm einen Vergleichswert zu vermitteln, erfolgt die gemeinsam von

Erzieher und Dieter ausgeführte Bewegung im Wechsel zu den von ihm selbständig vollführten Schöpfversuchen.

Schließlich beinhaltet funktionale Ertüchtigung: *Pathologische Verhaltensaktiva* wie Autoaggressionen, Stereotypien, Stimmungseinbrüche abzubauen;

Am Anfang von Dieters Förderung zeigte er in sehr vielen Situationen Formen stereotypen Verhaltens. Beim Sitzen auf der Toilette beschäftigte er sich gerne mit rhythmischem Stampfen und Klatschen, saß er in der Spielecke, so waren Hyperventilieren, Kopfschwenken und das Erzeugen von Spuckgeräuschen zu beobachten. Diese Aktionen, die Dieter zunächst völlig zu befriedigen schienen, konnten anfangs nur durch besonders interessante Angebote (überraschende Hörereignisse) kurzzeitig unterbrochen werden. Je mehr Aktivitäten von Dieter für attraktiv erachtet und selbständig nachvollzogen wurden, desto stärker wurden die stereotypen Verhaltensformen jedoch in den Hintergrund gedrängt, weil sie sich mit den neu verfügbaren Tätigkeiten nicht vereinbaren ließen.

Aufgabenfeld 3: Aufbau von Orientierung in der Umwelt, d.h. zum Beispiel: Entwicklung des Objektbegriffs, des Körperschemas, Materialerfahrung

Um Dieters Objektbegriff auszudifferenzieren, wird z.B. das Wiederfinden verschiedener Bälle unter diversen Tüchern geübt. Dieter spielt mit dem Ball und rollt ihn dem Erzieher zu. Aus ca. einem Meter Entfernung beobachtet er, wie der Ball unter einem Tuch versteckt wird. Er findet den großen (Medizin)Ball, der sich unter dem Tuch deutlich abzeichnet, sofort. Bei den folgenden Übungen steht Dieter drei Meter entfernt.

1. Übung (Medizinball): Beide Versuche gelingen. Dieter findet den Ball auf Anhieb, der einmal links, einmal rechts versteckt wurde.

2. Übung (Fußball): Beim 1. Versuch findet Dieter den Ball sofort unter dem mittleren Tuch. 2. Versuch: Dieter sucht in der Mitte, der Ball liegt jedoch rechts. 3. Versuch: Dieter sucht nochmals in der Mitte, obwohl der Ball wieder rechts versteckt wurde. 4. Versuch: Der Erzieher zeigt Dieter sehr deutlich und langsam, wo er den Ball hinlegt (links). Dieter geht zielstrebig auf das linke Tuch zu und findet dort den Ball.

3. Übung (Tennisball): Der 1. Versuch führt zum Erfolg. Dieter findet den Ball unter dem rechten Tuch. 2. und 3. Versuch: Dieter ist sehr unkonzentriert, schaut nicht mehr zu, wackelt mit dem Kopf und reagiert durch Klatschen auf Geräusche aus dem Nebenraum. Die Übung wird daher abgebrochen.

Aufgabenfeld 4: Ermitteln von Lebensaufgaben, d.h. subjektiv bedeutsame Handlungen, Entscheidungen, Gefühlsverwirklichungen;

Dieter lebt in einer Schwerstbehindertengruppe mit vier anderen Schwerstbehinderten zusammen. Obwohl er viel Zeit mit einem Erzieher in der Einzelförderung oder in gemeinschaftlich gestalteten Situationen (Mahlzeiten, Spaziergänge, Partnerübungen etc.) verbringt, erhält er immer wieder Gelegenheit, sich in seine Lieblingsecke zurückzuziehen und sich dort denjenigen Beschäftigungen hinzugeben, die er sich auswählt. Manchmal setzt sich der Erzieher dann einfach zu ihm in die Ecke und verhält sich völlig passiv. Dabei kommt es vor, daß Dieter sich anschmiegt, um zu schmusen, schubst, um zu spielen, aber auch, daß er allein weiterspielt, jedoch mit dem offensichtlichen Wohlbehagen, nicht allein zu sein.

Manchmal nimmt er auch Dialoge mit seinen Mitschülern auf, die irgendwo im Raum beschäftigt sind. Er antwortet auf Haralds Brummen, ahmt Roses Laute nach oder rollt Uwe einen Ball zu. Diese Situationen können nicht geplant oder vorausberechnet werden, es muß Dieter jedoch bei allen Angeboten zur Förderung auch Zeit zu dieser Art von Selbstverwirklichung eingeräumt werden.

1.4. Integriertes Lernen

Das Konzept der integrierten Förderung baut auf die Angebote der basalen Stimulation auf und wurde für Schwerstbehinderte mit höherem Entwicklungsalter (ca. ab dem 6. Lebensmonat) entwickelt.

Haupt und Fröhlich stellten in ihrer Arbeit mit schwerstbehinderten Schülern fest, daß eine Neugewichtung und Erweiterung der Förderinhalte basaler Stimulation notwendig wurde, sobald die einzelnen Kinder ein etwa halbjähriges Entwicklungsalter erreicht hatten. Den erweiterten Bedürfnissen, Leistungen und Fähigkeiten soll durch vier Förderschwerpunkte Rechnung getragen werden:

— Beziehungsbildung zu bedeutsamen Mitmenschen;
— unmittelbarer Umgang mit Natur und Dingen;
— Kommunikationsförderung;
— Erfahrungsbildung in Handlungs- und Erlebniszusammenhängen.

Zu verwirklichen sind diese Förderabsichten:

— in Alltagssituationen (Essenszubereitung, Körper-, Wäsche, Material- und Raumpflege);
— bei gemeinsamen Beschäftigungen, wie sie in der Familie vorkommen (gemeinsames Spiel, Aufräumen, Musik hören, Schmusen);
— beim Umgang mit Pflanzen und Naturmaterial;
— bei einfachen Arbeiten (Werken, Reparieren, Basteln).

Die erwachsene Bezugsperson begleitet das schwerstbehinderte Kind in diesen lebensbedeutsamen Bereichen. Dadurch lernt es, mehr und mehr Anteil an seiner Lebensumwelt zu nehmen. Eine überschaubare und sinnvolle Wirklichkeit baut sich auf, die das Kind begreifen und auf die es Einfluß nehmen kann.

Die integrierte Förderung ist ein *ganzheitlicher Ansatz*. Er nutzt Situationen hinsichtlich verschiedenster Aspekte, wie z.B. Beziehungsbildung, Kommunikation und Erweiterung des Umweltverständnisses. Durch den gezielten Einbezug der natürlichen Lebensbedingungen in den Lernprozeß verbindet er die eingeschränkte Lebenswirklichkeit des schwerstbehinderten Kindes mit den objektiven Begebenheiten der umfassenden Außenwelt.

Die Prinzipien und Inhalte der integrierten Förderung sind v.a. für diejenigen Schwerstbehinderten geeignet, deren kognitive Entwicklung sich im Übergang vom rein subjektiven Erleben zur ansatzweise objektiven Umwelterfassung befindet.

Dieter liebt Apfelmus. Was er vom Apfel kennt, ist jedoch nur der musige Brei im Schälchen, den er zu Hause und in der Schule als Nachtisch vorgesetzt bekommt. Ein ungeschälter Apfel ist für Dieter ein Ball, den man rollen, fallen lassen und werfen kann. Im Herbst geht der Erzieher mit Dieter in den Garten, um Äpfel aufzulesen. Dieter hilft beim Einsammeln der Äpfel in den Eimer. Er reagiert erfreut auf das Rascheln und Prasseln fallender Äpfel, als der Baum geschüttelt wird. Dieter trägt den vollen Eimer in die Küche. Er legt die Äpfel ins Waschbecken und beobachtet, wie die Äpfel gewaschen werden. Aus dem gefüllten Waschbecken fischt er die schwimmenden Äpfel heraus und legt sie in eine Schüssel. Er ist dabei, als die Apfel geschält und kleingeschnitten werden. Die Schalen packt Dieter in den Abfalleimer, die Apfelschnitze in den Aufsatz des Mixers. Er sieht zu, wie der Erzieher Zucker zugibt, hört, daß der Mixer eingeschaltet wird. Die pürierten Äpfel gießt Dieter mit Hilfe des Erziehers in ein Schälchen: Sein Apfelmus ist fertig und wird mit großen Appetit verspeist.

Natürlich hat Dieter durch dieses einmalige Erlebnis den Zusammenhang zwischen Apfel und Mus noch nicht vollständig erfaßt. Er wird in dieser Situation, die häufig wiederholt werden muß, um ein Verständnis aufzubauen, jedoch von Anfang an aktiv beteiligt. Der Erzieher ermuntert ihn zur Anwendung verfügbarer Tätigkeiten, kommentiert die Gegenstände und Arbeitsschritte, um Dieters Begriffsverständnis zu festigen und zu erweitern, zeigt Dieter die Stationen, in denen sich der Gegenstand verändert und eine andere Form annimmt. Mit der Zeit wird sich für Dieter ein objektives Bild verfestigen, in der ein Apfel mehr bedeutet als nur ein Ball, der Mixer mehr als nur ein unangenehm lärmendes Ding und das Apfelmus mehr als nur gut schmeckender Brei im Schälchen.

1.5. Psychomotorische Übungsbehandlung und krankengymnastische Therapie

Die psychomotorische Übungsbehandlung strebt eine Verbesserung motorischer Fähigkeiten des behinderten Kindes an. Durch die erweiterten Fähigkeiten im motorischen Bereich soll die Gesamtsituation positiv verändert werden. Sinnes- und Wahrnehmungsschulung leisten dabei einen entscheidenden Beitrag.

Die Therapie setzt nicht direkt bei den Ausfällen der Motorik an, sondern weckt und bahnt latent vorhandene, noch nicht entwickelte Funktionen. Sie geht davon aus, daß eine Kompensation verschiedener Ausfälle im motorischen Bereich möglich ist, wenn nur früh und intensiv genug damit begonnen wird, die Übernahme der geschädigten Funktionen durch andere Bereiche des Gehirns anzubahnen. Selbst wenn keine vollständige Kompensation der Schädigung in diesem Sinne mehr erwartet werden kann, etwa, weil das kindliche Gehirn schon voll ausgereift ist, bleibt es sinnvoll, auf vorhandenen Fähigkeiten aufzubauen und aus ihnen neue Leistungen zu entwickeln.

Die psychomotorische Übungsbehandlung verfolgt daher zwei Schwerpunkte:
— Festgestellte Störungen werden so früh und so gut wie möglich neutralisiert;

— angelegte Fähigkeiten werden geweckt und planmäßig aktiviert.

Auf folgende Störungen nimmt das Angebot der Übungen Bezug:

— Im Bewegungsbereich: Bewegungsunruhe, Bewegungsverarmung, Bewegungsverlangsamung, Kraftminderung, Schwerfälligkeit, Gleichgewichtsmangel, Auge-Hand-Koordinationsstörung, Sprachmotorikstörung;

— im Wahrnehmungsbereich: Optische Orientierungsstörung, akustische Orientierungsstörung, Tastsinn-Orientierungsstörung, Körper- und Raumorientierungsstörung;

— im Verhaltensbereich: Selbstwertstörung, Kontaktmangel, Aggressivität, Leistungsflucht.

Für die Förderung Schwerstbehinderter kann die psychomotorische Übungsbehandlung, wenn auch mit gewissen Einschränkungen, gut genutzt werden. Es ist hier jedoch notwendig, aus dem vorliegenden Angebot eine kritische Auswahl zu treffen. Vor allem die Übungen aus dem Bereich der Kleinkindtherapie und -gymnastik treffen die Handlungsebene schwerstbehinderter Schüler oft am besten. Die Anwendung der psychomotorischen Übungen ist vor allem auch im Zusammenhang mit krankengymnastischen Bemühungen denkbar, die ja ganz ähnliche Zielsetzungen verfolgt. Der krankengymnastischen Therapie geht es vor allem um einen Abbau pathologischer Bewegungsmuster und um den Aufbau normaler Gleichgewichts-, Haltungs- und Bewegungsfunktionen. Die Therapie nach Berta Bobath ist in der Arbeit mit Schwerstbehinderten am weitesten verbreitet und erfolgreich erprobt.

Sowohl psychomotorische Übungsbehandlung als auch krankengymnastische Therapie müssen dem Schwerstbehinderten gegenüber anders ansetzen, als es z.B. bei der Behandlung intellektuell normalbegabter Körperbehinderter oder lernschwacher Kinder mit leichten Hirnschädigungen möglich ist. Da bei schwerstbehinderten Menschen keine Krankheitseinsicht vorausgesetzt und ein zukünftiger Erfolg nicht als Ergebnis der Anstrengungen antizipiert werden kann, muß die Motivation zur Bewegung stets von der Situation selbst ausgehen. Die Kombination von psychomotorischer Übungsbehandlung (mit ihren zur Eigenaktivität verlockenden, spielerischen Grundstrukturen) und krankengymnastischer Therapie (mit den vermehrt durch den Therapeuten bestimmten Handlungsvollzügen) wirkt sich daher sehr positiv aus. Die verschiedenen therapeutischen Situationen können durch die Synthese der beiden Ansätze sowohl krankengymnastisch genutzt werden, ebenso wie sie auch der Förderung einer aktiven Psychomotorik dienen.

Bei der Anwendung beider Ansätze geht es in ganz besonderer Weise um eine Übertragung der Prinzipien auf die spezielle Person, mit der gearbeitet wird, und nicht um eine starre Anwendung fertiger Übungsprogramme auf den jeweiligen Fall.

Sitzt Dieter einmal mit ausgespreizten Beinen auf dem Boden oder auf einem niedrigen Sitz, so kann er sich nur mit Hilfe eines anderen wieder in den Stand ziehen.

Dieter sollte nun lernen, sich selbständig vom Sitz mit ausgestreckten Beinen wieder in die stehende Position aufzurichten.

Seine Leistungen im motorischen Bereich, soweit sie die Fortbewegungsfähigkeit und das Vermögen zum selbständigen Stellungswechsel betreffen, streuen bis in den Bereich zwischen zweitem und drittem Lebensjahr. Es zeigen sich jedoch schon Ausfälle in den Körperfunktionen, die dem ersten Lebensjahr zuzuordnen sind, so daß von sehr heterogenen Voraussetzungen ausgegangen werden muß.

Dieter ist fähig, häufig geübte motorische Vollzüge zu übernehmen. Die Krankengymnastin Dieters ermunterte daher die schulischen Erzieher zur Durchführung des geplanten Vorhabens, das sie durch ihre wöchentlichen krankengymnastischen Behandlungsübungen vorbereitet hatte und weiterhin zu unterstützen versprach. Sie gab auch die Anregung, bei der Anbahnung des selbständigen Aufstehens einen Bewegungsablauf mit Dieter zu üben, den er in Ansätzen schon beherrschte und dessen Einzelteile er isoliert voneinander vollziehen konnte. Es handelte sich dabei um das Aufrichten über den Vierfüßler- und Kniestand. Der Bewegungsablauf, der angebahnt werden sollte, erschien zwar sehr komplex, doch sollten die Übungen gleichzeitig Dieters Muskulatur kräftigen und sein Gleichgewichtsverhalten verbessern. Dieter reagierte auf die neue Situation, der er sich plötzlich gegenübersah, mit Unwillen. Statt wie gewohnt vom Erzieher hochgezogen zu werden, sollte er nun eine Reihe unangenehmer Bewegungen vollziehen, die bei ihm Unsicherheit und Angst auslösten. Es war jedoch möglich, ihm durch eine aufmunternde Ansprache und intensiven Körperkontakt so viel Motivation zu bieten, daß er schließlich bereitwillig an den Übungen teilnahm. Nach einiger Zeit war ihm die Aktion bekannt, und er akzeptierte sie.

Der Bewegungsablauf erforderte, daß Dieter genügend Platz hatte, um sich auf dem Boden auszustrecken. Der Erzieher forderte ihn daher zu Beginn der Übung auf, in die Mitte des Zimmers zu einem Stuhl zu rutschen, neben dem er sich hinlegen konnte. Zunächst wurden die Einzelelemente der Gesamtbewegung durch lenkende Hilfestellungen mit Dieter durchgeführt, um ihm eine Empfindung über den Bewegungsablauf zu vermitteln und um ihm die einzelnen Bewegungskomponenten klar zu machen. Es dauerte nahezu einen Monat, bis es Dieter gelang, nach der Aufforderung „Aufstehen" in die Zimmermitte zu rutschen, sich dort auf den Rücken zu legen und nach verbalem Zuspruch auf den Bauch zu drehen. Das Aufrichten in den Vierfüßlerstand erforderte Hilfestellungen durch beidhändiges Hochziehen der Hüften und Ausbalancieren, bis Dieter die Hände vorgesetzt hatte und sich abstützen konnte. Ließ der Erzieher ihn in dieser Haltung ohne Berührungskontakt verharren, reagierte Dieter mit Angst und legte sich wieder auf den Bauch zurück. Auch für das Aufrichten zum Kniestand war die kräftige Stütze durch die Hände des Erziehers an Dieters Schultern erforderlich. Beim Vorsetzen des linken Beines versuchte Dieter anfangs, sich durch seitliches Einknicken wieder in die sichere Sitzhaltung zu bringen. Selbst die Unterstützung der linken Körperseite durch das Bein des Erziehers gab Dieter nicht genügend Halt und Sicherheit, so daß er zusätzlich am Hosenbund in den Stand hochgezogen werden mußte. Zudem war es nötig, daß eine weitere Person sich auf den bereitstehenden Stuhl setzte, um Dieters Gewicht beim Hochziehen genügend Widerstand bieten zu können.

Die Beschreibung der Übung macht klar, daß sie einen großen Aufwand für alle Beteiligten darstellte und Dieter auf massive erzieherische Unterstützung angewiesen war.

Nachdem das neue Bewegungsverhalten beim Aufstehen über drei Monate hinweg geübt worden war, Dieter jedoch keine wesentlichen Fortschritte zeigte, erschien es angebracht, die Methode nochmals zu überprüfen und gegebenenfalls zu ändern.

Bei der Auseinandersetzung mit dem Bewegungsmuster wurde klar, daß Dieter sowohl unter motorischem als auch kognitivem Aspekt bei der selbständigen Bewältigung des Bewegungsablaufs überfordert war.

Da die Gesamtbewegung sich in sieben motorische Elemente gliedert, die nacheinander vollzogen werden müssen, war äußerst fraglich, ob Dieter auch nach längerer Fortsetzung der Übungen je zu einem Bewußtsein dieser Reihe finden würde und in der Lage wäre, die Bewegungsteile in der richtigen Folge abzurufen. Auch die Prognose für eine Sicherung der motorischen Funktionen unter statokinetischem Aspekt (Sicherung des Gleichgewichts) war ungünstig. Im Vergleich zur Zielvorstellung, Dieter zu einem selbständigen Aufstehen ohne Beistand anderer Personen zu befähigen, nahm sich die Bewegungsübung, zu der sogar zwei Erzieher benötigt wurden, als glattes Gegenteil aus.

Es wurde daher in der Folgezeit eine andere Methode angewandt, die erfolgversprechender erschien als das komplexe Bewegungsmuster der ursprünglichen Planungsidee.

Die Spielecke, in der Dieter oft sitzt, wurde mit einem stabilen Plastikrohrgriff ausgestattet. Der Erzieher zeigte Dieter, wie er sich daran festhalten konnte. Der Plastikgriff übernahm als neutrales Medium die Stützfunktion, die Dieter seither durch die Arme des Erziehers beim Hochziehen erhalten hatte. Dieter mußte jedoch nun die Erfahrung machen, sich nur aus eigener Kraft aus der Sitzhaltung befreien zu können.

Der Erzieher machte Dieter zunächst mit der neuen Aufgabe vertraut, da Dieter ja gewohnt war, einen anderen Bewegungsablauf zu vollziehen. Er ermunterte ihn deshalb, unter den Griff zu rutschen und nicht, wie bisher, in die Mitte des Zimmers zu kommen. Dabei mußte er anfangs darauf achten, daß Dieter die Beine nicht seitlich links und rechts des Griffes abspreizte, sondern vor der Wand abwinkelte und die Sohlen gerade auf den Boden stellte.

Bereits nach kurzer Zeit reagierte Dieter beim Stichwort „Aufstehen", indem er sich auf den Griff an der Wand zubewegte. Es war jedoch eine weitere Übungszeit von etwa einem Monat notwendig, um Dieter die richtige Bein- und Fußhaltung zu vermitteln. Beim Hochstemmen war anfangs der helfende Zug an Dieters Hosenbund unerläßlich, um sein Gesäß vom Boden zu liften. Das Aufrichten aus der Kauerstellung, beide Hände am Griff, schaffte Dieter dann alleine.

Nachdem er das Aufstehen in dieser Form etwa zwei Monate geübt hatte, beherrschte Dieter den Bewegungsablauf ohne Hilfestellung und richtete sich aus eigener Kraft auf. Der Erzieher mußte in der Folgezeit nur noch selten eine falsche Fußhaltung korrigieren. Dieter hatte das neue Bewegungsverhalten jedoch noch nicht soweit in sein übriges Repertoire eingebaut, daß er es ohne verbale Aufforderung von sich aus zeigte. Es dauerte noch mehrere Monate, bis Dieter über die neu erworbene Bewegung frei verfügen konnte.

Die Bewegungsreihe, die zu Beginn der Fördereinheit geübt worden war, findet in der Alltagssituation der Gruppe keine Anwendung mehr. Dieter nimmt jedoch regelmäßig an psychomotorischen Übungen und Gymnastikstunden in der Turnhalle teil. Im Rahmen spielerischer Bewegungsübungen steht u.a. die Schulung des Vierfüßler- und Kniestandes auf dem Programm, so daß die erworbenen Erfahrungen mit diesen Körperstellungen erhalten und weiterentwickelt werden können.

1.6. Auswertung entwicklungspsychologischer Erkenntnisse

Daß sich die kindliche Entwicklung als *kontinuierlicher Reifungsprozeß* vollzieht, gehört seit Piaget zu den anerkannten Ergebnissen der Entwicklungspsychologie.

Das gesunde Kind durchschreitet eine feststehende Abfolge aufeinander aufbauender Stadien und Phasen, wenn es z.B. zuerst krabbelt, bevor es laufen lernt oder zuerst lallt, bevor es das erste Wort spricht.

Ebenso, wie es bei der Entwicklung der Motorik einen hierarchischen Aufbau beim Erwerb der Bewegungskontrolle und der Koordinationsleistungen gibt, sind auch der Spracherwerb und die Wahrnehmung durch eine gleichbleibende Rangordnung der Entwicklungsschritte gekennzeichnet.

Dieser Sachverhalt bildet die Grundlage für die heutige *Entwicklungsdiagnostik* bei gesunden wie auch bei behinderten Kindern und Schwerstbehinderten.

Die Bedeutung einer genauen Diagnose des erreichten Entwicklungsstandes für die Förderung Schwerstbehinderter darf nicht unterschätzt werden. Durch den Vergleich der Leistungen einer Person mit den Daten der Normalentwicklung kann bestimmt werden, welchen Grad der Differenziertheit sie in ihrer bisherigen Entwicklung erworben hat und welchem Entwicklungsalter das erreichte Niveau entspricht. Da von einer relativ feststehenden Reihenfolge in der kindlichen Entwicklung ausgegangen werden kann, sind in der Diagnose des erreichten Entwicklungsstandes bereits Erkenntnisse über direkt anschließende Entwicklungsprozesse beinhaltet. Kennt man den vorliegenden Entwicklungsstand genau, so lassen sich die Fähigkeiten erschließen, die bei entsprechender Förderung aus den bereits erworbenen zukünftig entwickelt werden können.

Eine konsequente *Entwicklungsförderung* Schwerstbehinderter bahnt somit Fähigkeiten an, die entwicklungsmäßig an das Erreichte direkt anschließen. Umgekehrt heißt dies auch, daß motorische Schemata und Wahrnehmungsleistungen, die einem höheren Entwicklungsalter zuzuordnen sind, unerreichbar bleiben, solange die notwendigen Entwicklungsgrundlagen fehlen.

Jetter (1975) und Fröhlich (1977) werteten die Erkenntnisse Piagets jedoch noch in anderer Hinsicht für die Sonderpädagogik aus. Beide Autoren erkannten die grundlegende Bedeutung der *sensomotorischen Phase* für die *Entwicklungsförderung* körperbehinderter und schwerstbehinderter Kinder.

Die eingeschränkte Bewegungsfähigkeit der betroffenen Kinder verhindert notwendige Erfahrungen im Kontakt mit der Umwelt, stört somit den Aufbau von Handlungsschemata: Somatogene Intelligenzentwicklungsstörung (Jetter). Noch prinzipieller formuliert, wirkt sich die fehlende Eigenbewegung Schwerstbehinderter bereits auf den Wahrnehmungsbereich aus. Der Aufbau differenzierter Wahrnehmungsleistungen wird verhindert: Somatogene Wahrnehmungsschwäche (Fröhlich).

Daraus ergeben sich folgende Konsequenzen für die Förderung Schwerstbehinderter:

— Das therapeutische Vorgehen muß sich an der normalen Entwicklung des Säuglings oder Kleinkindes orientieren.
— Der Deprivationszustand (Fehlen von Sinnesreizen), dem ein Schwerstbehinderter durch seine körperliche Unbeweglichkeit ausgesetzt ist, muß durch ein gezieltes Reizangebot durchbrochen werden (vgl. 1.1. Basale Stimulation).
— Die pädagogischen Angebote müssen sich dabei auf das jeweilige Entwicklungsniveau des Schwerstbehinderten beziehen.
— Um den Aufbau höherer Leistungen zu ermöglichen, müssen zuerst die fehlenden Entwicklungsgrundlagen vermittelt werden.

1.6.1. Entwicklungsdiagnostik als Förderdiagnostik

Auf der Grundlage entwicklungspsychologischer Ergebnisse werden bereits seit längerer Zeit diagnostische Raster zur Feststellung des individuellen Entwicklungsstandes bei gesunden und behinderten Kindern eingesetzt: Kiphard (1976): Das sensomotorische Entwicklungsgitter, Hellbrügge (1975): Münchner funktionelle Entwicklungsdiagnostik. Auch die Anamnese- und Beobachtungsbögen vieler Anstalten und Heime für Behinderte verwerten abgesicherte entwicklungspsychologische Erkenntnisse, um den Entwicklungsstand der ihnen Anvertrauten zu erfassen.

Als sehr umfangreiches und sorgfältiges Diagnoseinstrument kann die konsequente Verarbeitung der Aussagen Piagets durch Cardinaux (1975): Zur Diagnose der Mehrfachbehinderung — Anamnesebogen zur Ermittlung des Entwicklungsalters . . . gelten. Der Test ist jedoch inzwischen vergriffen. Außerdem setzt sein Einsatz eine sehr genaue Kenntnis Piagets voraus und er ist schon allein wegen seiner enormen Länge (200 Seiten) kaum in der Praxis einsetzbar.

Ein speziell für Schwerstbehinderte entwickeltes Diagnostikum liegt bisher nur von Fröhlich/Haupt (1983): Förderdiagnostik mit schwerstbehinderten Kindern (vgl. 2.2.1. Aufnahme-Diagnostik) vor. Für eine umfassende Diagnostik der sehr heterogenen Gruppe Schwerstbehinderter reichen die vorhandenen Diagnoseinstrumente bisher leider noch nicht aus. Will man sich mit dieser Situation nicht abfinden, so muß man neue Methoden erproben (vgl. 2.2.3. Förderdiagnostik).

Für sehr brauchbar erachte ich in diesem Zusammenhang die *freie Verhaltensbeobachtung*. Hier können wichtige Daten gesammelt und schriftlich fixiert, anschließend in aller Ruhe interpretiert und ausgewertet werden.

Für diese Aufgabe ist jedoch eine wirklich gute Kenntnis der einzelnen Entwicklungsstadien notwendig. Auch ein gutes entwicklungspsychologisches Nachschlagewerk, das genau über die einzelnen Schritte und Fertigkeitsstufen informiert, kann hier weiterhelfen.

Die Diagnose der sensomotorischen Intelligenzleistungen Dieters kann aus einer sorgfältigen Verhaltensbeobachtung gewonnen werden:

Dieter findet eine Triangel ohne Griffband. Er nimmt sie in die linke Hand, schwenkt sie, hält sie dicht vor das Gesicht und schaut sie an, betastet sie mit der Rechten und schaut sie wieder an, schwenkt sie vor seinem Gesicht, legt dann die Triangel Uwe in den Schoß, der neben ihm sitzt.

D.h.: Dieter erkennt vorgelegte Gegenstände als Ziel und wendet bereitstehende Schemata (Ansehen, Ergreifen, Schwenken, Weglegen) im Umgang mit dem Gegenstand an.

Dieter greift nach dem ca. 1,5 m von ihm entfernt stehenden Karton mit Musikinstrumenten. Er rutscht näher, nimmt das zwischen sich und dem Karton liegende Rollbrett mit der linken Hand auf und legt es neben seine linke Körperseite. Dann rutscht er weiter zum Karton, greift nach ihm und zieht ihn zu sich heran. Er beginnt den Karton auszuräumen.

D.h.: Hindernisse, die sich ihm beim Erreichen des Gegenstandes in den Weg stellen, werden durch bereits bekannte Schemata beseitigt.

Dieter untersucht einen großen Karton, in dem Seidenpapier und ein Stoffsack voller Holzklötze liegen. Zuerst bekommt er ein Ende des Seidenpapiers zu fassen. Er zieht daran, wodurch es ihm gelingt, das Papier aus dem Karton zu reißen. Nachdem er etwa 30 Sekunden mit dem Papier hantiert hat, wendet er sich wieder der Kiste zu und versucht, den Stoffsack in gleicher Weise aus dem Karton zu zerren. Der Sack bietet jedoch Widerstand und bewegt sich nur wenig. Dieter greift mehrmals nach und verändert dreimal seine Griffhaltung (Krallengriff, Schlüsselgriff, Krallengriff), läßt dann aber ab und wendet sich wieder dem Papier zu.

D.h.: Verhaltensmuster, die aus einer früher erworbenen Lernerfahrung hervorgegangen sind, werden von Dieter verallgemeinernd auf neue Probleme angewandt. Alte Schemata werden teilweise, jedoch nicht grundsätzlich verändert. Bei der Handhabung des Gegenstandes werden verschiedene zur Verfügung stehende Schemata erprobt.

Dieter findet den Klöppel und schlägt mit der Stielseite auf einen Klangstab, der vor ihm steht. Ein kurzer, dünner Ton wird hörbar. Dieter dreht den Klöppel in der Hand um und benutzt nun den Filzkopf zum Schlagen. Nachdem der erwünschte Ton erklingt, benutzt Dieter den Schlegel immer in derselben Weise.

D.h.: Dieters Verhalten hat einen eindeutig intentionalen Zug. Kann das angestrebte Ziel mit dem Einsatz eines Schemas als Mittel nicht erreicht werden, so ist er in der Lage, ein ihm ebenfalls bekanntes zweites Schema, das sich vom ersten unterscheidet (Herumdrehen des Klöppels in der Hand), anzuwenden, um den intendierten Zweck zu erreichen.

Dieter geht um den Tisch herum, um sich den dahinterliegenden Ball zu holen; er räumt Dinge fort, die vor oder auf einem Spielzeug liegen, um an den gewünschten Gegenstand heranzukommen.

D.h.: Er ist in der Lage, Relationen wie „hinter" und „vor", „auf" und „unter" zu erkennen.

Noch bevor der Mixer eingeschaltet wird, der Erzieher also noch mit dem Einfüllen der Speise in den Glasaufsatz beschäftigt ist, geht Dieter, der den Vorgang beobachtet hat, mit zugehaltenen Ohren aus dem Zimmer.

D.h.: Dieter reagiert auf Bedeutungen und Signale, er kann Akte der Antizipation vollziehen.

In einer akustisch-lautlichen Übung beginnt Dieter rasch, die vom Erzieher produzierten Laute zu imitieren. Dabei kann er gut zwischen „a" und „a-a" unterscheiden. Das Schnauben durch die Nase beantwortet er zuerst mit „a", dann ebenfalls durch kräftiges Blasen. Er schafft eine Anzahlreproduktion des Vorgegebenen bis drei sehr sicher, ab und zu gelingt es ihm auch, bis zu vier gleiche Laute zu wiederholen.

In einer akustisch-funktionellen Übung wiederholt Dieter das Klatschen richtig bis zu einem Klatschrhythmus von vier Schlägen. Pausen hält er richtig ein. Bei der unterschiedlichen Betonung einzelner Schläge gelingen ihm einzelne Versuche gut, andere nicht. Stampfen reproduziert Dieter nur dem groben Eindruck nach und kann weder die genaue Anzahl der Schläge noch das Tempo nachvollziehen. Er gleitet rasch in stereotypes Stampfen und Klatschen ab und hört nicht mehr zu.

In einer funktionellen Übung gelingt es Dieter nach wiederholter Demonstration, einen Ball oder Klotz in eine Büchse zu legen. Beim Aufeinanderstellen zweier Büchsen schaut Dieter zwar interessiert zu, nimmt dann aber nur eine Büchse und rollt sie auf dem Boden hin und her. Erst beim vierten Versuch nimmt er das Handlungsbeispiel auf. Er stellt die Büchsen jedoch nicht stabil genug aufeinander, so daß die obere herunterfällt. Beim Nachvollzug einer Zweierkombination (Ball in Büchse, Büchse in Schüssel) läßt Dieter den letzten Teil der Aufgabe außer acht. Erst beim fünften Versuch stellt er mit kleiner Hilfestellung (Tippen auf den Schüsselrand) die Büchse mit dem Ball in die Schüssel. Zwischen den beiden Aufgabenteilen entsteht stets eine kleine Pause (Dieter wackelt mit dem Kopf). Er scheint bei der zweigliedrigen Aufgabenstellung noch überfordert zu sein.

D.h.: Dieters Fähigkeiten in der Nachahmung unterscheiden sich von Bereich zu Bereich äußerst stark. Im akustischen Bereich ist er zu einer sehr differenzierten Wiedergabe des Gehörten in der Lage. Er kann Unterschiede in der Geschwindigkeit und im Rhythmus, teilweise sogar in der Lautstärke wiedergeben. Bei der Nachahmung von Körperbewegungen (funktionelle Wahrnehmung) hat Dieter große Schwierigkeiten, egal ob es sich um sichtbare oder unsichtbare Bewegungsmuster handelt. Seine Wiederholung besteht in den meisten Fällen aus einer vagen Annäherung, wenn er überhaupt in diesem Bereich zu Nachahmungsleistungen zu motivieren ist.

Versteckt der Erzieher einen Gegenstand vor den Augen Dieters, so sucht er den Gegenstand dort, wo er ihn zuletzt gesehen hat. Macht der Gegenstand jedoch verschiedene Stationen durch, so schaut Dieter an früheren Fundorten nach oder deckt der Reihe nach alle möglichen Verstecke auf, bis er fündig wird.

D.h.: Dieters Objektbegriff entspricht einer Mittelphase zwischen dem vierten und dem fünften Stadium. Für Dieter haben die Gegenstände bereits die Qualitäten Permanenz und Substanz. Er sucht aktiv nach Spielmaterialien, die aus dem Blickfeld geraten sind, er holt Dinge von bestimmten Orten (Becher aus dem Schrankfach, Schürze vom Haken), er setzt neue Bewegungen und Aktionen ein, um einen verlorenen Gegenstand wiederzufinden, wenn dieser sich nicht sofort ausfindig machen läßt. Häufige und schnelle Ortswechsel eines Gegenstandes kann Dieter jedoch noch nicht nachvollziehen.

Dieter zieht einen kleinen Karton mit Musikinstrumenten zwischen die gespreizten Beine. Er räumt alle Musikinstrumente aus und legt sie neben sich auf den Boden. Den leeren Karton dreht er um, so daß er die geschlossene Bodenfläche vor sich hat. Dieter schüttelt die Rassel, wirft sie fort, schlägt mit einer großen Triangel auf den Karton, legt sie dann neben sich. Er holt eine Hupe und läßt sie auf den Karton fallen, von dem sie herunterrollt. Dieter nimmt eine kleine Triangel und wendet sie auf dem Karton hin und her. Er läßt das Schellenband auf den Karton fallen, hebt den Karton seitlich etwas an, so daß das Schellenband von der Schräge herunterrollt. Er wirft die Rassel auf den schräggestellten Karton und beobachtet, wie sie herunterfällt. Er greift nach einer kleinen Pappschachtel, läßt sie auf den Karton fallen, nimmt den Glöckchenstab, rollt ihn auf der Kartonfläche hin und her, schubst ihn weg, dreht den leeren Karton mit der linken Hand zweimal um.

D.h.: Dieter zeigt ein experimentelles Spielverhalten, indem er versucht, neue Gegenstände in ein altes Schema zu assimilieren. Durch verschiedene Objekteigenschaften wirken sich seine Aktivitäten jedoch unterschiedlich aus. Die Wiederholung und vergleichende Anwendung eines Schemas (Fallenlassen, vom Karton rollen lassen) auf diverse Geräte und Materialien und die Abwandlung der vertrauten Schemata (Schlagen, dann Fallenlassen, dann Hin- und Herwenden, dann Rollenlassen) um unterschiedliche Ziele zu erreichen, führen dazu, daß Dieter Erfahrungen über die unterschiedlichen Wirkungen seiner Handlungen sammeln kann und die Eigenschaften der Objektwelt kennenlernt.

Dieter befindet sich in seiner kognitiven Entwicklung auf dem Höhepunkt der sensomotorischen Phase. Er hat das Stadium, in dem die Bildung symbolischer Vorstellungen oder der Gebrauch von Symbolen möglich wäre, noch nicht erreicht. Dies zeigt sich vor allem in der Situations- und Gegenstandsgebundenheit seines Sprachverständnisses. Sein Verhaltensrepertoire weist in keinem Bereich Leistungen des von Piaget beschriebenen sechsten Stadiums auf, sondern setzt sich aus Verhaltensformen, die im vierten Stadium beschrieben sind (Koordination sekundärer Schemata) und Verhaltensformen aus dem fünften Stadium (tertiäre Zirkulärreaktionen) zusammen. Die das dritte Stadium prägenden Verhaltensweisen sind in fast allen Bereichen überwunden, d.h. weiterentwickelt und ausdifferenziert.

Für Dieters Förderung ergeben sich aus dieser Diagnose bereits drei deutliche Zielschwerpunkte:

Erstens: Ausdifferenzierung des Objektbegriffes: Dieter soll lernen, sich von einmal gefundenen Strategien beim Suchen verschwundener Dinge zu lösen und die Stadien, die der Gegenstand beim Verstecken durchmacht, aufmerksam zu verfolgen. Er soll erfahren, daß die Orte, an denen sich ein Gegenstand befindet, wechseln und daß verschiedene Medien den Blick zum Gegenstand versperren können.

Zweitens: Verbesserung der Nachahmungsfähigkeit: Bei der Förderung von Dieters Nachahmung geht es vor allem darum, sein Unterscheidungsvermögen im akustischen Bereich weiterzuentwickeln, da er gerade auf diesem Feld eine deutliche Begabung und Vorliebe zeigt. Es kann versucht werden, ihn mit den Modalitäten laut und leise, hoch und tief, langsam und schnell vertraut zu machen. Das rhythmische Empfinden Dieters und seine Fähigkeit zur Anzahlerfassung (Laute, Schläge) sollen verbessert werden. Dadurch wird seine Musikalität gefördert und ihm Gelegenheit bei der kreativen Mitgestaltung von Musik gegeben. Bei der Nachahmung optisch wahrnehmbarer Bewegungen und Handlungen soll Dieter lernen, seinen Partner genau zu beobachten und das Gesehene auf sein eigenes Körperschema zu übertragen. Eine gesteigerte Schwierigkeit besteht in der Wiedergabe von Bewegungsmustern, die Dieter an seinem eigenen Körper nicht beobachten und kontrollieren kann. Durch die Übungen kann Dieter mit der Zeit die Fähigkeit entwickeln, Abläufe, die er unbewußt und automatisch vollzieht, bewußt und kontrolliert auszuführen.

Drittens: Erfahrungserwerb durch Handlungsvollzüge im experimentellen Spiel: Dieter muß die Gelegenheit bekommen, Gegenstände neben der Untersuchung auf ihre Geräuschqualitäten, auch hinsichtlich anderer Objekteigenschaften wahrnehmen und prüfen zu können.

Die beobachteten Entwicklungsprozesse eines gesunden Kindes geben also für die Förderung Schwerstbehinderter wichtige Anhaltspunkte und erleichtern die Auswahl angemessener Förderziele und -inhalte (vgl. 2.3. Zielbestimmung).

Bei einer Übertragung der entwicklungspsychologischen Daten auf den Personenkreis Schwerstbehinderter muß jedoch beachtet werden, daß es sich hier um Kinder, Jugendliche und sogar Erwachsene handeln kann, deren Entwicklungs- und Lebensalter weit auseinanderklaffen. Ein nahtloser Übergang von der bestehenden Entwicklungsstufe in die nächsthöhere, kann also nicht umstandslos erwartet werden.

Je älter der Schwerstbehinderte ist, desto stärker haben sich die einmal erworbenen Verhaltensstrukturen verhärtet und umso schwieriger und langwieriger ist ihre Umwandlung in neue oder differenziertere Schemata.

Der häufig auch sehr unterschiedliche Ausprägungsgrad der Behinderung in den verschiedenen Bereichen (Motorik, Wahrnehmung, Sprache etc.) verbietet es außerdem, den Schwerstbehinderten per se mit einem ein- oder zweijährigen Kleinkind zu vergleichen.

Nur eine Aufgliederung der Gesamtentwicklung in einzelne Entwicklungsbereiche (z.B. optische und akustische Wahrnehmung, Handgeschick, Körperkontrolle, Kommunikationsverhalten, Sozialkontakt etc.) kann verhindern, den Schwerstbehinderten generell mit einem Baby oder Kleinkind bestimmten Alters gleichsetzen zu müssen. Gegenüberstellung und Vergleich der einzelnen Bereiche machen zusätzlich auf Diskrepanzen in der Gesamtentwicklung aufmerksam und können in der praktischen Arbeit berücksichtigt werden. Selbst bei größter Unterschiedlichkeit des Schwerstbehinderten vom sich normal entwickelnden Kind kann man annehmen, daß die Reihenfolge der einzelnen Entwicklungsschritte innerhalb *eines Bereiches* derjenigen des Normalkindes nahekommt.

Pädagogische Bemühungen müssen also dort ansetzen, wo es um Anbahnung, Übung und Festigung von Fähigkeiten geht, die einer *direkt anschließenden, aufbauenden Entwicklungsstufe* entsprechen oder, wo notwendig, *fehlende Grundlagen aufbauen*, die für eine Weiterentwicklung unverzichtbar sind.

Das Antrainieren von Fertigkeiten eines überhöhten Niveaus (vergleiche Verhaltenstherapie!) ist deshalb nicht nur wenig erfolgversprechend sondern es kommt einem sinnlosen Dressurakt gleich.

1.6.2. Anbahnung sensomotorischer Entwicklungsprozesse bei Schwerstbehinderten

Leider gibt es für diesen so wichtigen Bereich bisher keine abgesicherten Forschungsergebnisse. Deshalb sind die anschließenden Vorschläge als *Hypothesen zu* verstehen, deren Brauchbarkeit nur der *konkrete, individuelle Förderversuch* unter Beweis stellen kann.

Eine Umsetzung der entwicklungspsychologischen Erkenntnisse über die sensomotorische Phase in *pädagogische Handlungsweisen* stelle ich mir wie in den folgenden vier Beispielen vor:

(1) Es müssen Situationen geschaffen werden, die den Schwerstbehinderten zu einer Verwendung bereits erworbener Schemata anregen. Nur durch den aktiven Gebrauch und die dadurch gesammelten Erfahrungen können alte Schemata nach und nach durch differenziertere Formen abgelöst werden. Veränderungen der gewohnten Situation oder der Materialien ermöglichen zunächst geringfügige Abänderungen des angewandten Schemas. Im weiteren Verlauf können dann Umwandlungen alter in neue Schemata provoziert werden.

Drei Instrumente befinden sich im Raum verteilt. Dieter steht mit dem Klöppel in der Hand in der Zimmermitte. Der Erzieher gibt ein Muster vor (z.B. den Klangstab anschlagen) und fordert Dieter auf, die Aktion zu imitieren. Dieter bemerkt sofort, aus welcher Richtung der Ton kommt, steuert direkt auf das Instrument zu und schlägt darauf. Er findet das richtige Instrument selbst dann, wenn es hinter seinem Rücken ertönt. Trommel und Klangstab benutzt er sofort richtig, das Becken schlägt er an, ohne es vorher anzuheben. Erst als er diese Aktion mehrmals beim Erzieher beobachtet hat, gelingt ihm die Übung. Abschluß: Dieter und der Erzieher gehen im ganzen Raum umher und klopfen an Wand, Spiegel, Auto, Regal und Fenster. Sie beklopfen sich auch gegenseitig. Dieter erkennt die Regel auf Anhieb. Er hat großen Spaß an diesem Spiel und beginnt, selbst Vorgaben zu machen, die der Erzieher imitiert.

(2) Durch die Konstruktion geeigneter Situationen kann das Neugier- und Experimentierverhalten des Schwerstbehinderten geweckt und angeregt werden.

In verschiedenen Spielsituationen kann Dieter vorwiegend im optischen und taktilen Bereich Materialerfahrungen sammeln. Das Angebot verlockt ihn zu den verschiedensten Aktivitäten: Beim Spiel mit Getreide oder Sand übt Dieter das

— Füllen und Ausschütten verschiedener Behälter;
— Transportieren des Materials in Schüsseln, Dosen, Eimern;
— Beladen des Spielautos, Transportieren und Abladen;
— Schöpfen des Materials mit den Händen, Rechen und Schaufeln mit Sandspielgerät.

Beim Spiel mit Wasserschüssel und schwimmenden und nichtschwimmenden Materialien übt er das

— Abtasten des Schlüsselbodens, Bewegen der Wassermasse;
— Greifen und Befühlen der Gegenstände im Wasser;
— Fallenlassen der Gegenstände aus unterschiedlicher Höhe ins Wasser;
— Spritzen und Überschwappen des Wassers aus der Schüssel;
— Ausleeren der Schüssel;
— Betasten des nassen Bodens und der dort liegenden Dinge;
— Bewegen der Gegenstände im Wasser und Betrachten der kreisenden Bewegung;
— Ziehen der Wasserschüssel in eine andere Zimmerecke, um dort neue Materialien einzufüllen.

Beim Spiel mit Bauklötzen betätigt er sich beim

— Turmbau;
— Aufladen, Transportieren und Auskippen der Klötze mit dem Spielauto;
— Einwerfen des Turms mit der Hand, dem Ball oder einer Büchse.

Beim Spiel mit dem Plattenspieler, der Spielkiste und kleinen Materialteilchen hat er Spaß daran,

— einen Gegenstand auf der kreisenden Fläche des Plattentellers zu fixieren und zu verfolgen;
— Klötzchen vom bewegten Plattenteller zu greifen;
— den Plattenteller zu stoppen, die Bewegung zu ertasten;
— Material auf den Plattenteller zu häufen und zu beobachten, wie es herunterfällt;
— die Gummiplatte von der Drehscheibe zu nehmen und zu untersuchen.

(3) Die Ausdifferenzierung eines erworbenen Schemas in eine kompliziertere Struktur oder die Umwandlung/Ersetzung eines alten Schemas in ein neues, kann dadurch positiv beeinflußt werden, indem man sich die jeweilige Fähigkeit des Schwerstbehinderten zur Nachahmung zunutze macht. In einem Stadium, in dem der Schwerstbehinderte noch nicht dazu in der Lage ist, die Tätigkeiten eines Modells nachzuahmen, kopiert er sich häufig selbst, ahmt eigene Bewegungen nach, die lustvoll empfunden werden (Stereotypie). Indem der Schwerstbehinderte von einer fremden Person bewegt wird, kann er dazu angeregt werden, das sensorische Bewegungsmodell zu imitieren und den erlebten Zustand nachzuvollziehen. Solange sich das gezeigte Schema nicht zu stark von der selbständig gezeigten Form unterscheidet, kann erhofft werden, daß der Schwerstbehinderte versucht, seine Bewegungen dem erfahrenen Schema anzugleichen. Er wird dazu ermuntert, eine geringfügig veränderte Form der Selbstnachahmung zu vollziehen, die sich wesentlich von den häufig zu komplizierten Leistungen der Fremdnachahmung unterscheidet.

Um die Nachahmung am Fremdmodell anzubahnen, kann der Erzieher die Demonstration einer Bewegung mit einem nachfolgenden passiven Bewegungserlebnis beim Schwerstbehinderten koppeln. Zeigt der Schwerstbehinderte ein Verhalten bereits von sich aus, so wird der Erzieher die Aktion stets dann nachahmen, wenn sie erfolgt, um eine abermalige Wiederholung anzuregen. Besonders in Bereichen, die nicht durch den Erzieher mit Hilfe passiver Erlebnisse beeinflußt werden können, wie z.B. bei der Sprachproduktion, muß stets das bereits gezeigte Verhalten aufgegriffen werden.

In einer funktionellen Übung gelingt es Dieter kein einziges Mal, Bewegungen zu imitieren, die er am eigenen Körper nicht beobachten kann. Auch nach wiederholter Demonstration und deutlicher verbaler Aufforderung erfolgt keine entsprechende Reaktion auf das gezeigte Bewegungsmodell. Nachdem der Erzieher mehrmals eine Bewegung vorgeführt hat (Hände an den Kopf legen), beginnt Dieter zu klatschen und zu stampfen und wendet seine Aufmerksamkeit ab. Nach einer Pause erfolgt das Angebot daher auf einer einfacheren Stufe. Der Erzieher zeigt Dieter das Bewegungsmuster zuerst am eigenen Körper und führt es anschließend gemeinsam mit Dieter durch, indem er ihn passiv bewegt. Nach einigen Versuchen ist Dieter in der Lage, ohne fremdes Zutun das gezeigte Bewegungsmodell andeutungsweise richtig zu wiederholen.

Bei der Anbahnung eines neuen Schemas über den Weg der Nachahmung ist es von besonderer Bedeutung, daß es sich um Formen handelt, die keinem überhöhten Niveau entsprechen. Hat der Schwerstbehinderte den erforderlichen Entwicklungsstand noch nicht erreicht, kann kein Erfolg erwartet werden,

(4) Der Aufbau kognitiver Fähigkeiten, wie die Heranbildung des Objektbegriffs, wird stark durch gesammelte Erfahrungen beeinflußt. In der Arbeit mit Schwerstbehinderten müssen daher spezielle Situationen geschaffen werden, in denen intensive Erfahrungswerte über die Existenz von Objekten zu vermitteln sind. Unter anderem eignen sich hierfür Versteckspiele einfacher Art.

Dieter bekommt die Spieluhr, darf sie aufziehen und zuhören. Anschließend versteckt der Erzieher die noch tönende Uhr unter einer Auswahl von drei verschiedenfarbigen Schüsseln. Dabei macht er Dieter durch langsame Bewegungen, deutliches Zeigen und verbale Ansprache auf das Versteck aufmerksam. Dieter greift sofort zielstrebig nach der Schüssel und holt die Uhr darunter hervor.

Nacheinander werden verschiedene Gegenstände untersucht und dann unter Decke, Schüssel oder Kiste versteckt. Dieter hat große Schwierigkeiten, den Gegenstand zu finden, sobald der Standort wechselt. Nach mehreren vergeblichen Versuchen beginnt Dieter damit, alle Hindernisse aus dem Weg zu räumen, die ihn möglicherweise vom gesuchten Gegenstand trennen könnten.

Ein Klangstab wird unter einer Auswahl von drei Tüchern versteckt. Um Dieters Aufmerksamkeit zu gewinnen, schlägt der Erzieher kurz vorher noch einmal auf den Stab. Sitzt Dieter unmittelbar vor den verschiedenen Verstecken (etwa 0,5 m bis 1 m entfernt), so findet er das Gesuchte ohne Zögern. Steht er jedoch 3 m entfernt von der Stelle, so kommt er nach dem Verstecken herbei und beginnt, die Tücher in beliebiger Reihenfolge aufzudecken.

Dieter hat drei Schüsseln mit Wasser vor sich stehen; er sitzt mit gespreizten Beinen auf dem Boden. Verschiedene Gegenstände (Triangel, Holzklötzchen, Becher) werden ins Wasser gelegt. Dieter schaut dabei zu. Er greift sofort in die richtige Schüssel, wenn er mit „Gib mir . . ." dazu aufgefordert wird. Selbst den blauen Becher in der blauen Schüssel kann er wiederfinden. Er greift zielsicher in die Schüssel, selbst wenn die Gegenstände auf den Boden gesunken sind. Dieter wirft gefundene Gegenstände zum Teil von alleine in eine andere Schüssel und holt sie nach kurzer Pause wieder heraus. Wenn ein Gegenstand in die Schüssel gelegt wird, ohne daß Dieter es beobachten kann, so untersucht er zuerst alle drei Schüsseln mit Augen und Hand und holt dann aus der richtigen Schüssel den Gegenstand hervor.

1.7. Zusammenfassung

Die letzten Abschnitte vermittelten einen knappen Überblick über die wichtigsten Ansätze, die für eine Förderung Schwerstbehinderter zur Verfügung stehen. Wie die theoretischen Sachverhalte für die Förderpraxis umgesetzt und ausgewertet werden können, verdeutlichte dabei das Beispiel Dieters.

In der nachfolgenden Übersicht sind über die bereits vorgestellten Ansätze hinaus zusätzliche Konzeptionen aufgeführt, die ebenfalls Bedeutung für die Schwerstbehindertenarbeit erlangt haben und in das kombinierte Konzept einfließen können. Allerdings erhebt auch diese Aufstellung keinen Anspruch auf Vollständigkeit. Unter Punkt 1 wird dabei jeweils der von den Autoren intendierte Anwendungsbereich aufgezeigt, während unter Punkt 2 die Leistungen beschrieben werden, die der jeweilige Ansatz innerhalb des kombinierten Konzeptes erbringen kann.

Basale Aktivierung (Breitinger/Fischer):

1. Didaktisch-methodischer Ansatz zur Förderung schwerst Geistigbehinderter mit einem über die ersten Lebensmonate hinausreichenden durchschnittlichen Entwicklungsalter in der Sonderschule für Geistigbehinderte.

2. Bietet Vorschläge für die Einordnung der Fördermaßnahmen in vier lebensbedeutsame Aufgabenfelder und benennt wichtige methodische Prinzipien bei der Durchführung der Maßnahmen.

Aufgabenfelder:
— Sicherung der existentiellen Lebensbedürfnisse
— Funktionale Ertüchtigung
— Aufbau von Umweltorientierung
— Ermittlung von Lebensaufgaben

Methodische Prinzipien:
— Komplexität und Mehrschichtigkeit der Ziele
— Wiederholung und Stetigkeit der Lernangebote
— Offenheit der Lernwege
— Vielfalt der Interaktionsmöglichkeiten und Wechsel in der Dominanz

Basale Kommunikation (Mall):

1. Ansatz zum Aufbau der Kommunikation mit schwerst Geistigbehinderten.

2. Bietet Herangehensweisen für das Herstellen einer Beziehung zum Schwerstbehinderten über den Atemrhythmus, Körperkontakt, Lautäußerungen, das „Spiegeln" von Bewegungen und Massage.

Basale Stimulation (Fröhlich):

1. Ganzheitlich anwendbares Förderkonzept für schwerstmehrfachbehinderte Kinder und Jugendliche mit relativ homogenem Erscheinungsbild (Entwicklungsalter bis ca. 6 Lebensmonate).

2. Bietet vielfältige Anregungen für die Arbeit mit Schwerstbehinderten, die heterogene Voraussetzungen in den einzelnen Entwicklungsbereichen aufweisen:

— Therapie extremer Wahrnehmungsstörungen in allen sensorischen Bereichen
— Abbau bestimmter Stereotypien durch Stimulationsangebote
— Anbahnung grundlegender motorischer Schemata
— Aufbau basaler Kommunikationsprozesse
— Hilfen zur Verbesserung der Nahrungsaufnahme, insbesondere des Trinkens
— Medien und Hilfsmittel zur Gestaltung einer anregenden, lernfördernden Umwelt

Behandlung von Autoaggression (Rohmann/Hartmann):

1. Konzept zur therapeutischen Arbeit bei Autoaggressionen.

2. Bietet verschiedene Ansatzpunkte und konzeptionelle Zugangsweisen zur Intervention bei Selbstaggression Schwerstbehinderter auf Basis individueller Bedingungs- und Verhaltensanalysen.

Entwicklungspsychologie (Piaget):

1. Darstellung der kindlichen Normalentwicklung in der sensomotorischen Phase.

2. Bildet die Grundlage der Förderdiagnostik bei Schwerstbehinderten und zeigt Möglichkeiten zur Einordnung des beobachteten Verhaltens sowie Ansatzpunkte zur Anbahnung aufbauender sensomotorischer Entwicklungsprozesse.

Förderpflege und aktivierende Pflege (Trogisch, Schwörer):

1. Ansätze zur fördernden und aktivierenden Behandlung von pflegeabhängigen Patienten/Apallikern bei der täglichen Versorgung.

2. Bieten Handreichungen und Prinzipien bei der Ausführung von Pflegeleistungen bei Schwerstbehinderten.

Führen in problemlösenden Alltagsgeschehnissen (Affolter):

1. Behandlungsmethode bei Cerebralschädigungen unterschiedlichen Schweregrades durch motorisches Führen im Alltag.

2. Bietet Prinzipien und Beispiele für den gezielten Einsatz des „Führens" bei Schwerstbehinderten.

Integriertes Lernen (Haupt/Fröhlich):

1. Konzept zur Förderung Schwerstmehrfachbehinderter mit einem durchschnittlichen Entwicklungsalter ab ca. 6 Lebensmonate.

2. Bietet Vorschläge für die Einordnung der Fördermaßnahmen in konkrete Lebenssituationen:

— Alltagssituationen im Haushalt
— Freizeitsituationen
— Umgang mit Pflanzen und Natur
— Arbeitssituationen einfachster Art

Isolationstraining (Kiphard, Delacato, Prekop):

1. Desensibilisierungsprogramm für Kinder mit autistischem Syndrom.

2. Bietet Übungsreihen zur Therapie von Wahrnehmungsstörungen bei Schwerstbehinderten mit „autistischen Zügen" durch:

— Angebote für einen isolierten sensorischen Bereich (isoliertes Tasten, Sehen, Hören)
— aufbauende Übungen zur Kopplung mehrerer Sinnesreize
— Anregungen zur Koordination von Reizaufnahme, Verarbeitung und Reaktion

Körper- und Gestalttherapie (Klostermann, Besems/v.Vugt):

1. Therapien zur Harmonisierung des seelischen und körperlichen Gleichgewichts bei Geistigbehinderten.

2. Bieten Anregungen zur Heranbildung von Körperbewußtsein und Körpererlebnissen bei Schwerstbehinderten.

Krankengymnastische Therapie (Bobath, Vojta):

1. Kausaltherapie zur Kompensation schwerer Cerebralschädigungen.

2. Bietet Behandlungsmöglichkeiten zum Abbau pathologischer Bewegungsmuster, zum Aufbau verbesserter Gleichgewichts-, Haltungs- und Bewegungsfunktionen, zur Prophylaxe von Kontrakturen und gibt Hilfen und Tips für gün-

stige Lagerung, Fixierung sowie das Halten, Heben und Tragen Schwerstbehinderter. Auch für den Bereich der Nahrungsaufnahme werden wichtige Prinzipien und Kontrollgriffe benannt.

Musiktherapie (Vogel):

1. Therapie zur Entspannung in meditativer Atmosphäre (Pränatal-Raum).

2. Bietet Möglichkeiten beruhigender und ausgleichender Einflußnahme bei Schwerstbehinderten (z.B. mit stark errethischem Verhalten).

Sensomotorische Entwicklungsförderung, Psychomotorische Übungsbehandlung (Kiphard, Prekop):

1. Programme zur Therapie senso- und psychomotorischer Entwicklungsverzögerungen bei leichteren Cerebralschädigungen.

2. Bieten Übungsangebote bei motorischen und sensorischen Störungen und bei behinderungsbedingten Verhaltensauffälligkeiten.

Sensorische Integration (Ayres):

1. Programm zum Aufbau der sensorischen Integration bei einer Funktionsstörung des kindlichen Gehirns (sensorische Integrationsstörung).

2. Bietet Anregungen zur Förderung des vestibulären, propriozeptiv-kinästhetischen und taktilen Wahrnehmungsbereiches.

Snoezelen (Hulsegge/Verheul):

1. „Freizeitangebote" für Bewohner holländischer Langzeiteinrichtungen (Geistigbehinderte, psychisch Kranke, Demenzzustände im Alter).

2. Bietet Anregungen für die Umweltgestaltung bei Schwerstbehinderten und für entspanntes Genießen von Wahrnehmungseffekten in speziell eingerichteten Räumen.

1.8. Ein kritisches Wort an den Praktiker

Das kombinierte Konzept erspart es dem Praktiker in der Arbeit mit Schwerstbehinderten nicht, sich mit den einzelnen theoretischen Grundlagen auseinanderzusetzen. Sind dem Leser dieses Buches die eingangs besprochenen Ansätze nicht bekannt, so wird er sich in der speziellen Literatur (siehe Literaturverzeichnis) ausführlicher über die einzelnen Übungsmöglichkeiten, Wahrnehmungsprogramme und Anwendungsmethoden informieren müssen.

Das kombinierte Konzept kann eben nicht — und darin besteht ja auch sein Vorteil für die individuelle Förderung — als fertiges Ganzes übernommen werden. Vielmehr muß der Erzieher für jeden einzelnen Schwerstbehinderten neu ein ganz persönliches Programm zusammenstellen.

Diese „Theorie"-Arbeit kann dem Praktiker nun einmal nicht abgenommen werden.

Die Vielfalt der im kombinierten Konzept zusammengefaßten Einzelansätze erfordert sogar einen ganz erheblichen Aufwand an Fachwissen bei den Personen, die in der Förderarbeit Schwerstbehinderter tätig sind. Das umfassende Wissen der Erziehungspersonen, das sich diese in vielen Fällen sicher erst einmal aneignen müssen, ist jedoch unbedingt erforderlich, weil eine kritische Überprüfung der einzelnen Therapieansätze erfolgen muß, bevor sie in der Arbeit Anwendung finden können.

Die Gefahr einer unreflektierten Anwendung kombinierter Maßnahmen ist deshalb so groß, weil aus der Vielzahl der zur Verfügung stehenden Möglichkeiten immer nur diejenigen ausgewählt werden sollen, die individuell relevant sind. Weniger geeignete Elemente müssen ausgeklammert werden. Reichen die fachlichen Qualifikationen der Erzieher bei dieser Aufgabe nicht aus, sind Fehler bei der Auswahl geeigneter Maßnahmen kaum zu vermeiden.

Hat sich der Erzieher jedoch einmal intensiv mit den Grundlagen der Schwerstbehindertenpädagogik auseinandergesetzt, wird er diese immer sicherer in Bezug zum jeweiligen Schwerstbehinderten setzen. Er kann sich ein kritisches Wissensniveau gegenüber den einzelnen Fördermethoden aneignen, das kombinierte Förderprogramm unterliegt seiner ständigen Überprüfung und Korrektur und ermöglicht so eine permanente Anpassung an die Erfordernisse des Schwerstbehinderten. Mögliche Schwachpunkte der Therapie können schneller ausgeglichen werden, da ein Wissen zur Verfügung steht, das die raschere Entdeckung einer Fehlerquelle möglich macht.

Deshalb sollte keiner, der es mit der Förderung Schwerstbehinderter ernst meint, die Anstrengungen dieser persönlichen „Zusatzausbildung" scheuen.

Jeder, der sich intensiv mit den Grundlagen beschäftigt, wird sehr schnell fündig. Er lernt Möglichkeiten, Hilfen, Materialien, Medien und Übungen kennen. Er erhält Anregungen und Tips. Er bekommt Ansporn und Mut. Dinge, die sofort dem schwerstbehinderten Kind und Schüler zugute kommen.

Aus eigener Erfahrung kann ich nur versichern: Diese „Mühe" lohnt sich wirklich!

1.9. Prinzipien bei der Arbeit mit dem kombinierten Konzept.

Sobald sich der Erzieher über die theoretischen Grundlagen der Schwerstbehindertenarbeit informiert hat, kann die „schöpferische" Arbeit mit dem kombinierten Konzept beginnen.

Im Prinzip kann man sich das kombinierte Konzept als Kuchen vorstellen, dessen einzelne Stücke die unterschiedlichen Ansätze darstellen. Die Art und

Größe der einzelnen Segmente wird durch den individuellen Förderbedarf des schwerstbehinderten Kindes bestimmt. So unterscheidet sich das kombinierte Konzept für Dorothee vollkommen von dem für Meik.

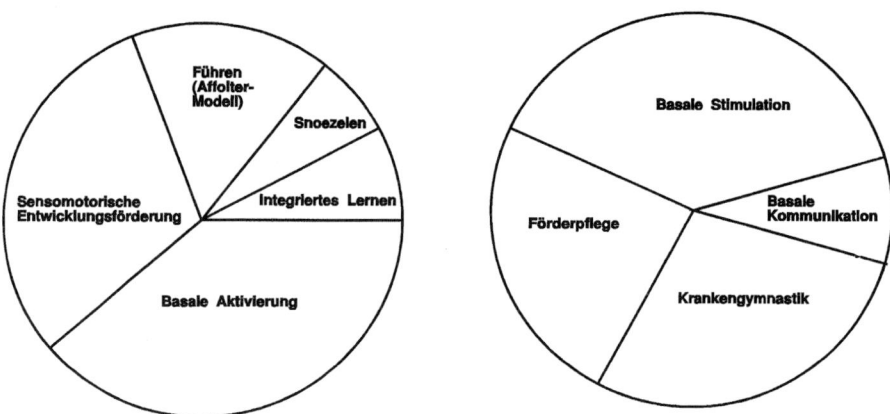

Um genau zu sein, kommt es bei vielen Förderkonzepten natürlich zu erheblichen Überschneidungen und Parallelitäten. So fließen z.B. Aspekte der Krankengymnastik immer auch in andere Förderbereiche mit ein, wenn wir z.B. ein Kind beim Füttern günstig lagern oder ihm eine gute Ausgangsposition beim Hantieren mit Materialien ermöglichen. Wenn die Situation der Nahrungsaufnahme als Kommunikationsrahmen genutzt wird, gehen wir gleichzeitig nach den Prinzipien der Basalen Kommunikation, der Basalen Stimulation sowie der Förderpflege vor.

Hier muß nochmals darauf hingewiesen werden, daß die Arbeit mit dem kombinierten Konzept eine sehr fachkundige und kritische Überprüfung des theoretischen Wissens und der praktischen Erfahrungen mit Schwerstbehinderten verlangt. Nur so lassen sich die oben angedeuteten Unterrichtssituationen auch tatsächlich zur optimalen Förderung ausgestalten. Es werden deshalb hohe Anforderungen an die Qualifikationen des Erziehers gestellt. Zusätzlich ist die Methode arbeitsaufwendig, bedarf einer gründlichen Dokumentation, lebt von der permanenten Reflexion und ist immer wieder Revisionen unterworfen.

Dies kann zwar kein Argument gegen das eigentliche Verfahren sein, wir haben es hier jedoch nicht nur mit rein praktischen Schwierigkeiten zu tun, die bei der Umsetzung berücksichtig werden müssen. Zusätzlich besteht die Gefahr einer falschverstandenen Wahlfreiheit und Austauschbarkeit der einzelnen Maßnahmen. Werden beliebige Einzelteile vorhandener Förderansätze nämlich lediglich nach dem Zufallsprinzip „zusammengestückelt" und ohne Kenntnis und Berücksichtigung der theoretischen Hintergründe unhinterfragt übernommen, dann kann die pädagogische Arbeit mit Schwerstbehinderten sehr leicht zu einem - zwar wohlmeinenden, jedoch fatal dilettantischen - Flickwerk werden. Wie bereits mehrfach angemerkt, soll sich das kombinierte Konzept jedoch in optimaler Weise an eine bestimmte Person mit schwerster Behinderung anpassen und ein in sich stimmiges Förderkonzept bilden.

Dies hört sich in der Theorie sehr schön an, sagt für die Praxis aber zunächst nur wenig aus. Als wesentlichster Zwischenschritt zwischen der Theorie einerseits und der Praxis andererseits kommen deshalb die Erziehungsintentionen ins Spiel: Was will ich eigentlich für das Kind und mit dem Kind erreichen?

Wenn die bekannten Förderkonzepte für Schwerstbehinderte analysiert und auf ihren Gehalt hin beurteilt werden sollen, sind Maßstäbe von Nöten, an denen die Ansätze gemessen und nach denen sie ausgewertet werden können. Diese Prüfsteine ergeben sich jedoch erst aus den Zielsetzungen, die wir der Arbeit mit Schwerstbehinderten zugrunde legen.

Empfehlenswert ist dabei eine Orientierung an den jeweiligen Zielformulierungen der Richtlinien für Schwerstbehinderte bzw. für die Schule für Geistigbehinderte der einzelnen Bundesländer (z.B. Nordrhein-Westfalen), die der Leitidee „Selbstverwirklichung in sozialer Integration" verpflichtet sind. Des weiteren finden sich in diesem Buch im Kapitel 2.3. ergänzende Überlegungen.

Diese noch recht abstrakten Erziehungsziele müssen nun für das einzelne Kind konkretisiert und feiner aufgeschlüsselt werden. Dazu ist eine sehr sorgfältige und genaue Diagnostik erforderlich, die verschiedene Interpretationen berücksichtigt und unterschiedliche Hypothesen einbezieht (vgl. dazu auch Kapitel 2.2.). Unter Einbezug aller denkbaren Quellen und Informationen muß ein detailliertes Bild über die jeweilige Ausgangssituation des Kindes erstellt werden, aus der sich im nächsten Schritt ein individuell formulierter Förderbedarf ableiten läßt.

Erst auf dieser Grundlage sind die bisher entwickelten Fördermöglichkeiten vernünftig zu beurteilen. Hat der Erzieher für die einzelnen Kinder zentrale Förderschwerpunkte und Ziele festgelegt, dann kann er anschließend die verschiedenen Konzepte genauer durchforsten und nach adäquaten Methoden und Handreichungen Ausschau halten. Erst dann ist die Gewähr gegeben, daß die schließlich ausgewählten Maßnahmen den speziellen Bedürfnissen der Schüler gerecht werden, da sie zur Verwirklichung der aufgestellten Zielsetzungen beitragen.

An dieser Stelle sei davor gewarnt, das Verfahren in umgekehrter Reihenfolge einzusetzen. Zwar mögen viele Angebote der Fachdisziplin auf den ersten Blick interessant und attraktiv erscheinen. Beziehen sich die Vorschläge jedoch nicht auf einen individuell ermittelten Förderbedarf, so ist es sehr zweifelhaft, ob der Schüler einen Nutzen aus ihnen zu ziehen vermag.

In einem weiteren Schritt geht es nun um die Kombination der ausgesuchten Einzelteile sowie um eine Kompensation entdeckter Schwachstellen. Der Gesamtpersönlichkeit eines schwerstbehinderten Schülers kann nur dadurch entsprochen werden, daß alle für ihn entdeckten Elemente vorhandener Ansätze sinnvoll verbunden und aufeinander abgestimmt werden. Die Vielfalt der Maßnahmen deckt sich dabei mit der Vielschichtigkeit der individuellen Persönlichkeit. Darüberhinaus muß aber auch für den Ausgleich mangelhafter Komponenten eines Ansatzes gesorget werden, indem diese durch geeignete Ergänzungen abgemildert werden bzw. - falls möglich - erst gar nicht zum Tragen kommen.

Bei der Förderung eines Kindes nach dem Prinzip des kombinierten Konzeptes gilt es in erster Linie, Fördersituationen zu gestalten, die den Anspruch auf Lebensnähe, Ganzheitlichkeit, Erhaltung der Sinnzusammenhänge und Interessenbezogenheit verwirklichen. Ansätze und Methoden, die hierfür keinen Beitrag leisten können, müssen sehr kritisch beurteilt werden.

Die Gewinnung solcher Fördersituationen ergibt sich aus der Analyse der Lebenssituation eines schwerstbehinderten Schülers. Ausgehend vom Vitalbereich, in der die Grundvoraussetzungen menschlichen Lebens wie Hygiene, Pflege, Ernährung, medizinische Versorgung, Ruhe, Bewegung, Kontakt und Beziehung ermöglicht und gesichert werden, können darauf aufbauend Lebens- und Lernfelder gestaltet werden, die eine vermehrte Aktivierung und beständig differenziertere Teilhabe schwerstbehinderter Schüler am Leben anstreben.

Nun ist aus der Arbeit und dem Zusammenleben mit Schwerstbehinderten bekannt, daß die natürlichen Situationen des Alltags die Kinder vielfach durch ihre Komplexität vollkommen überfordern. Schwerstbehinderten fällt es schwer, zwischen bedeutsamen Reizen und Randerscheinungen zu trennen. Sie können bestimmte Eindrücke nicht herausfiltern und sich nicht auf das Charakteristische einer Situation konzentrieren.

Ganzheitliche Förderung kann daher nicht bedeuten, Schwerstbehinderte mit einer Vielzahl von Wahrnehmungsqualitäten, Reizen, Berührungen, Sprache zu überschütten. Vielmehr muß eine ganz gezielte Auswahl derjenigen Momente getroffen werden, die einerseits das Wesentliche einer Situation ausmachen, andererseits auf das Verarbeitungsvermögen des Kindes zugeschnitten sind.

In der Fördersituation muß daher z.B. die Anzahl der benutzten Worte reduziert, es sollte betont, langsam und mit charakteristischer Wortmelodie gesprochen werden. Bewegungen sind langsam und überlegt auszuführen. Wir pausieren und warten auf das Kind. In manchen Situationen erscheint sogar der völlige Verzicht auf Sprache und die Vermeidung von Körperkontakt angebracht, um Ablenkung und Überlastung zu vermeiden. Dies sind jedoch rein methodische Überlegungen, die keine prinzipielle In-Frage-Stellung des ganzheitlichen Prinzips bedeuten. Nur durch die Erhaltung der Sinnzusammenhänge können sich langsam Bedeutungen für das Kind und damit auch eine erweiterte Teilnahme am gemeinsamen Leben herausbilden.

Ganzheitliche Förderung im Rahmen einer lebensrelevanten Situation (Baden) durch Anwendung des kombiniertenKonzeptes		
Ziel	**Maßnahme**	**Förderkonzept**
konstitutionell: Erhaltung und Verbesserung von Pflegefähigkeit, Sauberkeit, Wohlbefinden	Auskleiden Baden Eincremen Ankleiden	Förderpflege Basale Stimulation Snoezelen
sensorisch: In-Gang-Setzen von Wahrnehmungsprozessen v.a. im somatischen Bereich	Streicheln Abduschen Abreiben Massieren Föhnen	Förderpflege Basale Stimulation Snoezelen
motorisch: Ermöglichung und Anregung sensomotorischer Erfahrungen im Wasser und auf dem Wickeltisch	Passives Bewegen der Extremitäten, günstige Lagerung, Führen der Hände	Krankengymnastik Psychomot.Übungsbeh. Basale Aktivierung
emotional/kommunikativ: Kontakt annehmen, Gefühle zeigen, Kontakt beantworten	Körperkontakt Ansprache „Baby-Spiele"	Basale Kommunikation Basale Aktivierung Integriertes Lernen
individuell: Abbau der Angst vor unangenehmen Einflüssen (v.a. Lageveränderungen) Aufbau positiver Gestimmtheit	Behutsamkeit, Nähe, Wärme, Sicherheit durch Ansprache, Zärtlichkeit; Eindeutigkeit, Regelmäßigkeit, Wiederholung angenehmer Erfahrungen	Basale Kommunikation Basale Aktivierung

In der Abbildung sind die Überlegungen des Kapitels nochmals beispielhaft dargestellt. Dabei handelt es sich um ein Angebot für ein 10jähriges schwerstbehindertes Mädchen mit apallischem Syndrom.

Fazit:

In der Arbeit mit dem kombinierten Konzept werden in der ersten Phase die theoretischen Grundlagen sowie der erzieherische Gehalt der einzelnen Ansätze geprüft: Funktionalistische Konzepte wie z.B. die Verhaltenstherapie scheiden dabei aus; Schwachpunkte der Theoriebildung anderer Ansätze müssen im Hinterkopf behalten werden, um hier einen Ausgleich schaffen zu können.

In der zweiten Phase sind die praktischen Vorschläge und Therapiemaßnahmen in Beziehung zum festgestellten Förderbedarf des Kindes zu setzen. Die Förderbedürfnisse, die sich aus den Lebenssituationen des Kindes ergeben, werden in Form von konkreten Zielen dargestellt. Erst dann können die geeignet erscheinenden Programmbestandteile aus den verschiedenen Förderansätzen ausgewählt und daraus ein individuelles Förderprogramm für das einzelne Kind erstellt werden (vgl. Abschnitt 2.4.1.). Die unmittelbare Zuordnung einer für das Kind lust- und sinnvollen Handlungssituation wirkt bei dieser Vorgehensweise als Korrektiv für die Auswahl adäquater Maßnahmen. Sie schließt labormäßige Übungssituationen und dressurmäßiges Training aus, weil hier sofort erkennbar wird, daß kein Realitätsbezug vorhanden ist.

Die konkrete Fördersituation muß sich schließlich vor allem als offener Unterrichtsprozeß gestalten, um nicht in der festgelegten Planungsstruktur zu erstarren, sondern beständig auf die situative Befindlichkeit des Kindes Bezug nehmen zu können.

2. Aufbau und Förderung einer Schwerstbehindertengruppe

Im folgenden werden am Beispiel einer schulischen Schwerstbehindertengruppe die einzelnen konkreten Handlungsentscheidungen des Erziehers in der Förderung Schwerstbehinderter durchgespielt. Die verschiedenen Aussagen treffen jedoch nicht nur für die Sonderschule für Geistigbehinderte, sondern auch für andere Sonderschulformen und in hohem Maße auch für den Werkstattbereich zu. Selbst Eltern, die Anregungen für eine häusliche Einzelförderung ihres Kindes suchen, werden sich diese aus den entsprechenden Abschnitten ableiten können.

2.1. Entscheidungsfeld: Voraussetzungen zur schulischen Förderung Schwerstbehinderter

Leider ist es in der Praxis mit der Begründung von Sinn und Notwendigkeit einer konsequenten Förderung Schwerstbehinderter nicht getan. Gerade dann, wenn man sich über die Dringlichkeit einer Beschulung dieser Kinder und Jugendlichen klargeworden ist, beginnen die eigentlichen Probleme. Wer kennt sie nicht, die institutionellen, materiellen und personellen Schranken und Beschränkungen, die sich im selben Augenblick in den Vordergrund schieben, in dem der Entschluß gefaßt wird, die Sache anzupacken?

Die folgenden Abschnitte sind jedoch nicht als Klagelied auf unüberwindliche Schwierigkeiten zu verstehen, sondern als Auseinandersetzung mit Umständen und Fakten, die berücksichtigt werden müssen, um befriedigende Lösungen zu finden.

2.1.1. Institutionelle Voraussetzungen

Die Sonderschule für Geistigbehinderte war bis vor noch nicht allzu langer Zeit weitgehend auf eine eng umgrenzte Schülergruppe zugeschnitten. Zwar ist hinlänglich anerkannt, daß geistige Behinderung immer auch *Mehrfachbehinderung* bedeutet, die Schule also neben den kognitiven auch motorische, sprachliche und lebenspraktische Defizite berücksichtigen muß; in der institutionellen Praxis wurde vielerorts aber immer noch von einer Reihe von Voraussetzungen ausgegangen, die ein Schüler mitzubringen habe, um sich problemlos in den Schulbetrieb einzufügen.

So wurde neben einer prinzipiellen Fortbewegungsfähigkeit erwartet, daß die hygienische Erziehung der Kinder weitgehend abgeschlossen ist und sie im Bereich der vitalen Versorgung nicht mehr auf intensive Hilfe angewiesen sind.

Natürlich gab es in jeder Schule, ja fast in jeder Klasse Schüler, die in der einen oder anderen Hinsicht diesen Forderungen nicht entsprachen. Diese sogenannten „ganz Schwachen" bildeten jedoch die Ausnahme und wurden meist unter tatkräftiger Hilfe der Mitschüler durch den Schulalltag gelotst, ohne anzuecken. Bei potenziertem Ausfall der genannten Voraussetzungen zeigte sich eine Klassengemeinschaft häufig überfordert, da sie weder personell noch materiell für die anfallenden Probleme gerüstet war.

Mit den schwerstbehinderten Schülern, die in der Regel über keine der genannten Voraussetzungen verfügen, kam eine Personengruppe in die Sonderschule für Geistigbehinderte hinein, die das bisherige System in Frage stellte. Nicht nur in bezug auf die anzubietenden Lerninhalte, sondern vor allem hinsichtlich der gesamten Organisation des schulischen Tagesablaufs ergaben sich Diskrepanzen zum „normalen" Schulbetrieb, die zunächst nur schwer überbrückbar erschienen.

Allein dieser Tatbestand legte es noch bis vor wenigen Jahren nahe, überwiegend separate Fördergruppen für Schwerstbehinderte einzurichten, obwohl es seit der praktischen Durchsetzung des Schulrechts für Schwerstbehinderte auch immer wieder Vorstöße gab, diese Schüler im Kontext einer Normalklasse zu unterrichten. Mittlerweile hat es in diesem Bereich eine Wende gegeben und heutzutage wird meist das integrative Konzept bevorzugt.

Der Streit um die Vor- und Nachteile homogener oder heterogener Schülergruppen innerhalb der Sonderschule für Geistigbehinderte, als letzter Zipfel der allgemeinen Integrationsdebatte, soll an dieser Stelle nicht zum wiederholten Male durchgespielt werden. Integration als wunderschönes Schlagwort hat heute einen sehr großen Beliebtheitsgrad erreicht, wenngleich ihre Realität beileibe nicht so rosig ist, wie uns die Verfechter dieses Titels (z.B. Feuser) gerne suggerieren möchten. Solange Personal und Mittel rar sind und eine differenzierte Unterrichtsplanung für integrierte Schwerstbehinderte zur großen Ausnahme gehört, werden sicherlich noch viele schwerstbehinderte Schüler ihr Schulleben als Beistellkinder fristen und bleibt die Integrationsidee oft leider nur auf räumliche Nähe beschränkt.

Auch wenn ich mich damit nicht im Mode-Trend befinde, soll im weiteren nur von sogenannten Schwerstbehindertengruppen die Rede sein. Damit möchte ich nicht unbedingt eine Lanze für diese Organisationsform als Optimallösung brechen. Da sie jedoch neben der integrativen Beschulung immernoch häufig vorkommt und bei weitem nicht der Lösungen schlechteste ist, bedarf sie auch eines ordentlichen didaktischen Fundaments. Die folgenden Ausführungen sind deshalb als Beitrag für diese spezielle Problemstellung zu verstehen und müssen andernorts selbstverständlich dringend durch konkrete Überlegungen zur integrativen Unterrichtspraxis mit Schwerstbehinderten ergänzt werden. Für den enttäuschten Leser nur soviel zum Trost: Viele der auf den folgenden Seiten vorgetragenen Probleme, Lösungsversuche und Prinzipien lassen sich auch auf die integrative Beschulung Schwerstbehinderter übertragen. Vor allem die Ausführungen zur individuellen Förderplanung, welche m.E. bei integrativer Unterrichtsform die allergrößte Bedeutung besitzt, können auch für Erzieher in diesem Tätigkeitsfeld von Nutzen sein.

Mit der Entscheidung, eine Förderstufe für schwerstbehinderte Schüler einzurichten, verbinden sich eine Reihe von Schwierigkeiten, die es im nächsten Schritt zu lösen gilt.

Wer denkt, hier eine pädagogische Entscheidung getroffen zu haben, die mit etwas organisatorischem Geschick zu realisieren sei, hat vergessen, daß noch andere Instanzen mit von der Partie sind, wenn es um die Konkretisierung der Planungsidee geht.

(1) Die *betroffenen Schwerstbehinderten* selbst, ob sie bereits Schüler der Sonderschule sind oder ganz plötzlich und unerwartet auftauchen, entdeckt werden, aus einer anderen Schule, einem Heim, dem Sonderschulkindergarten in die Schule wechseln, haben sie ein bestimmtes, umgrenzbares Kriterium an sich, ein "Fall" für die Fördergruppe zu sein? Sind sie nicht im Gegenteil durch Alter, Konstitution, Schädigungsgrad, Temperament, Vorerfahrungen, häusliches Milieu, Nationalität unterschieden, wie die Mitglieder kaum einer anderen Gruppe? Und lassen sich tatsächlich immer nur so viele Schwerstbehinderte finden, wie auch in eine Gruppe passen?

Das Gesagte macht deutlich, wie schon an dieser Stelle Grenzziehungen, Zuordnungen, Aussonderungen notwendig werden, die sich allein institutionellen Forderungen unterordnen, also nicht pädagogisch begründet sind, und sich die Frage nach Heterogenität oder Homogenität der Schulklassen nur noch sekundär stellt. Natürlich gibt es Kriterien, nach denen eine Gruppe für schwerstbehinderte Schüler zusammengestellt werden kann und sollte, bloß — stehen diese nicht selten im Gegensatz zu den äußerlichen Setzungen der Institution.

(2) Die *Eltern* der betroffenen Schüler haben nicht immer dieselben Vorstellungen über die schulische Förderung ihrer Kinder wie die Lehrkräfte. Oft ergeben sich erhebliche Widerstände auf Elternseite, sobald die Frage einer Beschulung des Kindes in einer Schwerstbehindertenklasse angeschnitten wird. Nicht ganz zu unrecht fühlen sich die Eltern noch einmal gesondert behandelt, nachdem sie bereits die Behinderung ihres Kindes akzeptieren und verkraften mußten. Zu verstehen und gutzuheißen, daß das eigene Kind noch einmal anders ist, mehr Hilfe braucht, andere Dinge lernt, als die übrigen Schüler der Schule, bedeutet einen Akt der Selbstüberwindung, den man vielen Eltern nicht vorbehaltlos und vor allem nicht ohne Hilfe abverlangen darf. (Pflichtlektüre für alle Lehrer und Erzieher: B. Beuys: Am Anfang war nur Verzweiflung).

(3) Auch vom *Lehrpersonal* kann nicht von vornherein die wünschenswerte Portion Begeisterung erwartet werden, wenn eine Schwerstbehindertengruppe an der Schule eingerichtet werden soll. Im Gegenteil: Es wird eine Menge

Vorarbeit geleistet werden müssen, um die Distanz des Kollegiums gegenüber einem solchen Vorhaben zu verringern und Interesse für das neue Aufgabengebiet zu wecken.

Eine wichtige Rolle fällt hierbei allemal der *Schulleitung zu,* die neben einem umfassenden Vorverständnis eben auch ein entsprechendes Fingerspitzengefühl für die Besetzung der Gruppe benötigt.

(4) Neben den drei genannten Personengruppen — Schüler, Eltern, Lehrer — ist auch die Stellung zweier außerschulischer Institutionen von Belang: *Gesundheitsamt* und *Schulträger.* Nicht immer ist der schulärztliche Gutachter von Sinn und Notwendigkeit einer Beschulung Schwerstbehinderter überzeugt und bereitet womöglich durch seine Diagnose den Ausschluß Schwerstbehinderter von schulischer Förderung vor. Es ist daher notwendig, von schulischer Seite her Kontakt zum Schularzt zu halten und eine über den medizinischen Gesichtspunkt hinausreichende Betrachtungsweise bei der Gesundheitsbehörde anzuregen. Auch der Schulträger läßt es nicht selten an der Bereitschaft fehlen, mit der Vergabe zusätzlicher Finanzen für die Grundvoraussetzungen einer Beschulung Schwerstbehinderter zu sorgen. So hat sich — von wenigen Glücksfällen einmal abgesehen — eine Schule mit der Einrichtung einer Schwerstbehindertenklasse oftmals auf ein Provisorium einzulassen, das nur sehr vage an eine optimale Verwirklichung der Ausgangsidee erinnert.

Konsequenzen:

Um nicht von den oben angedeuteten Schwierigkeiten erschlagen zu werden, bedarf es einer längerfristigeren Planung, als einer, die erst beim Auftauchen schwerstbehinderter Schüler in Aktion tritt. Prinzipiell muß jede Schule und damit auch jede Schulleitung für die Aufnahme Schwerstbehinderter vorbereitet oder zumindest theoretisch gerüstet sein.

Nachfragen bei der Gesundheitsbehörde, evtl. auch bei anderen Schulen, Heimen, Frühfördereinrichtungen und Kindergärten geben in der Regel Auskunft darüber, ob im Einzugsgebiet der Schule schwerstbehinderte Kinder leben, so daß weitere Erhebungen angestellt werden können, ob, wann und in welchem Umfang mit einer Beschulung zu rechnen ist, bzw. ob Anstrengungen notwendig sind, um diese zu ermöglichen .

Im Zuge dieser Erhebungen ist es sicher günstig, sich mit der zuständigen Gesundheitsbehörde auseinanderzusetzen und diese auf die Möglichkeit und Notwendigkeit einer Beschulung Schwerstbehinderter hinzuweisen. Daß nicht jedes schwerstbehinderte Kind einen ganzen Schultag verkraftet, darf kein Argument gegen eine möglicherweise zeitlich reduzierte Beschulung sein. Und wo von ärztlicher Seite Bedenken gegen den Transport des Kindes durchaus angemessen sind, muß die Alternative des Hausunterrichts ausgeschöpft werden.

Gegenüber dem Schulträger sind frühzeitig Bedürfnisse geltend zu machen und Mittel anzufordern, die zur Grundausstattung einer Schwerstbehindertengruppe benötigt werden. Kosten, die geballt auftreten, werden erfahrungsgemäß nur teilweise bewilligt. Bei einer langfristigen Streuung der zusätzlichen Aufwendungen und entsprechend nachdrücklicher Beharrlichkeit lassen sich Teile der Grundausstattung peu à peu zusammentragen, die später einmal unbedingt vorhanden sein müssen (vergl. 2.1.2. Materielle Voraussetzungen).

Auch das Kollegium einer Schule sollte sich bereits vor dem konkreten Zeitpunkt der Einrichtung einer Schwerstbehindertengruppe mit diesem Aufgabengebiet beschäftigen. So ist es sicher empfehlenswert, im Rahmen der Lehrerfortbildung nicht nur theoretisch auf die anstehenden Fragen einzugehen, sondern auch gemeinsame Exkursionen zu Einrichtungen zu unternehmen, die bereits Erfahrungen in der Praxis schulischer Arbeit mit Schwerstbehinderten vorzuweisen haben und grundlegende Informationen vermitteln können.

Bezüglich der Eltern wird es sehr schwierig sein, eine entsprechende Vorarbeit zu leisten und ohne konkrete Anknüpfungspunkte Vorbehalte gegenüber einer Beschulung ihres Kindes in einer speziellen Förderklasse abzubauen. Sicher wird hier erst die positive Erfahrung mit der neuen Gruppe und den Lehrkräften den anfänglichen Argwohn abbauen helfen.

Was die am stärksten Betroffenen — nämlich die schwerstbehinderten Schüler selbst — anlangt, so ist in der Vorbereitungsphase eine sorgfältige und verantwortungsvolle Diagnostik unabdingbar, die einerseits hilft, die Kinder kennenzulernen und ihre Ausgangssituation genau zu beschreiben, andererseits erlaubt, eine Schülergruppe zusammenzustellen, die das schulische Fördervorhaben unterstützt und entsprechende Lehrvorhaben für diese Gruppe auszuwählen (vergl. 2.2. Entscheidungsfeld: Diagnose).

2.1.2. Materielle Voraussetzungen

Wie schön, wenn mit der Erstellung einer Liste über die notwendigen materiellen Voraussetzungen für die Arbeit mit Schwerstbehinderten das leidige Beschaffungsproblem bereits gelöst werden könnte. Es gibt eine Reihe von Autoren (z.B. Fröhlich, Breitinger/Fischer etc.), die sich dieser Aufgabe gewidmet und sehr detaillierte Angaben über Architektur, Raumausstattung und Materialien zusammengetragen haben.

Leider sind in der schulischen Realität die meisten dieser Details schon vorgegeben und die finanziellen Mittel so beschränkt, daß es unvermeidlich wird, bei der Ausstattung einer Schwerstbehindertenklasse Prioritäten zu setzen und eine Reihe notwendiger Anschaffungen erst einmal beiseite zu stellen.

Es muß daher zunächst einmal von einer sicherlich unbefriedigenden und kompromißlerischen, dafür aber realistischen, da integrierbaren und erschwinglichen *Grundausstattung* die Rede sein.

Bei der Auswahl des Klassenraumes innerhalb eines vorgegebenen Schulgebäudes sind folgende Punkte primär zu berücksichtigen:

a) Lage

Falls das Schulgebäude nicht über einen Aufzug verfügt, der einen problemlosen Schülertransport ermöglicht, wird die Bewältigung der Treppe eine tägliche Tortur, die man Schülern und Lehrern möglichst ersparen sollte. Es wird daher in der Regel ein Raum im Erdgeschoß gewählt werden müssen, der möglichst so zentral liegen sollte, daß den Schülern eine Orientierung im Schulgebäude nicht unnötig erschwert wird (Weg in den Pausenhof, zur Turnhalle, zum Schwimmbad, in die Lehrküche etc.).

Genauso wichtig wie die problemlose *Erreichbarkeit* des Klassenzimmers ist seine Nähe zum Wasch- und Toilettenraum bzw. Bad.

b) Größe

Die Größe des Klassenraumes hat sich an den diversen Funktionen zu orientieren, für die er benötigt wird, wie auch an der Anzahl der Kinder, die in diesem Raum leben und unterrichtet werden sollen. Prinzipiell muß der Raum vier grundlegenden Bedürfnissen Rechnung tragen:

— Essen
— Spielen
— Arbeiten
— Ruhen

Für Kinder, die beim Essen und Arbeiten sitzen können, bietet sich eine *Tischecke* an, die eine sinnvolle Sitzordnung ermöglicht. Um diesen Bereich ist soviel Platz vonnöten, daß auch liegende Kinder in das Geschehen miteinbezogen werden können. Ein Teil des Raumes ist als *Spielecke* abzugrenzen. Wieviel Fläche von diesem Bereich eingenommen wird, richtet sich nach der Art der Beschäftigung und nach der Anzahl der Kinder und Erzieher, die sich dort gemeinsam aufhalten wollen.

Besonders wichtig ist auch eine geschützte *Ecke,* in die sich ruhebedürftige Kinder zurückziehen können. Hier genügt vielleicht schon ein Knautschsack oder ein gemütliches Polster an einer ruhigen, nicht zu hellen Stelle.

Zusätzlich zu den genannten Bereichen ist innerhalb des Klassenraumes noch soviel Platz erforderlich, daß gemeinsame Aktionen im Kreis, ob auf Stühlen oder am Boden, möglich sind. Ergänzend zum eigentlichen Klassenraum wird ein Nebenraum benötigt, evtl. muß auch ein angrenzendes Klassenzimmer zur Verfügung gestellt werden, um Platz für spezielle Therapie- und Fördermaßnahmen (z.B. Einzeltherapie, Krankengymnastik) und die dafür notwendigen Gerätschaften zu haben.

c) Grundausstattung

(1) Klassenzimmer

Den Bereich der Tischecke ausgenommen, der besonderen Verschmutzungen ausgesetzt ist, und daher problemlos zu reinigen sein sollte, empfiehlt sich als Fußbodenbelag ein robuster, antistatischer Teppichboden im ganzen Raum.

Kann neues Mobiliar angeschafft werden, so eignen sich höhenverstellbare Trapeztische mit neigbaren Platten, sowie Regalschränke, die gleichzeitig als Raumteiler eingesetzt werden können. Muß die Einrichtung aus dem Schulbestand zusammengestoppelt werden, so ist auf eine Tischhöhe zu achten, unter die Rollstühle geschoben werden können. Das Bestuhlungsproblem kann am besten dadurch gelöst werden, daß man für jedes Kind einen Spezialstuhl nach Rezeptverordnung anfertigen läßt.

Rezeptverordnung für Spezialstühle:

In der Regel übernehmen die Hersteller bzw. Vertriebsfirmen für Spezialgeräte neben der Beratung für das genaue Rezept auch sämtliche Formalitäten der Antragstellung bei den Krankenkassen.

(2) Nebenraum

Ein pflegeleichter Fußboden ist hier von Vorteil, wenn Aktionen mit Wasser, Farbe, Gips etc. keine dauerhaften Spuren hinterlassen sollen. Eine möglichst abgeschirmte Ecke ist mit einer Wanne oder einem Becken für Materialbäder auszustatten. Für optische Übungen muß der Raum verdunkelt werden können.

(3) Sanitärbereich

Ohne entsprechenden Sanitärbereich ist die Arbeit mit schwerstbehinderten Schülern nicht zu machen, denn diese Räumlichkeiten werden nicht nur dringend für anfallende Pflegeleistungen benötigt, sondern hier spielt sich ein großer Teil der therapeutischen Arbeit ab. Neben normalen, möglichst geschlossenen Toilettenzellen ist im Waschraum Platz für spezielle Toilettenstühle oder Töpfchen notwendig. Ein Wickeltisch (Babygröße genügt hier nicht!) mit Ablagemöglichkeiten für Windeln, Wechselwäsche, Handtücher, Medikamente und Pflegeartikel muß an einer Stelle stehen, die von der Badewanne aus gut zu erreichen ist. Ist keine Badewanne vorhanden, so ist die Anschaffung eines Duschwagens (Sanitärfachhandel bzw. Fachhandel für medizinische Hilfsmittel) dringend zu empfehlen, der gegenüber einer normalen Badewanne erhebliche Vorteile aufweist, jedoch ein halbes Vermögen kostet.

Für die Benutzung eines Duschwagens sind Wasserzulauf (in Form einer Handdusche) und -ablauf (z.B. Toilettenschüssel) notwendig. Das Gerät ist fahrbar und läßt sich in der Höhe verstellen. Auf einem Chromgestell auf Rädern sitzt ein muldenförmiges Plastikpolster. Der Wagen ist sowohl für die

Körperhygiene wie auch für diverse Übungen aus dem Bereich der Körperstimulation zu verwenden, da z.B. Materialien mit denen Trockenbäder durchgeführt werden, am Abfluß des Wagens ganz einfach wieder aufgefangen werden können.

Selbstverständlich werden auch Waschbecken benötigt, die idealerweise mit einfachen und handlichen Armaturen ausgestattet sein sollten. Vorhandene Spiegel werden von einem freundlichen Hausmeister vielleicht in eine Höhe versetzt, die auch Schülern im Rollstuhl einen Blick darauf ermöglicht.

(4) Medien

Zur Grundausstattung einer Schwerstbehindertengruppe gehören Medien, die sich folgenden Funktionsbereichen zuordnen lassen:

— Eß- und Trinkhilfen
— Hilfsmittel im Toilettenbereich
— Lagerungshilfen
— Spielobjekte
— Therapie- und Übungsmaterial

Welche spezifischen Gegenstände erforderlich sind, entscheidet sich mit Kenntnis der Schüler, die in der Gruppe gefördert werden sollen. Beispiele sind der folgenden Liste sowie dem Abschnitt 2.4. (Entscheidungsfeld Lerninhalte) zu entnehmen.

Materialbedarf für den Schwerstbehindertenbereich

I. Inventar für die Naßzelle

— Badewanne
— Duschwagen
— Wickeltisch mit Stufenpodest, Länge ca. 2m
— Regale für Wäsche und Toilettenartikel
— verschließbarer Medikamentenschrank
— Windel- und Wäschecontainer
— Wäsche-Sets (Badehandtuch, Handtuch, Waschlappen, pro Kind farbig sortiert, mind. 4x zum Wechseln)
— Handtuchhalter
— Wäschehaken
— Toilettenaufsätze (div. Größen, ggf. Spezialanfertigungen per Verordnung)
— höhenverstellbares Waschbecken
— höhenverstellbarer Spiegel
— Munddusche
— elektrische Zahnbürste
— Föhn
— Wärmestrahler
— Ersatzwindeln

— Einmal-Handschuhe
— Desinfektionsmittel (Körper, Möbel)
— Öl-Tücher
— Pflegemittel, Kosmetikartikel

Wichtig: Warmwasserversorgung, hohe Raumtemperatur auch im Sommer

II. Inventar für den Klassenraum

— Teppich oder Teppichboden, ca. 20 qm, antistatisch, strapazierfähig, pflegefreundlich
— höhenverstellbare Tische mit neigbaren Platten
— Lehnenstühle, gepolstert
— weitere Sitzgelegenheiten (auch für die Lehrkräfte z.B. Sofa, Sessel)
— mehrere Raumteiler mit Türen, Schubladen und offenen Fächern, ca. 1,5m breit, 1m hoch, 40 - 50 cm tief
— Schreibtisch mit verschließbaren Türen
— stabile, festverschraubte Wandregale
— Info-Pinn-Wand ca. 2m x 1m
— Hakenschiene an der Decke zum Einhängen von Schaukeln, Hängematte o.ä.
— Deckenstrahler, verstell- und richtbar mit Dimmer
— Vorhänge, Rollos o.ä. zum Verdunkeln des Raumes
— verschließbare Wandschränke
— Garderobe
— Spiegel(wand)

III. Lagerungshilfen

— Stehbretter (Verordnung)
— Rollstühle (Verordnung)
— Sitzschalen (Verordnung)
— Rollen, div. Durchmesser
— Keile (u.a. Enste-Keile in drei verschiedenen Größen)
— Schaumstoffkissen
— Weichbodenmatratze
— Liegen bzw. Betten
— Wasserbett
— Auflagen für das Wasserbett (mehrfach zum Wechseln)
— Kissen, Oberbetten
— Bettzeug (Kissenbezüge, Oberbettenbezüge, Spannlaken)
— Tagesdecken
— Knautschsack
— Polster, Matratzen
— leichte, aufrollbare Bodenmatten
— Hängematte

- Sandsäckchen
- Lagerungsschlangen (ca. 1,5 m lange, ausgestopfte Stoffschläuche, div. Durchmesser)

IV. Großgeräte

- Spastikerbälle, versch. Größen
- transportables Schaukelgerüst mit versch. Zubehör
- Schaukelschale (z.B. Fa. Holzmann)
- Materialbecken (Kindersandkasten, Kinderschwimmbassin o.ä.)

V. Technische Geräte

- Lifter
- Cassettenrecorder
- Dia-Projektor
- Worker-System

VI. Spielgeräte/Material

- Kleinkinderspielzeug z.B. Greiflinge, Baubecher, Baupyramide, Kletterma-xe, Kugelbahn, Kreisel, Kiddi-craft-Koffer
- Bälle, div. Größen, div. Oberflächen, div. Material
- Ronémons-Materialien für Schwerstbehinderte
- Musikinstrumente (Glöckchen, Schellenkranz, Trommeln, Tamburin, Klang-stäbe ...)
- Materialkästen aus Holz od. Plastik, stapelbar
- Materialschälchen, farbig sortiert
- gr. Plastikkästen, stapelbar
- Baldachin
- Schwungtuch
- Luftballonsortiment, div. Pumpen
- Trockendusche
- Material-Mobiles

VII. Esshilfen

- Kühlschrank
- Mikrowelle
- Küchenmaschine (Mixer)
- Tischsets
- rutschfeste Unterlagen
- Wärmeteller
- Spezialtassen, -becher, Saugfläschchen, Aquadest-Flaschen
- Plastikpipetten
- abwaschbare Schürzen
- Lätzchen
- Spezialbesteck (z.B. vorn abgeflachte Eislöffel)

— Wärmeplatte
— Tücher
— Abfallcontainer

VIII. Sonstiges

— Musikcassetten (z.B. mit Meditationsmusik von Kitaro, Vollenweider, Friedemann; klassische Musik; Pop; Kinderlieder etc.)
— Elektro—"Spielzeug" (für das Arbeiten mit dem Worker z.B. Eisenbahn, Vibrationskissen, Lichtorgel)
— homogene Materialien für Ganzkörperbäder (häufig auswechselbar, z.B. Korn, Styropor—Flocken, Schafwolle)

2.1.3. Personelle Voraussetzungen

Keine der einschlägigen Veröffentlichungen zur Arbeit mit Schwerstbehinderten vergißt, das Problem der Personalausstattung einer Schwerstbehindertenklasse als *besondere Schwierigkeit zu* würdigen. So einig sich die verschiedenen Autoren jedoch darüber sind, daß eine sinnvolle Unterrichtstätigkeit mit Schwerstbehinderten nur bei *hohem* Personaleinsatz möglich ist, so strittig sind die Ansichten, wenn es um Ausbildungsrichtungen bzw. Berufsqualifikationen der einzelnen Lehrkräfte geht. Prinzipiell wird weder ein Erzieher oder Fachlehrer noch ein Sonderschullehrer über alle geforderten Bildungselemente verfügen, und auch bei einer Besetzung der Schwerstbehindertengruppe mit unterschiedlich vorgebildetem Personal werden nie alle Bereiche von der Lernpsychologie bis zur Medizin vollständig abzudecken sein. Dieser vermeintliche Mangel ist jedoch in dem Maße abzudecken, wie sich die Mitarbeiter einer Gruppe zur Einarbeitung in das Aufgabengebiet entschließen und ihre Wissenslücken zu beheben bereit sind. Da es mittlerweile eine Vielzahl hervorragender Veröffentlichungen zum Thema Schwerstbehinderung gibt (siehe Literaturverzeichnis), ist es für engagierte Pädagogen nicht mehr allzu schwierig, sich einen guten Überblick zu verschaffen und mit der Ergänzung durch eigene Erfahrungen zu einem soliden Wissensfundament zu gelangen.

Ausschlaggebend beim Lehrpersonal einer Schwerstbehindertengruppe ist daher die *Bereitschaft,* sich in den erforderlichen Wissenszweigen fortzubilden und sich mit den neuen Fragen und Problemen intensiv zu beschäftigen.

Voraussetzung für die oben beschriebene Lernbereitschaft im Bereich der Schwerstbehindertenpädagogik ist allerdings der *freiwillige Entschluß* eines Pädagogen, sich mit diesen Schülern „einzulassen", mit ihnen arbeiten und leben zu wollen.

Eine erfolgreiche Arbeit mit Schwerstbehinderten ist vor allem auf die *Neigung* der Lehrkräfte zu dieser Personengruppe angewiesen, ohne die sich der schulische Alltag zu einer fruchtlosen Anstrengung und permanenten Selbstüberwindung entwickeln kann.

Wenn also das Engagement des Lehrers Grundlage von Kompetenz und Qualifikation ist, so entscheidet nicht der augenblickliche Wissensstand über die Eignung eines Lehrers für die Arbeit mit Schwerstbehinderten, sondern primär sein Wille, diese Arbeit zu tun.

Neben dieser Prämisse hat allerdings für die Lehrkräfte einer Schwerstbehindertengruppe ein zweiter Punkt Gewicht, der nicht unterschätzt werden darf: die *körperliche Konstitution*.

Trotz technischer Hilfsmittel und erlernbarer Kniffe, die das Halten, Heben und Tragen der Schüler erleichtern, müssen oftmals enorme Körperkräfte eingesetzt werden, um die notwendigen Verrichtungen ausüben zu können. Lehrern mit anfälliger Wirbelsäule oder ähnlichen Beschwerden ist daher eiserne Disziplin zu empfehlen, wenn sie ihre Gesundheit nicht dauerhaft schädigen wollen. Eine durchdachte Ausstattung der Gruppe ist von daher ebenso unabdingbar wie ein funktionierendes Arbeitsteam, das körperliche Anstrengungen gemeinsam bewältigt.

In den bisherigen Ausführungen ist bereits unterstellt, daß es sich bei der Personalbesetzung einer Schwerstbehindertengruppe nicht um eine Einzelperson handeln kann, sondern daß ein *Arbeitsteam* notwendig ist. Wie später noch zu sehen sein wird (vergl. 2.5.2. Organisation der Lehreraktivitäten), ist eine Lehrer-Schüler-Relation von 1:2 als optimal zu betrachten, um den anfallenden Erfordernissen in geeigneter Weise Rechnung tragen zu können.

Daß es schwierig sein kann, innerhalb eines Kollegiums Lehrkräfte zu finden, die neben der Bereitschaft zu engagierter Arbeit mit Schwerstbehinderten gleichzeitig über eine rustikale Konstitution *und* über eine tüchtige Portion Teamgeist verfügen und untereinander harmonieren, ist nicht von der Hand zu weisen. In dem Maße aber, wie die schulische Arbeit mit Schwerstbehinderten selbstverständlich wird — und diese Sichtweise kann durch Information, Kontakt und Vorbereitung gefördert werden — , finden sich auch Lehrkräfte, die sich mit diesem Bereich als einem möglichen Schwerpunkt schulischer Arbeit befassen wollen.

2.2. Entscheidungsfeld: Diagnose

2.2.1. Aufnahme-Diagnostik

Der Aufnahme-Diagnostik kommen in der Arbeit mit Schwerstbehinderten zwei Aufgaben zu, von denen sich das weitere Vorgehen der schulischen Arbeit ableitet.

Mit ihrer Hilfe muß zunächst einmal festgestellt werden, ob es sich um schwerstbehinderte Schüler im eigentlichen Sinne handelt. Das durch diese Diagnostik erleichterte *strukturierte Kennenlernen* der einzelnen Schüler hilft nachfolgend bei der Entscheidung, wie die geplante Fördergruppe zusammengestellt werden soll. Wie unter 2.1. (Entscheidungsfeld: Voraussetzungen...) bereits angesprochen, kann nicht davon ausgegangen werden, daß es an einer Schule immer nur soviele als schwerstbehindert eingestufte Schüler gibt, wie zu einer Klasse zusammengefaßt werden können; ganz abgesehen davon, daß es sich sicher stets um sehr unterschiedliche Kinder handeln wird, was die individuellen Voraussetzungen betrifft.

Neben der *Einzeldiagnose* muß daher auch eine *prognostische Einschätzung* getroffen werden, welche Schüler am besten zu einer bzw. zu mehreren Gruppen zusammengeführt werden können.

Aus welchen Quellen die Informationen und Daten für die Aufnahme-Diagnostik zusammengetragen werden können, hängt davon ab, ob es sich um Kinder handelt, die bereits Schüler der Schule sind und deren Verbleib in der alten Klassengemeinschaft überdacht werden muß oder ob es sich um Zuweisungen von außerhalb handelt. Im ersten Fall stehen dem Gutachter nicht nur schriftliche Unterlagen, wie Berichte und Zeugnisse zur Verfügung, er hat zusätzlich auch Gelegenheit, mit Lehrkräften zu reden, die den Schüler kennen, und wichtiger noch, er kann den Schüler in verschiedenen Situationen und über einen längeren Zeitraum hinweg beobachten.

Bei Kindern und Jugendlichen, die zur Ein- oder Umschulung in die Sonderschule für Geistigbehinderte vorgeschlagen werden, liegen in der Regel schulärztliche Gutachten, häufig auch Unterlagen über frühere Fördermaßnahmen o.ä. vor.

In den meisten Fällen reichen diese Daten jedoch bei weitem nicht aus, um sich ein Bild von den jeweiligen Kindern machen zu können. Die notwendigen Informationen müssen daher im Kontakt mit den Eltern gesammelt werden.

Obwohl die freie Beobachtung und Befragung gegenüber den normierten Verfahren gewisse Vorteile hat — z.B. ist der Frager flexibler und die Befragten bekommen Gelegenheit, sich über einen Sachverhalt in ihren Worten und aus ihrer Sicht zu äußern, wenn im Rahmen eines freien Gesprächs Daten gesammelt werden — , benötigt trotz dieser Vorteile jeder, der sich nicht hoffnungslos verzetteln oder wichtige Punkte einfach vergessen will, eine Gliederung, die alle wesentlichen Bereiche umfaßt.

Mittlerweile gibt es, wenn auch immer noch nicht *das ideale,* so doch eine Reihe *brauchbarer* Diagnoseinstrumentarien für Schwerstbehinderte, die eine für den Anfang ausreichende Erfassung der Ausgangslage des jeweiligen Kindes ermöglichen und den zeitlichen und medienmäßigen Aufwand in Grenzen halten.

Das wichtigste, als Fragebogen vorliegende Diagnoseinstrument, das für die Praxis empfohlen werden kann, ist die „Förderdiagnostik mit schwerstbehinderten Kindern" (Fröhlich/Haupt 1988).

Der Bogen ist als Broschüre im Buchhandel erhältlich und umfaßt neben der eigentlichen Fragensammlung eine kurze, prägnante Einführung in das Thema Diagnostik bei Schwerstbehinderten und die Handhabung des Diagnoseinstruments. Eine korrekte Auskunft über die im Bogen angesprochenen Bereiche gibt der Klappentext: „Dies Buch beobachtet die wichtigsten Entwicklungsbereiche: Beziehung zwischen Mutter und Kind, Reaktionen des Kindes auf Sprache, sprachliche Äußerungen des Kindes, Reaktionen des Kindes auf äußere Reize, die Hände, Bewegungen des ganzen Körpers, sowie Essen und Trinken." (ebd., Klappentext). Die innerhalb des Bogens aufgeführten Entwicklungsbereiche untergliedern sich in Fragen zu je vier Niveaustufen. Dabei entspricht Niveau I ungefähr den Leistungen eines Kleinkindes zwischen Geburt und drittem Lebensmonat, Niveau II erfaßt den vierten und fünften Lebensmonat, Niveau III den sechsten, siebten und achten Lebensmonat, während Niveau IV Leistungen bis zum ersten Lebensjahr beinhaltet.

Der Vorteil des Bogens beruht vor allem auf seiner feinen Untergliederung in Einzelfragen, die einerseits entwicklungsorientiert, andererseits jedoch auch auf die speziellen Lebensbedingungen Schwerstbehinderter bezogen sind. Als Nachteil ist jedoch zu nennen, daß nur wenige Verhaltensnuancen erfaßt werden und man dazu gezwungen ist, das Verhalten des Kindes stark funktionsgebunden zu analysieren.

Für Kinder, die bereits oder vorwiegend Leistungen oberhalb des ersten Lebensjahres zeigen, ist der Bogen Fröhlichs natürlich weniger geeignet.

Hier bietet sich zusätzlich oder alternativ der Einsatz des S/P=PAC (Günzburg 1977) bzw. des Sensomotorischen Entwicklungsgitters (Kiphard 1987) an.

Sowohl für die Anfangs-Diagnostik aber auch für ökonomische Langzeitbeobachtungen in der Schule hat sich der von Günzburg speziell für schwer- und schwerstbehinderte Schüler entwickelte S/P=PAC-Bogen in der Praxis recht gut bewährt. Innerhalb von vier Bereichen (Selbsthilfe, Verständigungsvermögen, Sozialanpassung und Motorik) werden 181 Items dargestellt und können als erreichte Leistungen in einer Rosettenform eingetragen werden. Der Bogen ist einfach auszufüllen und vermittelt einen prägnanten optischen Eindruck über die Lernvoraussetzungen des Schülers in den einzelnen Bereichen. Bei Langzeitbeobachtungen lassen sich auf einen Blick sofort die wesentlichsten Veränderungen feststellen. Obwohl dieser Bogen recht viele Einzelfragen enthält, differenziert er jedoch - ebenso wie das Sensomotorische Entwicklungsgitter - nur relativ gering. Die starke Orientierung an der kindlichen Normalentwicklung macht es notwendig, einige Fragen im übertragenen Sinne zu beantworten. Auch die Zuordnung mancher Items zu bestimmten Sparten erscheint teilweise willkürlich und einengend. Eine Reihe wichtiger Aspekte (psychisches Erleben, Verhaltensstörungen, Reaktionen auf musische Angebote) fehlt vollkommen.

Das Sensomotorische Entwicklungsgitter unterscheidet sich im wesentlichen nicht vom S/P=PAC, wählt jedoch eine Darstellung in Spaltenform und führt hier fünf verschiedene Bereiche (Optische Wahrnehmung, Handgeschick, Körperkontrolle, Sprache, Akustische Wahrnehmung) mit insgesamt 240 Items auf, die einzelnen Entwicklungsstufen zugeordnet sind und der Normalentwicklung bis zum vierten Lebensjahr entsprechen sollen. Durch das Psychosoziale Entwicklungsgitter können die Befunde um 48 weitere Fragen zum Sozialkontakt ergänzt werden. Die Vor- und Nachteile entsprechen weitgehend denjenigen des S/P=PAC.

Zur Ergänzung der o.g. Instrumente kann der Fragebogen von Franger und Pfeffer (1986, S.90-101) herangezogen werden. Mit insgesamt 370 Fragestellungen bietet er eine anspruchsvolle und detaillierte Beobachtungsgrundlage, die sowohl entwicklungspsychologisch fundiert ist, aber auch sehr viele individuell geprägte Verhaltensweisen schwerstbehinderter Kinder und Jugendlicher zu erfassen vermag. Vor- und Nachteil: Der Bogen ist umfassend, sein Einsatz daher entsprechend zeitaufwendig.

Der Wert des ersten Gutachtens über ein schwerstbehindertes Kind darf nicht überschätzt werden. Erfahrungsgemäß relativieren sich viele Aussagen nach einiger Zeit oder stellen sich sogar als falsch heraus. Die erste theoretische Diagnose sollte deshalb nicht an einem Anspruch gemessen werden, dem sie gar nicht genügen kann — nämlich das Kind fehlerlos und treffend zu beschreiben. Natürlich ist eine solchermaßen objektive Diagnostik anzustreben, soll sie brauchbare Grundlage einer angemessenen Förderung sein; sie bedarf aber einer anderen Methode, als es für die Aufnahme-Diagnostik möglich ist. Sobald man sich über die notwendigerweise eingeschränkte Objektivität der Aufnahme-Diagnostik klargeworden ist, kann der Gefahr einer fehlerhaften Einschätzung wirkungsvoll begegnet werden, indem die formulierten Hypothesen mit Hilfe zukünftiger Daten überprüft, verbessert und abgesichert werden (vergl. 2.2.3. Förderdiagnostik).

Das Resultat jeder Befragung sollte Daten zu folgenden Punkten beinhalten, die eine erste Einschätzung des Kindes ermöglichen:

— Vitalbereich: Essen, Trinken, Körperhygiene
— Motorik: Sitzen, Stehen, Fortbewegung, Stellungswechsel, Greifen
— Wahrnehmungsleistungen im visuellen, akustischen, taktilen Bereich, Reaktionsschemata
— lautliche Äußerungen, Sprachverständnis
— Sozialentwicklung und Spielverhalten

Am Ende der Aufnahme-Diagnostik muß ein übersichtliches Gutachten stehen, das Auskunft über den ungefähren Entwicklungsstand des Schwerstbehinderten gibt und ihn mit anderen Schülern vergleichbar macht. Nur so kann eine erste Entscheidung darüber getroffen werden, ob die einzelnen Schwerstbehinderten in einer Gruppe zusammengefaßt werden können oder ob andere Zuordnungsmöglichkeiten gesucht werden müssen (über die Kriterien bei der Gruppenzusammenstellung siehe 2.2.2. Resultate...).

Beispiele für sonderpädagogische Aufnahme-Gutachten bei Schwerstbehinderten

Gutachten

Für: Christian

Alter: 13;9

Verhalten in der Untersuchungssituation:

Christian ist körperlich seinem Alter entsprechend entwickelt. Aufgrund des vorliegenden schulärztlichen Gutachtens, das Christian eindeutig der Personengruppe der Schwerstbehinderten zuweist, erfolgte die pädagogisch-psychologische Untersuchung des Jungen im Rahmen einer Unterrichtssituation innerhalb der Schwerstbehindertengruppe (rhythmisch-musischer Sing- und Aktionskreis), der Möglichkeiten bot, Christian zu beobachten und kennenzulernen. Herkömmliche standardisierte Tests (TBGB, Hawik, etc.) konnten nicht eingesetzt werden. Die Entwicklungsdaten wurden in einem Elterngespräch eruiert, das durch die Beantwortung eines Fragebogens von seiten der Eltern ergänzt wurde. Christian zeigte sich zunächst nicht sichtlich beeindruckt von der neuen Umgebung. Auf akustische Reize (Glöckchen, Trommel, Becken, Triangel) reagierte er jedoch, indem er den Kopf in die Richtung der Geräuschquelle drehte. Angebotene Objekte (Schellenband), die ihm in die Hand gelegt wurden, konnte er mit Unterstützung festhalten und leicht hin- und herbewegen. Ließ der unterstützende Druck nach, entglitt ihm der Gegenstand. Es erfolgten keine Suchreaktionen, wohl aber eine deutliche Innervierung der Hand. Es gelang nicht, Blickkontakt mit Christian herzustellen. Es war jedoch zu beobachten, daß er häufig in Richtung seiner Eltern schaute und seine Umgebung optisch streifte.

Interpretation der Erhebungsdaten:

Um Christians Verhalten genau zu erfassen, war der Einsatz des Entwicklungsbogens von Fröhlich/Haupt (Förderdiagnostik bei Schwerstbehinderten) erforderlich. Der Bogen wurde von den Eltern ausgefüllt. Im folgenden sind die Daten, so wie sie bei Christian erfaßt werden konnten, nach Bereichen und Niveaustufen aufgeführt:

Entwicklungsbereich	Niveau I	Niveau II	Niveau III	Niveau IV
Sozialentwicklung	vollständig erreicht	teilweise erreicht	teilweise erreicht	vereinzelte Reaktionen
Reaktionen auf Sprache	vollständig erreicht	keine Reaktionen	keine Reaktionen	keine Reaktionen
sprachliche Äußerungen des Kindes	vereinzelte Reaktionen	keine Reaktionen	keine Reaktionen	keine Reaktionen

Entwicklungsbereich	Niveau I	Niveau II	Niveau III	Niveau IV
Reaktionen auf äußere Reize:				
Somatisch	vollständig erreicht	—	—	—
Hören	weitgehend erreicht	weitgehend erreicht	weitgehend erreicht	keine Reaktionen
Sehen	vereinzelte Reaktionen	vereinzelte Reaktionen	keine Reaktionen	keine Reaktionen
Hände	weitgehend erreicht	vereinzelte Reaktionen	keine Reaktionen	keine Reaktionen
Bewegungen des ganzen Körpers	teilweise erreicht	vereinzelte Reaktionen	keine Reaktionen	keine Reaktionen
Essen, Trinken	vereinzelte Reaktionen	keine Reaktionen	keine Reaktionen	keine Reaktionen

Christian zeigt eindeutig eine große Anzahl von Verhaltensweisen und Reaktionen, wie sie für das Entwicklungsalter vom ersten bis dritten Lebensmonat charakteristisch sind. Auch Leistungen aus dem Entwicklungsabschnitt bis zum sechsten Lebensmonat sind vereinzelt vorhanden. Darüber hinausgehende Verhaltensweisen bis zum Entwicklungsalter von einem Lebensjahr sind sporadisch und rudimentär zu beobachten. Insgesamt ist Christian dem Entwicklungsalter von ungefähr vier Lebensmonaten zuzuordnen.

Christian zeigt *Wahrnehmungsleistungen*

— im *akustischen Bereich,* indem er den Kopf nach Stimmen und Geräuschen wendet, sich durch Ansprache beruhigen läßt und ab und zu eigene Laute produziert;

— im *optischen Bereich,* indem er Blickkontakt zu vertrauten Personen aufnimmt, Gegenstände kurz fixiert und Bewegungen verfolgt;

— im *taktilen Bereich,* indem er sich bei Liebkosungen und in angenehmen Situationen (Badewanne) entspannt, bei Berührungen mit unterschiedlichem Material erkennbar verschiedene Bewegungsreaktionen ausführt.

Christian verlangt nach *Sozialkontakt,* zeigt Freude durch Lächeln, unterscheidet die Eltern von fremden Personen.

Im *motorischen Bereich* unterliegt Christian gravierenden Einschränkungen (spastische Tetraplegie):

Das Sitzen ist ihm nur in einem Spezialrollstuhl mit Halt durch Gurte möglich, wobei er diese Stellung auch nur stundenweise einnehmen kann. Kurzzeitiges freies Sitzen auf dem Boden mit seitlicher Handstütze kommt gelegentlich vor. Für alle Arten der Fortbewegung ist Christian vollständig auf seinen Rollstuhl angewiesen. Im Sitzen, in Rücken- und Bauchlage ist Kopfkontrolle möglich, jedoch nicht immer vorhanden. Im übrigen scheint die Willkürmotorik auf Bewegungen des Kopfes, der Arme und Hände beschränkt. Die Grobmotorik ist jedoch stark verlangsamt, kraftlos und unkoordiniert.

Greifreaktionen sind ansatzweise vorhanden, d.h., daß eine Innervierung der Hände beobachtet werden kann.

Christian unterliegt in allen Bereichen der vitalen Versorgung einer vollständigen Pflegebedürftigkeit. Er muß gewickelt und gefüttert werden und benötigt bei nahezu allen Stellungswechseln massive Unterstützung. Die Nahrungsaufnahme ist für Christian außerordentlich problematisch, so daß es bislang ausschließlich der Mutter unter größten Schwierigkeiten gelingt, den Jungen mit dem Lebensnotwendigsten zu versorgen.

Insgesamt ergibt sich bei Christian das Bild einer hochgradigen Schwerstbehinderung:

Schwere Cerebralschädigung, reduzierter Allgemeinzustand, spastische Tetraplegie, cerebrales Anfallsleiden.

Aufgrund der oben geschilderten Ausgangssituation des Jungen, die eine grundsätzliche Wahrnehmungsfähigkeit und ein darauf bezogenes Reaktionsvermögen ausweist, damit Anhaltspunkte für Entwicklungsfortschritte und Fördermöglichkeiten beinhaltet, ist eine Einschulung Christians in die Sonderschule für Geistigbehinderte sinnvoll und notwendig.

Wegen der besonderen physischen Voraussetzungen des Jungen, insbesondere wegen der vorliegenden Ernährungsprobleme, die sicher nur schrittweise und unter Mitarbeit der Mutter im schulischen Bereich angegangen werden können, ist zunächst jedoch nur einer *stundenweisen Beschulung* innerhalb einer Förderstufe für Schwerstbehinderte zuzustimmen, die für die speziellen Bedürfnisse intensivbehinderter Schüler eingerichtet ist und über eine entsprechende Personalausstattung verfügt.

Gutachten

Für: Omer

Alter: 6;7

Verhalten in der Untersuchungssituation:

Omer ist ein körperlich altersmäßig entwickelter, jedoch sehr zarter Junge. Es war im Verlauf der Untersuchungssituation nicht möglich, einen emotionalen Kontakt zu ihm herzustellen. Omer hielt sich dicht an seine Mutter gedrängt und ließ sich zu keinen, über ein stereotypes Klatschen auf den Tisch hinausgehenden, Aktivitäten anregen. Eine psychologisch-pädagogische Untersuchung des Jungen mit herkömmlichem Testmaterial (TBGB, Hawik, etc.) war nicht möglich, so daß das Sensomotorische Entwicklungsgitter von Kiphard eingesetzt werden mußte. Erst als Omer nach Abschluß der Befragung der Mutter zu einem kurzen Besuch in die Schwerstbehindertengruppe der Schule geführt wurde, setzte er sich sofort in die Spielecke, wo er mit großem Interesse angebotenes Spielmaterial auf seine Geräuschqualitäten hin überprüfte.

Interpretation der Erhebungsdaten:

Innerhalb des sensomotorischen Entwicklungsgitters erreicht Omer ein Leistungsmaximum in den Bereichen optische Wahrnehmung, Handgeschick und Körperkontrolle. Die hier gezeigten homogenen Leistungen liegen zwischen 1. und 1,5. Lebensjahr, wobei Omer sämtliche Items des ersten Lebensjahres erfüllt und einzelne ins 1,5. Lebensjahr streuende Fertigkeiten zeigt. Demgegenüber fallen seine Leistungen in den Bereichen akustische Wahrnehmung, Sozialkontakt und Sprache deutlich ab, wo er durchschnittlich die Fertigkeiten eines 9-Monate-alten Kindes zeigt.

In der *Sauberkeitserziehung* konnten bei Omer bisher bereits partielle Erfolge erreicht werden. Einnässen und Einkoten sind jedoch auch tagsüber noch nicht regelmäßig zu vermeiden.

Beim *Essen* und *Trinken* ist Omer z.T. schon selbständig, indem er Brotbrocken allein zum Mund führt und aus der Schnabeltasse ohne Hilfe trinkt. Warme Mahlzeiten müssen noch mit dem Löffel gefüttert werden.

Omer zeigt ein selbständiges *Spielverhalten,* das sich bevorzugt auf den Umgang mit geräuscherzeugenden Materialien und Objekten richtet. Er liebt Schütteldosen, Klappern, Rasseln und alle Arten von Musikinstrumenten. Beim Erreichen der erwünschten Spielgegenstände wendet er ein intentionales, zweckgerichtetes Vorgehen an (kriecht auf den Gegenstand zu, verfolgt den sich bewegenden Gegenstand mit den Augen, sucht ihn an der Stelle, wo er verschwunden ist; holt sich das Spielzeug aus der Hand eines anderes Kindes).

Die *motorischen Fähigkeiten Omers* sind im Bereich des Krabbelns voll entwickelt, das Laufen ist ihm bisher nur an der Hand oder mit Hilfe eines Rollators (Gehfrei) möglich. Die Greiffunktionen der Hand lassen ein zielgerichtetes Hantieren zu, sind jedoch noch undifferenziert und auf Faust- und Klammergriff beschränkt.

Zusammenfassend ergibt sich bei Omer das Bild einer schweren Mehrfachbehinderung:

Cerebrales Anfallsleiden, schwere geistige Retardierung, stato-motorische Entwicklungsverzögerung, gravierende Störungen im Wahrnehmungsbereich, Alalie.

Der Junge zeigt jedoch in *allen* genannten Bereichen Reaktionen und Verhaltensschemata, an denen eine basale Förderung ansetzen kann und muß und wo Lernerfolge im Sinne einer weiteren Entwicklung möglich sind.

Aufgrund dieser Ausgangssituation des Jungen, aus der sich eine Vielfalt möglicher Förderansätze und Entwicklungschancen ableiten lassen, ist eine Einschulung Omers in die Sonderschule für Geistigbehinderte sinnvoll und dringend notwendig.

Da es sich bei Omer um ein schwerstbehindertes Kind handelt, ist eine Beschulung des Jungen allerdings zunächst nur in einer speziellen Förderstufe zu befürworten.

Gutachten

Für: Anja

Alter: 13;1

Verhalten in der Untersuchungssituation/Allgemeines:

Anja ist ein körperlich altersgemäß entwickeltes, schlankes Mädchen. Es war mir sofort möglich, in der vertrauten häuslichen Umgebung mit Anja in Kontakt zu treten.

Sie hantierte interessiert mit den angebotenen Objekten und Materialien, kramte neugierig in meinem Korb und beobachtete aufmerksam meine Mimik und Gestik.

Eine pädagogisch-psychologische Untersuchung des Mädchens mit herkömmlichen Testinstrumenten (TBGB, Hawik, etc.) war nicht möglich, so daß das Sensomotorische Entwicklungsgitter von Kiphard eingesetzt werden mußte. Für die Befragung stand Anjas erwachsene Schwester zur Verfügung. Diese bestätigte — in Übereinstimmung mit dem vorliegenden schulärztlichen Gutachten — die in den Akten ausgewiesenen Fehlzeiten, nach denen Anja am Unterricht der Körperbehindertenschule in den letzten Schuljahren nur an jeweils wenigen Tagen teilnahm: Anja leidet unter einer massiven Anfälligkeit für jede Art von Infektionskrankheiten. Auf Ortsveränderungen (Urlaub, Schulbesuch) reagiert das Mädchen fast immer nach kurzer Zeit mit fiebrigen Erkrankungen, die sich zu lebensbedrohenden Erregungs- und Erbrechenszuständen steigern und bereits mehrmals monatelange Stationärbehandlungen notwendig machten. Aufgrund dieser Tatsache hegt vor allem die Mutter Anjas massive Befürchtungen gegenüber einer regulären Beschulung des Mädchens in der Sonderschule für Geistigbehinderte.

Interpretation der Erhebungsdaten:

Die erreichten Leistungen innerhalb des Entwicklungsgitters lassen erkennen, daß es sich bei Anja um ein Mädchen mit einem durchschnittlichen Entwicklungsalter von ca. 1,5 Lebensjahren handelt. Dabei erreicht sie in den Bereichen optische Wahrnehmung und Handgeschick mit 21,5 bzw. 20 erfüllten Items ihr Leistungsmaximum, während sie in den Bereichen Sprache, akustische Wahrnehmung und Sozialkontakt mit 16, 15,5 bzw. 18 erfüllten Items ihrem Durchschnitt entsprechende Leistungen zeigt. Der Bereich Körperkontrolle fällt mit erreichten 10 Items gegenüber den übrigen Funktionsbereichen deutlich ab.

In der *Sauberkeitserziehung* konnten mit Anja bisher insofern Erfolge erzielt werden, als sie kenntlich macht, wenn sie eingenäßt oder eingekotet hat. Ein rechtzeitiges Anzeigen des Bedürfnisses ist noch nicht gegeben.

Im Bereich *Essen* und *Trinken* ist Anja noch weitgehend auf fremde Hilfe angewiesen. Sie trinkt jedoch aktiv aus der vorgehaltenen Tasse. Warme Mahlzeiten müssen gefüttert werden, das Kauen und Schlucken fester Nahrung (Ausnahme: Fleisch) bereiten ihr keine Schwierigkeiten.

Anjas *motorische Fertigkeiten* sind durch gravierende Einschränkungen (spastische Tetralegie) vor allem der unteren Extremitäten gekennzeichnet. Stehen und der Vollzug weniger kleiner Schritte sind nur möglich und ärztlicherseits erlaubt, wenn Anja ein großer Teil des Eigengewichts durch Stützung abgenommen wird. Mit den Armen und Händen führt Anja unkoordiniert und kraftlos wirkende, jedoch zielgerichtete Bewegungen aus. Das Ergreifen, Festhalten und Loslassen von Objekten ist möglich. Das Handgeschick ist bis zum Pinzettengriff ausdifferenziert.

Anja verfügt über ein rudimentäres *Sprachverständnis*, begreift Ansprache als Kontaktaufnahme und Signal, etwas zu tun. Eine konstante Bindung von Lautgestalt und Wortbedeutung ist jedoch erst bei wenigen Begriffen (Namen der Familienmitglieder) erreicht. Die aktive *Sprachproduktion* umfaßt eine Anzahl verschiedener Laute und Lautverbindungen mit Nennfunktion.

Anjas *Spielverhalten und Interessen* entsprechen ihrem durchschnittlichen Entwicklungsalter. Sie bevorzugt ein Schmusetier, setzt sich aber auch gerne mit angebotenen fremden Spielobjekten auseinander, indem sie diese betastet, drückt, schiebt, wirft, schüttelt und rollt und so auf ihre Qualitäten hin untersucht. Sie reagiert freudig auf Versteck-Spiele, zeigt Ansätze zu funktioneller Nachahmung, liebt Gesang und Musik.

Anja hat es gerne, wenn man sich mit ihr beschäftigt und mag Körperkontakt. Sie kann sich aber auch über einen längeren Zeitraum hinweg sinnvoll allein mit einem Spielgegenstand beschäftigen.

Zusammenfassend ergibt sich bei Anja das Bild einer schweren Mehrfachbehinderung:

Cerebralparese mit statomotorischer Retardierung, hochgradige mentale Behinderung, Dyslalie.

Aufgrund der oben geschilderten Ausgangssituation des Kindes, die eine Vielfalt von Punkten ausweist, an denen eine basale Förderung ansetzen kann und wo Lernerfolge möglich sind, halte ich eine Unterrichtung des Mädchens im Sinne einer systematischen Entwicklungsförderung für unbedingt erforderlich.

Gegen eine Beschulung im Rahmen der Sonderschule für Geistigbehinderte spricht jedoch der labile Gesundheitszustand des Kindes, insbesondere die heftigen Negativreaktionen bei Ortswechseln. So kann einem regulären Schulbesuch — selbst stundenweise begrenzt — derzeit leider nicht zugestimmt werden.

Zum gegebenen Zeitpunkt scheint eine Förderung des Mädchens durch *Hausunterricht* die einzige Möglichkeit zu sein, Anjas Interessen angemessen zu berücksichtigen.

Es wird daher vorgeschlagen, Anja mit mindestens 4 Wochenstunden in ihrer gewohnten Umgebung zu betreuen und die weitere Entwicklung des Kindes daraufhin zu beobachten und abzuwarten, ob zu einem späteren Zeitpunkt schrittweise ein regulärer Besuch der Sonderschule für Geistigbehinderte angegangen werden kann.

Der Diagnostiker

Die Diagnostik an der Sonderschule für Geistigbehinderte ist eindeutig, durch entsprechende Erlasse, dem Aufgabengebiet des Sonderschullehrers zugeordnet. In der Regel sind Sonderschullehrer aber nur im Hinblick auf einige standardisierte Testverfahren ausgebildet, so daß auch sie sich in das Feld der Schwerstbehindertendiagnostik erst einarbeiten müssen.

Falls von der Schulorganisation her möglich, sprechen eine Reihe von Argumenten dafür, daß sich *ein* Sonderschullehrer der Schule auf die Diagnostik bei Schwerstbehinderten spezialisiert und alle in diesem Bereich anfallenden Aufgaben übernimmt. Mit dieser Spezialisierung ist nicht nur der Vorteil verbunden, daß sich durch vermehrte Praxis und größere Erfahrung schneller ein hohes Wissensniveau erreichen läßt. Die Kenntnis der einzelnen schwerstbehinderten Schüler ermöglicht es zudem, diese zueinander ins Verhältnis zu setzen und eine erste Beurteilung darüber abzugeben, mit welchen Kindern eine Schwerstbehindertengruppe besetzt werden kann oder soll.

Der Diagnostiker erhält also eine *Doppelaufgabe,* indem er über die eigentliche Diagnostik hinaus als Organisator der Gruppenbildung tätig werden muß. Besonders günstig kann diese Aufgabenzuordnung darin weitergeführt werden, daß auch die Förderdiagnostik, die *in* der Schwerstbehindertengruppe geleistet werden muß, unter Mithilfe dieses Sonderschullehrers verwirklicht wird.

2.2.2. Resultate der Aufnahme-Diagnostik

Aus den in Gutachten zusammengefaßten Diagnoseergebnissen lassen sich erste Forderungen für die schulische Arbeit mit schwerstbehinderten Schülern ableiten. Dabei ist es notwendig, die Ausgangssituation der einzelnen Kinder in Beziehung zu den unter 2.3. (Entscheidungsfeld Zielbestimmung) genannten *Richtzielen* zu setzen und auf diese Weise *Förderschwerpunkte* auszumachen.

Die Entscheidung für solche Förderschwerpunkte legt gleichzeitig einen Orientierungsrahmen über die inhaltliche Gestaltung der schulischen Förderarbeit fest. Die Frage, ob verschiedene schwerstbehinderte Schüler gemeinsam in einer Gruppe unterrichtet werden können, läßt sich darüber klären, ob die für den einzelnen Schüler notwendigen Förderschwerpunkte bei den anderen Kindern eine gewisse Entsprechung finden und daher sinnvoll zu einem gruppenmäßig organisierten Rahmen zusammengefaßt werden können.

Dabei ist es nicht erforderlich und auch gar nicht wünschenswert, daß alle Kinder sich auf dem gleichen oder einem ähnlichen Entwicklungsniveau befinden. Es geht vielmehr darum, ob sich der Schulalltag für alle Schüler der Gruppe um dieselben Schwerpunkte gruppieren läßt.

Verglichen mit dem Unterricht einer anderen Schulklasse an der Sonderschule für Geistigbehinderte ergeben sich in der Regel gravierende Unterschiede, nicht nur bei der *Auswahl,* sondern auch bzgl. der Gewichtung einzelner Vorhaben. Ziele, wie sie bei anderen geistigbehinderten Kindern als parallel mitlaufende verfolgt werden können, erhalten in einer Schwerstbehindertengruppe den Rang eigenständiger Intentionen.

Trotz großer Unterschiedlichkeit der schwerstbehinderten Schüler werden sich häufig drei *zentrale Gehalte* ergeben:

(1) Bedürfnisbefriedigung im Vitalbereich
(2) Beziehungsbildung
(3) Individuelle Therapie (Einzelförderung)

Daneben sind andere Akzentsetzungen möglich, wie z.B.:

— motorische Anregung
— Spielentwicklung
— Erleben von Umwelt und Natur
— Auseinandersetzung mit Objekten, Stoffen, Materialien
— Entspannen, Ruhen
— Abbau von psychischen Blockaden, Ängsten, Aggressionen, Stereotypien
— Sprachanbildung etc.

Die Ausgangssituation der einzelnen Schüler bzgl. derartiger Vorhaben muß genau analysiert werden, um beurteilen zu können, ob eine Zusammenführung unter diesen oder ähnlichen Oberpunkten möglich und sinnvoll ist.

Die Methode, an der sich eine Entscheidung über Gruppenbildung und Strukturierung der schulischen Förderarbeit orientiert, kann am besten durch die Besprechung der erstgenannten Schwerpunkte erklärt werden:

(1) Bedürfnisbefriedigung im Vitalbereich

Fast alle schwerstbehinderten Kinder sind nicht dazu in der Lage, sich ihre vitalen Bedürfnisse selbständig zu erfüllen; bei manchen äußern sich diese Bedürfnisse nicht einmal und müssen erst schrittweise entwickelt werden, wenn sie z.B. nicht essen oder trinken wollen und sich gestört fühlen, wenn sie gewickelt werden.

Die *positive* Ausgestaltung einfachster Lebensnotwendigkeiten bildet deshalb ein deutliches Zentrum in der schulischen Arbeit mit Schwerstbehinderten.

Wenn erreicht werden soll, daß ein Kind gerne ißt, sich auf die Mahlzeiten freut, Vorlieben und auch Abneigungen entwickelt, seinen Geschmack also differenziert, wenn angestrebt wird, daß es sich aktiv an den stattfindenden Aktionen beteiligt, dann ist eine entsprechende Atmosphäre erforderlich, in der diese Ziele angegangen werden können. Eine solche Atmosphäre ist nicht zu erreichen, wenn die einzelnen Kinder nacheinander flott abgefüttert oder wenn sie rasch „fertiggemacht" werden müssen, wenn die Hose voll ist. Die Mahlzeiten und die Körperhygiene sind inhaltliche Kernstücke, an denen sich der übrige Schultag orientieren muß. Sie beanspruchen einen sehr großen Teil der Zeit und sind personalaufwendig.

Bei der Bildung einer Schwerstbehindertengruppe, die sich aufgrund der Ausgangssituation der Schüler zur Auswahl dieser Bereiche als Förderschwerpunkte entscheidet, ist es von Vorteil, Kinder unterschiedlicher Voraussetzungen zusammenzufassen. Eine gemeinsame Mahlzeit für sechs Kinder, die alle gefüttert werden müssen, ist unmöglich. Das notwendige Nacheinander beim Essen kommt dem oben erwähnten Abfüttern bereits sehr nahe. Man kann sich zwar behelfen, indem man für die Mahlzeiten zwei Gruppe bildet, die nacheinander essen. Besser kommt jedoch eine Gruppenzusammensetzung der Förderabsicht entgegen, die es erlaubt, *eine* gemeinsame Tischrunde zu bilden, in der Kinder zusammengefaßt sind, die ein unterschiedliches Maß an Hilfe bei der Nahrungsaufnahme benötigen.

Mit den feststehenden Mahlzeiten innerhalb des Schultages ergibt sich schon die erste Struktur für das Gruppenleben. Die nächste Festlegung wird durch die für alle Schüler notwendige Körperhygiene getroffen. Daß die Kinder immer sofort dann frischgemacht werden, wenn entdeckt wird, daß sie eingenäßt oder eingekotet haben, ist sicher selbstverständlich. Um aber zu vermeiden, daß ein Kind unbemerkt stundenlang einer unangenehmen Situation ausgesetzt ist, muß regelmäßig kontrolliert werden, ob es erneut gewickelt werden muß. Dabei lassen sich für manche Kinder Regelmäßigkeiten feststellen, die man sich bei der zeitlichen Einteilung zunutze machen kann. Kinder, die aufgrund ihrer motorischen Voraussetzungen dazu in der Lage sind, können an regelmäßige Toilettengänge gewöhnt werden.

Auch für diese Situationen muß genügend Zeit zur Verfügung stehen, wenn sie von den Kindern nicht als Strapaze und Zumutung, sondern mit der Zeit als Selbstverständlichkeit oder sogar angenehm empfunden werden sollen.

(2) Beziehungsbildung

Sollen zwischenmenschliche Kontakte innerhalb der Schülergruppe angeregt und gefördert werden, weil die Kinder von sich aus nie oder selten das Bedürfnis oder die Fähigkeit zeigen, einander zur Kenntnis zu nehmen und miteinander in Beziehung zu treten, so müssen „traurige" Gruppenkonstellationen vermieden werden, in denen es kein Kind gibt, das von sich aus Kontaktangebote macht oder auf Aktionen der Mitschüler reagiert.

Ansonsten bleiben die einzelnen Schüler trotz räumlicher Nähe voneinander isoliert und auf die ständigen Vermittlungsbemühungen des Lehrers angewiesen. Dasselbe gilt für den Bereich Sprache und Motorik, die in gewisser Weise als Kanäle betrachtet werden können, über die zwischenmenschliche Interaktion zustandekommt. Es ist nicht nur für die Lehrer der Gruppe, sondern auch für die Schüler wichtig, einen „Gesprächspartner" zu haben.

Ein lautierendes oder sprechendes Kind bietet den Mitschülern Anregungen, wie sie der schönste „Baby-talk" des Lehrers nicht geben kann. Ein Kind, das krabbelt oder läuft, ist in der Lage, die Nähe anderer Schüler aufzusuchen, ohne daß sich der Lehrer erst zwischenschalten muß! So spricht z.B. einiges dagegen, reine Rollstuhlklassen zu bilden. Die Notwendigkeit, jedes einzelne Kind im Rollstuhl zu schieben, macht bei normaler Personalbesetzung aus jedem Ortswechsel — und sei es nur die kurze Fahrt auf den Pausenhof — ein kompliziertes Unternehmen. Längere Spaziergänge, Umwelt und Naturerkundungen werden im genannten Fall ein Ding der Unmöglichkeit.

Genausowenig ist es sicher auch zu empfehlen, ein einzelnes Kind in eine Schwerstbehindertengruppe zu geben, das bereits intensive Spiel- und Arbeitskontakte mit anderen Kindern verlangt und hier keinen Partner für seine Interessen findet, sondern im Gegenteil meist große Zurückhaltung oder sogar Ablehnung erfährt.

Es sollten daher Kinder zu einer Gruppe zusammengefaßt werden, die im Bereich Sozialentwicklung schwerpunktmäßig beim Aufbau und der ersten Gestaltung von Kontakten gefördert werden müssen, von denen einzelne aber bereits ein Bedürfnis nach oder die positive Bereitschaft zu solchen Interaktionen zeigen und unter den Mitschülern wenigstens einen gleichgesinnten Partner finden können.

Wenn die Beziehungsbildung nicht auf das Resultat zufälliger Begegnungen und Berührungen der Schüler untereinander beschränkt bleiben soll, dann müssen im Schultag Anlässe und Situationen geschaffen werden, die die Schüler auf Kontakte vorbereiten, bzw. die ihnen diese ermöglichen. Für diesen Zweck eignet sich ein regelmäßig wiederkehrendes Kreiserlebnis (vergl. 2.4.2.1.), das sowohl die Personen der einzelnen Kinder, als auch ihre Beziehungen zueinander thematisiert. Daß über diese Kreiserlebnisse hinaus Unterrichtssituationen als Gemeinschaftsaktivitäten (vergl. 2.4.2.6.) angestrebt werden, die die Schüler miteinander spielend oder arbeitend interagieren lassen, bleibt davon unberührt. Letztlich kommt es auf die jeweiligen Schüler an, ob und in welchem Maße sie bereits vermittels gemeinsamer Tätigkeiten, Spielobjekte, Wahrnehmungskulissen angesprochen werden können. Als feste Bestandteile des Schultages sind also weiterhin das Kreiserlebnis und die Gemeinschaftsaktivitäten aufzunehmen.

(3) Individuelle Therapie (Einzelförderung)

Wenn bisher ein gewisser Optimismus bzgl. der Durchführbarkeit gemeinsamer Vorhaben angeklungen ist, so heißt dies nicht, daß schwerstbehinderte Kinder nur im Gruppenzusammenhang gefördert werden sollten oder könnten. Ein großer Teil der schulischen Arbeit bleibt der individuellen Therapie vorbehalten, die im Idealfall als Kleingruppenarbeit, in der Regel aber als Einzelförderung stattfinden wird. Für diese individuellen Fördermaßnahmen wird ebenfalls viel Zeit und Personal benötigt. (Inhaltliches unter Punkt 2.4.2.4.)

Schlußfolgerungen:

Mit der Entscheidung über die — für alle Schüler der Gruppe stimmigen — Förderschwerpunkte ist bereits eine deutliche Struktur für den Schultag festgelegt. Zwar bleibt die Ordnung der einzelnen Vorhaben und ihre zeitliche Gewichtung noch offen, aber die hierin liegenden Freiheiten sind recht beschränkt. Was den Lehrer vielleicht als Eingriff in seine pädagogische Handlungsfreiheit stört, ist für die Schüler meist ein notwendiger Orientierungsrahmen. Die Gleichmäßigkeit und Regelmäßigkeit des äußeren Rahmens können helfen, die inhaltliche Vielfalt besser zu verkraften.

Die Gedanken der letzten Abschnitte sollen in Form eines Beispiels noch einmal konkretisiert werden, das eine der Möglichkeiten für die Gestaltung eines Schultages vorstellt.

Schema für die zeitliche Abfolge eines Schultages:

Ankunft der Schüler, Begrüßung, Auskleiden
Toilettengang für einzelne Schüler

Morgendliches Kreiserlebnis
Toilettengang für einzelne Schüler
Frühstück
Pause (Ruhen oder Spielen)
Toilettengang für einzelne Schüler
Einzelförderung/Therapie
Toilettengang für einzelne Schüler
Mittagessen
Pause (Ruhen oder Spielen)
Toilettengang für einzelne Schüler
Gemeinschaftsaktivitäten
Toilettengang für einzelne Schüler
Ankleiden, Verabschiedung, Abfahrt der Schüler

2.2.3. Förderdiagnostik

Ebenso wie die Aufnahme-Diagnostik einen ersten Orientierungsrahmen für die schulische Arbeit mit Schwerstbehinderten absteckt, kommt der Förderdiagnostik die Aufgabe zu, das noch grobe Raster aufzufächern und auszudifferenzieren.

Das Wissen darüber, welche Verhaltensmuster, Leistungen, Vorlieben, Abneigungen und Eigenarten ein schwerstbehindertes Kind zeigt, gibt Hinweise, auf welche Art und in welchen Bereichen Förderung notwendig und möglich ist.

Die Förderdiagnostik soll zur bestmöglichen Angleichung des vorliegenden Rahmens an die individuellen Voraussetzungen des einzelnen Schülers wie auch der Gesamtgruppe führen. Sie kann insofern keine statische, sondern muß eine *progressive Diagnostik* sein, die das Wechselspiel von Vorgabe, Auswertung und Neubestimmung der Vorgabe steuert.

Das praktische Verfahren der Förderdiagnostik gliedert sich in zwei Punkte:

1. Beobachtung und Analyse des Spontanverhaltens
2. Beobachtung und Analyse provozierten Verhaltens

Mit der Unterscheidung von Spontanverhalten und provoziertem Verhalten soll klargemacht werden, daß es nicht ausreicht, das Verhalten eines Schülers zu registrieren, das dieser unbeeinflußt von den Aktionen eines Lehrers zeigt, sondern daß erst die zusätzliche Berücksichtigung der Reaktionen auf gezielte Angebote und Aktivierungshilfen ein genaues Bild seiner Ausgangssituation ergibt.

Die bisherigen Ausführungen machen bereits deutlich, daß es sich bei der Förderdiagnostik um ein sehr aufwendiges Verfahren handelt, das sowohl zeitliche Anforderungen an den Lehrer stellt, als auch die Fähigkeiten zu *analytischem Beobachten* von ihm verlangt. Die Beobachtungen müssen schriftlich fixiert werden, einerseits, um Ziele ableiten zu können, andererseits, um einen Vergleich mit nachfolgenden Daten zu ermöglichen.

Wie hilfreich ein normierter Beobachtungsbogen für die Aufnahme-Diagnostik auch immer sein mag, so wenig kann er doch die individuellen Nuancen erfassen, die für die Förderdiagnostik entscheidend sind. Will er alle Bereiche und Verhaltensvariationen abdecken, so verliert er schnell seine Übersichtlichkeit; nimmt er nur einige Teilbereiche und Handlungsschemata auf, so wird er unvollständig und hat nur reduzierte Aussagekraft.

Es bleibt dem Lehrer also nur die Alternative, sich zu einer Beschreibung der Ausgangssituation seiner Schüler in eigenen Worten zu entschließen und dabei ständig die Entscheidung zu treffen, was wichtig, was charakteristisch oder was nebensächlich, zufällig ist.

Was hier so schwierig klingen mag, läßt sich durch Reflexion und Übung erlernen. Man braucht kein Formulierungskünstler zu sein, um das Verhalten der Kinder in allgemeinverständliche Worte zu fassen. Wohl aber muß man wissen, welche Bereiche von Bedeutung sind und welche Verhaltensschemata spontan oder nur provoziert auftreten.

Beispiel für eine diagnostische Aussage über Dieters Aufmerksamkeit, Konzentration, Motivation und Arbeitshaltung:

Dieters Aufmerksamkeits- und Konzentrationsleistungen sind sehr stark davon abhängig, ob ihn die jeweilige Tätigkeit oder der bestimmte Gegenstand interessieren. Da sein Interesse sich vorwiegend im Bereich von Geräuschen und Tönen zusammenballt, wird verständlich, daß Aufgaben und Aktionen, die mit Geräuschen verbunden sind oder die zu Geräuschen führen, seine Aufmerksamkeit gewinnen und seine Zuwendung auch für zwei bis drei Minuten fesseln können. Erfolgen nur selten motivierende Geräusche, verringert sich die Zeitspanne seiner Aufmerksamkeit auf wenige Sekunden.

Trotz der Hinwendung zu einer Sache, zu der Dieter mit sprachlichen Mitteln leicht zu gewinnen ist, unterliegt er immer wieder der Gefahr abzuschweifen und muß innerhalb einer Übungseinheit durch verbale Aufforderungen, Veränderungen der Tätigkeitsform oder einen Gegenstandswechsel in Abständen von ca. 30 Sekunden bis zu drei Minuten zur Konfrontation mit der Lernsituation zurückgeholt werden. Die Länge einer Übungseinheit kann fünf bis 15 Minuten (ein selten erreichtes Maximum!) betragen, je nach der Motivationsintensität, die für Dieter von der Sache ausgeht. Situationen, die ihn nicht interessieren oder die ihn überfordern, entzieht er sich durch die andernorts beschriebene Flucht in stereotype Verhaltensformen.

Dieters Leistungsvermögen in den aufgezeigten Bereichen ist außerdem grundsätzlich davon abhängig, ob epileptische Anfälle bevorstehen, gerade überstanden sind oder schon ein paar Tage zurückliegen.

Eine *mögliche* Gliederung für den vollständigen Diagnosebericht ist dem nachfolgenden Beispiel oder auch den unter Punkt 2.4.1. ausgeführten Förderprogrammen zu entnehmen.

Beispiel für die Gliederung eines Diagnoseberichtes:

1. Anamnese
   a) Schwangerschaft und Geburt
   b) Entwicklung in den ersten Lebensjahren
   c) Entwicklung in den folgenden Lebensjahren
2. Motorische Leistungen und motorischer Entwicklungsstand
3. Sprache und Kommunikationsverhalten
4. Sozialverhalten, Sexualität, Emotionen
5. Spielverhalten, Interessen, Bedürfnisentwicklung
6. Aufmerksamkeit, Konzentration, Motivation und Arbeitshaltung
7. Wahrnehmungsfähigkeit
8. Sensomotorische Intelligenzleistungen
9. Vergleich der einzelnen Entwicklungsbereiche und Zuordnung eines durchschnittlichen Entwicklungsalters
10. Förderung bis zum gegenwärtigen Zeitpunkt (Maßnahmen und Resultate)

2.3. Entscheidungsfeld: Zielbestimmung

2.3.1. Richtziele in der Förderung Schwerstbehinderter

Die Auswahl dessen, was durch die Förderung Schwerstbehinderter erreicht werden soll, orientiert sich stets an der individuellen Ausgangslage, d.h. am jeweiligen Wahrnehmungs- und Verarbeitungsniveau, den Interessen, der derzeitigen und auch zukünftigen Lebenssituation. Es haben also nicht alle Förderziele, die auf den ersten Blick sinnvoll erscheinen, dieselbe Relevanz. Förderung kann nicht verstanden werden als Antrainieren gesellschaftlich erwünschter Verhaltensformen und Fertigkeiten, sondern sie bedeutet den Aufbau individueller Aneignungsprozesse und muß genau an dem Punkt einsetzen, wo Entwicklungsmöglichkeiten des Individuums sichtbar werden, die den ganzen Menschen qualitativ verändern. In der Praxis bedeutet das, daß wir alle Förderziele in der Arbeit mit Schwerstbehinderten daraufhin hinterfragen müssen, in welcher Beziehung sie zu den individuellen Voraussetzungen stehen und welche verändernde Wirkung von ihnen ausgeht.

So gesehen ist eigentlich jeder Versuch, unabhängig von real existierenden Menschen Förderziele zu formulieren, fragwürdig. Andererseits erlaubt die Kenntnis der Personengruppe, für die hier Richtziele genannt werden sollen, daß eine allgemeine *Ausgangslage Schwerstbehinderter* beschrieben werden kann, an der die Fördermaßnahmen greifen müssen. Die Ausgangssituation zur Gewinnung und Formulierung von Fördermaßnahmen kann durch die Analyse bestehender Verhältnisse folgendermaßen charakterisiert werden:

Individuell repräsentierte Faktoren

— fehlende Selbständigkeit bei der Bedürfnisbefriedigung, oftmals sogar geringe und undifferenzierte Bedürfnisentwicklung;
— geringes Repertoir zur Aufnahme und Gestaltung zwischenmenschlicher Kontakte (z.B. fehlendes Sprachverständnis);
— mangelhafte Wahrnehmungsfähigkeit und begrenztes Verarbeitungsvermögen von Umweltreizen und Situationen;
— geringe Eigenaktivität bzw. starke Einseitigkeit und geringe Differenziertheit der beobachtbaren Tätigkeiten (z.B. starke Verhaftung in Stereotypien);
— beobachtbare Angst vor Veränderungen und geringe oder fehlende Fähigkeit, fremde Situationen angstfrei zu bewältigen;
— geschädigte biologische Ausstattung (z.B. Motorik, Sinnesorgane . . .);
— schwächliche und anfällige gesundheitliche Konstitution.

Strukturell repräsentierte Faktoren

— Isolation von zwischenmenschlichen Kontakten;
— geringe Variationen des Lebens- und Erfahrungsbereichs;
— Zuordnung einer durch Abhängigkeit und Fremdbestimmung gekennzeichneten Rolle.

Aus dieser in verschiedene Faktoren aufgegliederten Ausgangssituation Schwerstbehinderter können nun die allgemeinen Förderziele abgeleitet werden.

Die stichwortartigen Anmerkungen zu jedem Förderziel sollen zur Veranschaulichung des Zieles dienen und haben lediglich Beispielcharakter. Der entsprechende Bedeutungsgrad und die inhaltliche Füllung der verallgemeinert dargestellten Förderziele kann nur in Beziehung zum konkreten Fall gewonnen werden.

Individuelle Förderziele

Bedürfnisentwicklung und Bedürfnisdifferenzierung, Aufbau der Selbständigkeit bei der Bedürfnisbefriedigung, z.B.:

— auf Angebote gemäß der bereits vorhandenen Bedürfnisstruktur zu reagieren;
— neue Formen der Befriedigung kennenzulernen und daraus konstante Bedürfnisse aufzubauen.

Verbesserung der Fähigkeit, zwischenmenschliche Kontakte einzugehen, aufzubauen und zu gestalten, z.B.:

— Aufbau des Kommunikationsvermögens, wie die Befähigung, Blickkontakt herzustellen oder Hautkontakt als positiv zu empfinden.

Weiterentwicklung der Wahrnehmungsfähigkeit und des Verarbeitungsvermögens von Umweltreizen und Situationen, z.B.:

— Verbesserung der Reizdifferenzierung;
— Aufbau der Aktionseinheit: Wahrnehmen — Strukturieren — Reagieren.

Verstärkung der Eigenaktivität und Befähigung, sich von einseitigen Tätigkeiten zu lösen bzw. diese auszudifferenzieren und weiterzuentwickeln, z.B.:

— stereotype Verhaltensweisen aufzubrechen und zu verändern;
— sich der Umwelt verstärkt zuzuwenden;
— die Umgebung erforschen zu lernen;
— Abbau von Passivität und Aufbau von Aktivität.

Befähigung, Veränderungen oder fremde Situationen angstfrei zu bewältigen, z.B.:

— Fähigkeit entwickeln, sich von starren Gewohnheiten, sinnentfremdeten Ritualen zu befreien;
— Neues nicht sofort abzuwehren, sondern ein gewisses Neugierverhalten und Offenheit gegenüber der Umwelt zu entwickeln;
— psychische Blockaden zu überwinden.

Linderung oder Kompensation der biologischen Schädigung und Erhaltung und Verbesserung des körperlichen Gesundheitszustandes, z.B.:

— Erhaltung der Körperbeweglichkeit;
— Aufbau neuer Bewegungsstrukturen;
— Stabilisierung vorhandener Wahrnehmungs- und Aktionsfähigkeit.

Strukturelle Förderziele

Gewährleistung häufiger und intensiver zwischenmenschlicher Kontakte, z.B.:

— positive Beantwortung des Bedürfnisses Schwerstbehinderter nach körperlicher Nähe und liebevoller Zärtlichkeit;
— Vermeidung von Isolation durch Abschirmung der Schwerstbehinderten von Außenkontakten .

Anbieten eines variationsreichen Lebens- und Erfahrungsbereiches, z.B.:

— täglicher Situationswechsel (zu Hause — Schule);
— verschiedenartiges Spiel- und Arbeitsmaterial;
— Kennenlernen unbekannter Situationen und fremder Personen.

Anerkennen des Schwerstbehinderten als einen gleichwertigen Partner, dem Respekt und Zuneigung entgegengebracht wird, unabhängig von einer erbrachten bzw. einer möglichen, durch Förderung anzubildenden Leistung, z.B.:

— Abbau von Abhängigkeit und Fremdbestimmung;

— Hinterfragung der Förderziele und Methoden, auf deren Sinn und Erfolg für die Weiterentwicklung und Teilhabe des Schwerstbehinderten am Leben und auf die Befähigung des Schwerstbehinderten, Genuß und Glück zu erleben.

2.3.2. Individuelle Förderziele

Die ganz konkreten und detaillierten Förderziele für eine bestimmte schwerstbehinderte Person können aus der, mit Hilfe der Förderdiagnostik gewonnenen, individuellen Ausgangssituation abgeleitet werden.

Durch die bereits vorher gefällten Entscheidungen wird eine bestimmte äußere Struktur festgelegt. Im Feld institutionelle Voraussetzungen z.B. über die Fragen: Schwerstbehindertengruppe ja oder nein; welche räumlichen Voraussetzungen stehen zur Verfügung; welche Personalbesetzung kann gewährleistet werden. Im Feld Diagnostik vor allem hinsichtlich einer Einordnung des Schwerstbehinderten in eine bestimmte Gruppe, die gewisse Förderschwerpunkte verfolgt. Durch diese Entscheidungen, die teilweise ganz unabhängig vom jeweiligen Schwerstbehinderten sind, ergibt sich eine weitere Eingrenzung der Möglichkeiten, Ziele aufzustellen.

Kommt ein Schwerstbehinderter mit ganz bestimmten Voraussetzungen in diese vorab festgelegte Sphäre der Schule hinein, so ergeben sich logischerweise auch nur ganz spezielle Zielkomplexe, die weder von erzieherischer Willkür abhängen, noch pädagogisch erahnt oder ertastet werden müssen.

Insofern ist mir das vielerorts häufig anzutreffende Lamento über die Schwierigkeiten der Lernzielbestimmung bei Schwerstbehinderten wirklich ein Rätsel.

Die Ziele ergeben sich nämlich, und das ist das ganze Geheimnis, aus den Situationen, Tätigkeiten, Beziehungen und Objekten selbst!

Das eigentliche Problem, das unbestritten existiert, ist die Tatsache, daß eine sehr gründliche Auseinandersetzung mit den *Lerngegenständen* erfolgen muß, um die Ziele richtig formulieren zu können.

Voraussetzung für die korrekte Zielfindung ist die Kenntnis über den *hierarchischen Lernaufbau,* der den Schüler in die Lage versetzen soll, seine Ausgangssituation zu verändern.

Mit der Ausgangssituation sind wir über den Entwicklungsstand, über die Voraussetzungen des schwerstbehinderten Schülers informiert. Es gilt nun herauszufinden, welches der jeweils *nächste Schritt* ist, den wir mit ihm gemeinsam anstreben müssen.

Dabei ist die Hierarchie, mit der ein Lerngegenstand angeeignet wird, zu beachten. Fehlen dem Schüler notwendige Voraussetzungen, um ein bestimmtes Verhalten zu erlernen, so müssen erst diese erworben werden, bevor die auf ihnen aufbauende Leistung erwartet werden kann.

Besonders bei denjenigen schwerstbehinderten Kindern, die sich auf einer Entwicklungsstufe im frühen Säuglingsalter befinden, spielt deshalb die Wahrnehmungs- und Funktionsförderung eine große Rolle. Hier besteht die Schwierigkeit darin, die Tätigkeiten, Wahrnehmungskulissen und Lebenssituationen zu zergliedern und gleichzeitig darauf zu achten, daß sie ihres Sinnzusammenhangs nicht entkleidet werden, d.h., sie nicht von ihrer *Bedeutung* zu trennen.

Es kann unterschieden werden zwischen *subjektiven Bedeutungen*, die eine konkrete Aktivität für das Kind selbst besitzt, und *objektiven Bedeutungen*, die sich erst aus einem komplexeren Zusammenhang ergeben, also zunächst nur für den Lehrer erkennbar sind. Wenn beabsichtigt ist, das Kind zu Handlungen zu befähigen, die objektive Bedeutung haben, so müssen die Wege und Übungen, die dahin führen, für den schwerstbehinderten Schüler stets mit subjektivem Sinn gefüllt sein. Dieser subjektive Sinn kann beispielsweise allein schon darin bestehen, daß die Dinge, die der Schwerstbehinderte selbst oder die der Lehrer mit ihm unternimmt ihn erfreuen, ihm Spaß machen, körperliches Wohlbefinden in ihm hervorrufen. Nur dadurch, daß der schwerstbehinderte Schüler einem Gegenstand oder einer Handlung *etwas* — wenn zunächst auch unspezifisch — abgewinnt, kann auf längere Sicht erhofft werden, daß eine sachgerechte Bedeutung sich in ihm heranbildet.

Manchmal wird es natürlich auch notwendig, ein bereits formuliertes und angebahntes Zielverhalten abzuändern oder völlig aufzugeben. Vielleicht hat der Schwerstbehinderte eine ganz andere Lösung gefunden, der sich die Vorstellungen des Erziehers erst anpassen müssen. Oder im konkreten Förderprozeß stellt sich heraus, daß die Fertigkeiten, die sich der Schwerstbehinderte aneignen soll, ihn doch weit überfordern. Solange der Erzieher jedoch wo nötig zur Revision der Ziele bereit ist, sind kleinere Fehleinschätzungen kein Beinbruch. Selbst erfolglose Erprobungsphasen verhelfen im Gegenteil zu einer verbesserten zukünftigen Beurteilungsfähigkeit.

Dieter reformiert unsere Ansichten bei der Anbahnung des Zielverhaltens „Türeöffnen":

Türen, die den Zugang in ein anderes Zimmer versperren, versucht Dieter durch den Hakengriff, der in der Türritze angreift, aufzuziehen. Diese Methode gelingt natürlich nur, solange die Türen nicht im Schloß eingerastet, sondern lediglich angelehnt sind. Offne Türen drückt er mit der Hand gegen den Türflügel zu. Die Klinke benutzt er nicht. Zu Hause stehen für Dieter meist alle Türen offen. Sollte dennoch einmal eine Tür geschlossen sein, klopft Dieter so lange mit der Handfläche auf den Türflügel, bis man ihm öffnet.

Dieter sollte nun lernen, durch die Benutzung der Klinke Türen auf- und zuzumachen, da eingerastete Türen ohne fremde Hilfe für ihn ein unüberwindliches Hindernis darstellten und seinen selbständigen Aktionsradius erheblich einschränkten.

Beim Öffnen der Tür durch die Klinke ist eine Bewegung mit zwei Richtungskomponenten erforderlich, deren zweite Komponente zudem von Tür zu Tür wechselt (1. Komponente: Druck nach unten, 2. Komponente: Zug oder Druck nach vorn).

Wir konnten Dieter also keine eindeutige Strategie vermitteln, sondern mußten ihn dazu anleiten, jede Türe für sich auszuprobieren. Da bei allen Türen stets der Druck auf die Türklinke nach unten notwendig ist, sollte Dieter zunächst lernen, die Klinke nach unten zu drücken und dann — unter Beibehaltung des Drucks — die zweite (Druck- oder Zug-) Bewegung auszuführen.

Die Übungen, die Dieter zum selbständigen Öffnen der Tür befähigen sollten, ließen sich gut in den alltäglichen Ablauf in der Schulgruppe einfügen. Wir gewöhnten uns an, nicht mehr wie früher sofort auf Dieters Klopfzeichen zu reagieren und die Tür von innen zu öffnen, stattdessen gesellte sich von außen ein Erzieher zu Dieter, um das Problem „Tür" gemeinsam mit ihm zu bewältigen. Zusätzlich wurden alle nur denkbaren Gelegenheiten genutzt, um Dieter mit einer geschlossenen Tür, die es zu überwinden galt, zu konfrontieren. Dabei wurde jedoch darauf geachtet, daß das Türöffnen für Dieter auch tatsächlich sinnvoll und notwendig war, etwa beim Toilettengang, beim Tischdecken und -abräumen oder um ein begehrtes Spielzeug aus einem Zimmer zu holen.

Ebenso, wie das Einüben der Bewegungsfunktion ohne einsehbare Notwendigkeit uns unberechtigt erschien, lehnten wir es auch ab, das motorische Muster mit Dieter an einem anderen Objekt als einer konkreten Tür zu trainieren.

In der ersten Phase versuchten wir, Dieter mit dem Hilfsinstrument Klinke vertraut zu machen. Nachdem wir ihm ein paarmal die Hand auf die Klinke gelegt hatten und ihm dazu die verbale Information: „An der Klinke fassen!" gegeben hatten, griff Dieter in der Folgezeit bald selbständig danach, sobald wir ihn vor der Tür stehend dazu aufforderten.

Im zweiten Schritt wurde Dieter mit der Druckbewegung nach unten bekannt gemacht, indem der Erzieher seine Hand auf Dieters Handrücken legte und die Klinke herunterdrückte. Der anschließende Zug oder Druck wurde dabei zunächst völlig vom Erzieher übernommen.

In der nächsten Phase forderten wir Dieter dazu auf, das Drücken auf die Türklinke selbst auszuprobieren. Es war zu beobachten, daß Dieter zwar versuchte, die passiv erlebte Bewegung nachzuvollziehen, doch wandelte sich die Bewegung durch die Nachahmung Dieters in ein Muster um, das vor allem durch Druck der umklammerten Türklinke gegen den Türflügel gekennzeichnet war.

Als Hilfestellung übte der Erzieher deshalb nach mehreren vergeblichen Versuchen Dieters, wenn dieser in stereotypes Kopfwackeln und Stampfen zu versinken drohte, leichten Druck mit den Fingerspitzen auf Dieters Handrücken aus, so daß die von ihm eingesetzte Kraft nach unten wirken konnte.

Im weiteren Verlauf entwickelte Dieter, dem der Griff zur Türklinke bereits zur Gewohnheit geworden war, jedoch ein eigenes Bewegungsmuster, das wir schließlich zu akzeptieren lernten.

Dieter, der anfangs die Klinke nur gegen die Tür, nicht aber nach unten gedrückt oder nach außen gezogen hatte, gewöhnte sich plötzlich an, die Klinke auch nach außen zu ziehen. Nach einer Zeitspanne ohne Erfolgswert durch dieses neue Bewegungsmuster, versuchte er, die Tür durch schnelles Hin- und Herziehen der Türklinke zu öffnen. Er differenzierte diese Bewegung so weit aus, daß es zu einer Rüttelbewegung an der

Klinke kam, die auch eine deutliche Komponente nach unten aufwies. Immer, wenn Dieter ein paarmal an der Klinke gerüttelt hatte, sprang die Tür auch tatsächlich auf. Da er durch das Rütteln der Klinke gleichzeitig den Zug oder Druck der Tür erprobte, kam ihm irgendwann der Türflügel entgegen oder die Türe ging nach außen auf. Dieter wendete das durch persönliche Erfahrung erworbene Bewegungsmuster schließlich bei allen Türen erfolgreich an. Anfangs gelang es ihm zwar lediglich, besonders sprungbereite Türflügel zu öffnen; danach bewältigte er alle in Bewegungsrichtung aufspringenden Türen. Nach einer halbjährigen Übungszeit hatte seine Bewegung jedoch soviel Kraft, daß er auch sehr schwergängige und in Bewegungsrichtung schließende Türen öffnen konnte.

Folgende Überlegungen veranlaßten uns, das ursprünglich vorgesehene Zielverhalten abzuändern und Dieters Bewegungsverhalten beim Öffnen einer Tür zu akzeptieren:

Erstens: Dieter hat durch die Auseinandersetzung mit dem Objekt „Tür" vermittels geringer Hilfestellungen durch den Erzieher zu einem motorischen Verhalten gefunden, das er selbst entwickelt hat. Es setzt in dieser Bewegung alle Möglichkeiten ein, die ihm bei der Bewältigung der Situation zur Verfügung stehen und hat seine Reaktionen den Bedingungen angepaßt, denen er sich gegenüber sieht. Das Bewegungsverhalten, das Dieter heute zeigt, ist also kein aufgesetztes, antrainiertes Fremdmuster, sondern ein durch Eigenaktivität und Bewegungsexperimente erworbenes Schema. Dieses bleibt in jeder Situation für Dieter frei verfügbar.

Zweitens: Obwohl sich Dieters Aktionen von den gewöhnlichen Formen unterscheiden, eine Türe zu öffnen, ist sie dazu geeignet, das angestrebte Ziel zu erreichen. Dieters Form mag zwar vergleichsweise lauter sein. Auch dauert sie etwas länger als wir es gewohnt sind, schließlich benötigt er stets eine kleine Anlaufzeit. Das ist aber noch lange kein Grund, ihm eine andere Handlungsform aufzudrängen, die er sowohl motorisch als auch kognitiv noch nicht erbringen kann.

2.4. Entscheidungsfeld: Lerninhalte

Die inhaltliche Gestaltung der schulischen Förderung des einzelnen Schülers sowie auch der gesamten Gruppe ergibt sich aus den Entscheidungen, die im Feld Zielbestimmung als konkrete Einzelziele formuliert wurden.

Aus ihnen sind die Gegenstände, Verfahren und Medien ableitbar, deren sich die Unterrichtsarbeit bedienen muß, um die gesetzten Ziele zu erreichen. So bestimmen z.B. die für die einzelnen Kinder im Bereich „Wahrnehmung" diagnostizierten Ausgangssituationen und die daraus entwickelten Ziele über das inhaltliche Angebot innerhalb der Einzelfördermaßnahmen; dasselbe trifft bzgl. der Sozialentwicklung für die Auswahl der Inhalte im täglichen Kreiserlebnis und beim partnerschaftlichen und gruppenmäßigen Spielen und Arbeiten zu. Auch was beispielsweise in den für Körperhygiene und Mahlzeiten beanspruchten Zeiten geschieht, ist aus den in diesen Bereichen formulierten Zielen zu entnehmen.

Anschaulichkeitshalber erfolgt die Einführung in das praktische Vorgehen der Inhaltsbestimmung am Beispiel einer konkreten schulischen Schwerstbehindertengruppe. Innerhalb der Darstellung wird unter anderem auch schwerpunktmäßig auf den Aspekt der gruppenmäßigen Förderung heterogener Einzelpersönlichkeiten eingegangen. Der konkrete Praxisbericht enthält also eine Reihe allgemeiner Schlüsse, die für das Arbeiten mit Schwerstbehindertengruppen generell gezogen werden können.

Im folgenden machen zunächst vier Förderprogramme in relativ knapper Form mit den einzelnen Schülern der Schwerstbehindertengruppe bekannt. Um alle Schüler der Gruppe vorzustellen, sind zwei kurze Berichte über diejenigen Schüler beigefügt, deren Förderprogramme nicht aufgenommen worden sind, da sie starke Paralellen zu den bereits aufgeführten enthalten.

Im Anschluß an diese Vorstellung der Schwerstbehindertengruppe einerseits und der schriftlichen Darstellung von Förderprogrammen andererseits wird Einblick in die gruppenmäßige Zusammenfassung und konkrete Ausführung der für die Schüler aufgeführten Ziele und Inhalte gegeben. Dabei werden die verschiedenen Phasen innerhalb des Schultages der Schwerstbehindertengruppe ausführlich referiert.

Die gewählte Form des Praxisberichtes soll dabei eine Übertragung auf andere Lerngruppen erleichtern und beinhaltet deshalb zusätzlich eine Reihe methodischer und medialer Alternativen und Hinweise.

2.4.1. Förderprogramme

Förderprogramme stellen praxisgerechte Lösungsversuche des Problems dar, wie sich die Lehrer schriftlich auf ihren Unterricht in der Schwerstbehindertengruppe vorbereiten können, was die grobe Rahmenplanung betrifft. Erfahrungsgemäß ist es nicht günstig, die Planung auf sehr kurze Zeiträume zu beschränken, da das Lerntempo bei Schwerstbehinderten oft sehr langsam ist und die Erfolge in der Erreichung kleinster Lernschritte liegen. Bei zu kurz gewählten Planungsintervallen werden daher keine Veränderungen sichtbar. Andererseits müssen die Förderprogramme von Zeit zu Zeit überarbeitet, ergänzt oder modifiziert werden. Es ist daher sinnvoll, sie in Abständen von drei bis vier Monaten einer Korrektur zu unterziehen und bei Bedarf neu zu formulieren.

Die vorliegenden Förderprogramme treffen jeweils für einen ca. halbjährigen Zeitraum zu, zwei davon sind bereits nach drei Monaten durch Ergänzungen korrigiert worden.

Je nach Schüler machte die Erstellung des Förderprogramms Beobachtungsperioden unterschiedlicher Länge notwendig. In jedem Fall sollte jedoch ein

Beobachtungszeitraum von mindestens zwei Monaten zugrunde gelegt werden, um sinnvolle diagnostische Aussagen treffen zu können.

Förderprogramm: Meik

Förderprogramm

Für: Meik

Alter: 8;9

Beschulungsdauer: 6 Monate in der Förderstufe der Sonderschule für Geistigbehinderte, davon über 3 Monate Fehlzeiten wegen Krankheit

Ärztliche Diagnose: „Schwere infantile Cerebralparese mit Tetraspastik und cerebralem Anfallsleiden, Oligophrenie, Skoliose, Dauermedikation.

Bei Meik handelt es sich um eine Schwerstbehinderung im Sinne der Ziffern 2.1. und 2.2. des Erlasses des Kultusministers II A. 5.36-5/0 Nr. 1831/78“.

(1) Mahlzeiten

Ausgangssituation:

Da Meik die Schule derzeit nur vormittags besucht, erhält er hier lediglich eine Mahlzeit, die er von zu Hause fertig mitbringt. Diese besteht in der Regel aus Pudding oder Brei mit gelegentlicher Beigabe verschiedenartigen Obstmuses. Flüssigkeiten nimmt Meik in der Schule bisher nicht zu sich. Sie wurden bis vor kurzem zu Hause mit dem Trichter verabreicht, werden nach einem Krankenhausaufenthalt jetzt aber durch eine Nasensonde zugeführt, die Meik ständig trägt. Meik wird liegend mit einem kleinen Löffel gefüttert. In der Regel nimmt er nach anfänglichem Widerwillen (verzieht den Mund, läßt die Nahrung wieder herauslaufen) eine ausreichende Portion zu sich. Das Einnehmen der Mahlzeit, v.a. das Schlucken, scheint für Meik eine — allerdings nicht prinzipiell unangenehme — Anstrengung zu sein. Er seufzt während des Fütterns häufig und ist nach den Mahlzeiten sichtlich erschöpft. Beim Füttern öffnet Meik den Mund kurz bevor der Löffel seine Lippen berührt, nimmt diesen also optisch wahr. Nähert man sich seinem Mund mit einem anderen Gegenstand (z.B. Finger) in gleicher Weise, erfolgt diese Reaktion nicht. Auf sprachliche Anweisungen („Mund auf!“) reagiert er nicht. Meik führt keinerlei Kaubewegungen aus. Er streicht die breiförmige Nahrung mit Hilfe einer Vorwärtsbewegung der Zunge an die hintere Gaumenwand, um dann zu schlucken.

Um aus der bisher vorrangig passiven Nahrungsaufnahme eine zunehmend aktive Situation für Meik zu gestalten, sind folgende *Feinziele* anzustreben:

88

Meik soll lernen,

F1: die Situation der Nahrungsaufnahme zu antizipieren
F2: die Nahrung in zunehmend steiler Schräge bis hin zur Sitzhaltung zu sich zu nehmen
F3: zunehmend gröbere Nahrungsteile aufzunehmen, mit der Zunge zu bewegen, evtl. einmal zu zerdrücken und hinunterzuschlucken
F4: sich einem zunehmend verbreiterten Geschmacksspektrum zu öffnen
F5: taktilen und/oder verbalen Anweisungen Informationen zu entnehmen bzw. auf sie zu reagieren
F6: Unwohlsein und Sättigung deutlicher und unter Anwendung verschiedener Ausdrucksschemata zum Ausdruck zu bringen

Methodisches Vorgehen / Spezielle Übungen / Medien:

F1: Um Meik das Antizipieren der Essenssituation zu ermöglichen, muß darauf geachtet werden, daß sich die Tätigkeiten vor der Nahrungsaufnahme peinlich genau gleichen. So soll Meik erst direkt vor dem Füttern in die gewohnte Lage gebracht und mit einem Latz ausgestattet werden. Das Entnehmen der Breidose aus der Plastiktüte soll geräuschvoll erfolgen, ebenso das Abdrehen des Deckels, das Umrühren des Puddings und das Abklopfen des Löffels am Dosenrand. Um Meik ein Geruchserlebnis zu vermitteln, soll ihm die Speise unter die Nase gehalten und der Duft etwas zugefächelt werden. Reaktionen Meiks sind zu beobachten und von Zeit zu Zeit unter Punkt „Bemerkungen" zu notieren. Vor Beginn des Fütterns können bei Meik die Lippenregion und der Unterkiefer leicht mit den Fingerspitzen massiert werden. Falls Meik den Mund öffnet, können auch Zahnfleisch, Zunge und die Backenschleimhäute stimuliert werden.

F2: Durch entsprechende Lagerung mit Kissen oder Keil soll die Schräge zunehmend steiler gestaltet werden.

F3 und F4:

Die Konsistenz der Nahrung kann durch anfangs geringe, zunehmend gesteigerte Beigabe gröberer Nahrungsteile verändert werden, um Meik zum vermehrten Einsatz von Zungen- und Kieferbewegungen zu aktivieren. Dabei sind jedoch zunächst nur Lebensmittel zu wählen, die sich leicht zerdrücken lassen und deren Verschlucken als Ganzes keine negativen Auswirkungen auf die Verdauung haben können. Die Stücke sind zudem entsprechend klein zu halten. Möglich sind: Bananenstückchen, aufgeweichte Brot-, Zwieback- und Kekskrümel, schalenloser geriebener Apfel, feingehackte Nüsse, grobe Haferflocken, gut eingeweichte Cornflakes etc. Meik ist offensichtlich recht stark auf süße Geschmacksrichtungen fixiert. Dies zeigt sich an seinem Widerwillen, säuerliches Obstmus zu sich zu nehmen. Auch zu Hause erhält er vorwiegend mildschmeckende Babykost (Gläschen). Auf der anderen Seite scheint aber nichts dagegen zu sprechen, Meik auch mit normalgewürzten Speisen und den für Kinder seines Alters üblichen Nahrungsmitteln (in entsprechend passierter Form) vertraut zu machen. Versuchsweise sollte daher die süße Breikost durch kräftigere Nahrung ergänzt oder variiert werden.

F5: Die Essensvorbereitungen und das Füttern sollte von sprachlichen Äußerungen des L und von Streichel- und Massagebewegungen begleitet werden, um Meik die Anwesenheit einer Person vielfältiger spürbar zu machen, um Zusammenhänge zwischen einzelnen Sinnesreizen zu knüpfen (z.B. wird der Löffel bis kurz vor den Mund geführt, L sagt „Mund auf!"), und um Meik das Bewegen der Nahrung besser zu ermöglichen (Massage der Wangen und des Zungenbodens, leichter Druck gegen die Unterkieferknochen, um Öffnen und Schließen des Mundes und damit Kaubewegungen anzuregen).

F6: Leider ist es nur selten möglich, Meiks Willensäußerungen nachzukommen, da dies eine ausreichende Nahrungsaufnahme unmöglich machen würde. In Situationen aber, wo Meik eine ausreichende Portion gegessen hat und nur einen kleinen Rest verweigern will, sollte seinen Äußerungen entsprochen werden.

(2) Körperhygiene/An- und Auskleiden

Ausgangssituation:

Meik näßt und kotet mehrmals am Tage ein und macht durch keinerlei Zeichen auf seine Bedürfnisse bzw. deren Resultate in der Hose aufmerksam. Er muß in ca. 1 bis 1 1/2stündigen Abständen nachgesehen und bei Bedarf frisch gewickelt werden. Das Wickeln erfolgt auf einem provisorischen Wickeltisch mit Auflage im angrenzenden Sanitärraum. Das Ent- und Bekleiden unterstützt Meik durch keinerlei aktive Bewegungen. Auch das Rollen von der Rücken- in die Seitenlage muß der L deutlich anregen. Zieht man Meik von der Rückenlage an den Händen zum Sitz hoch, erfolgt nur eine mangelhafte Kopfkontrolle. Meik empfindet die Wickelsituation als positiv. Er lächelt und bewegt Arme und Beine. In den letzten Wochen produziert er auch verschiedene Lall-Laute in dieser Situation. Er hat es gern, wenn er am Bauch und Rücken gestreichelt und massiert wird. Deutliche Reaktionen sind auch beim Reinigen mit Wasser (kalt/warm) und beim Eincremen sichtbar. Aus dieser natürlichen und sich häufig gleichförmig wiederholenden Situation, in der Meik eine deutliche Aufnahme- und Reaktionsbereitschaft zeigt, sind folgende Feinziele ableitbar:

Meik soll lernen,

F1: die Situation des Wickelns zu antizipieren
F2: gezielte Bewegungen auszuführen, die das aktive Begleiten des An- und Ausziehens einleiten bzw. anbahnen
F3: eine zunehmend sicherere Kopfkontrolle zu entwickeln

F4: auf die empfundenen Reize mit verschiedenartigen Ausdrucksschemata zu reagieren

F5: neue Reize aufzunehmen, zu verarbeiten und darauf zu reagieren

Methodisches Vorgehen / Spezielle Übungen / Medien:

F1: Geräusche, Bewegungen, Raumlage und Tastempfindungen sollen Meik die Antizipation der anschließenden Situation ermöglichen. Das Vorgehen orientiert sich prinzipiell an den unter (1) F1 beschriebenen Kriterien.

F2: Beim Aus- und Ankleiden Meiks muß darauf geachtet werden, daß der L Bewegungen Meiks anleitet, d.h. passives Bewegen der Arme und Beine, die zweckgerichtet sind. Dabei ist es wichtig, die Bewegungen nicht vom Standpunkt des L auszuführen, sondern auf Bewegungsvollzüge zu achten, wie Meik sie selbst ausführen würde. Beispiel: Beim Ausziehen von Jacke oder Pullover faßt L von innen den Arm Meiks und zieht ihn aus dem Ärmel. Falsch wäre es, am Ärmel zu ziehen und dem Arm dadurch die Bewegung zu ersparen.

Verhaltensweisen, die Meik von sich aus zeigt, z.B. Abdecken des Gesichts durch Wegziehen eines Tuches, können dadurch herausgefordert werden, daß der L Meik in Situationen bringt, die der Junge lösen kann und ihm auch genügend Zeit gibt, das Problem zu bewältigen, hier bspw. indem er das Ausziehen von Oberbekleidung nur bis zu einem Punkt durchführt, an dem Meik sich selbständig vom Kleidungsstück durch Abziehen vom Kopf befreien kann.

Statt Meik durch Anheben der Beine von der Wickelunterlage zu liften, um z.B. eine neue Windel unterzulegen, soll bevorzugt das Rollen von der Rücken- in die Seitenlage angebahnt werden. Dies geschieht nach dem Schema zum Einnehmen der stabilen Seitenlage: 1. Beugen des seitenabgewandten Armes und Hinführen zur entsprechenden Seite, so daß die Hand an dieser Gesichtshälfte liegt und der Ellbogen die Körpermitte überschritten hat. 2. Anheben des seitenabgewandten Beins am Unterschenkel, Beugen und Hinführen auf die Seite. Dabei vollzieht der Oberkörper eine automatische Drehung.

F3: Da Meik nur durch Übung und Kräftigung der Muskulatur zu einer verbesserten Kopfkontrolle gelangen kann, soll er aus dem Liegen über die Seite zum Sitz gebracht werden, wann immer sich eine Gelegenheit dazu bietet, da dies Stellreaktionen des Kopfes erleichtert.

F4: Die von Meik in der beschriebenen Situation geäußerten Verhaltensschemata und Ausdrucksvariationen sollen durch Wiederholung der entsprechenden Reize, auf die er reagiert hat, bestärkt und gefestigt werden. Durch diese Vorgehensweise soll erreicht werden, daß Meik sich als Subjekt erlebt, das Einfluß auf seine Umwelt ausüben und willentlich etwas bewirken kann. Eine Wiederholung der Schemata wird angeregt.

F5: Die Wickelsituation ermöglicht es, Meik mit Reizen zu konfrontieren, die ihm wenig oder nicht bekannt sind, dadurch seine Umwelterfassung zu differenzieren und neue Verhaltensweisen bei ihm anzubahnen. Aus dem Bereich der basalen Stimulation sind folgende Übungen dazu geeignet, in die Wickelsituation eingebunden zu werden und als planmäßige Förderung zu fungieren: Stimulation der Hautoberfläche durch Streicheln, Reiben, Massieren des Körpers mit verschiedenartigem Material (Fell, Stoffsorten, Bürsten, Schaum, Creme, Watte, Holzwolle, Schwämme); Stimulation des Temperaturempfindens durch Auflegen und Streicheln mit verschieden temperierten Gegenständen und Materialien; Stimulation des Druckempfindens durch Auflegen von Gegenständen unterschiedlichen Gewichts.

(3) Fortbewegung und Stellungswechsel

Ausgangssituation:

Meik kennt zweierlei Fortbewegungsarten, die er selbst aktiv steuern kann. 1. das Robben in Bauchlage, wobei er sich auf die Ellbogen gestützt vorwärts schiebt. Mit den leicht angewinkelten Beinen übt er gelegentliche Druckbewegungen aus, indem er sich vom Kniegelenk aus abstößt. Die Hauptarbeit leistet er jedoch mit den Armen. 2. das Rückwärtsschieben in Rückenlage, wobei er sich mit den Beinen kräftig abstößt, auf Rücken und Schultern rutscht und das Becken zeitweise vom Boden abhebt. Versucht man Meik auf seine Füße zu stellen, zeigt er keinerlei Haltungs- und Stützreaktionen und hängt schwer und unbeweglich in den Armen des L.

Meik bevorzugt im Liegen die Rückenlage, wo er beide Arme frei bewegen kann und sein Kopf gestützt ist. Die Bauchlage nimmt er nur ungern ein, läßt rasch den Kopf hängen und versucht, sich wieder in die Rückenlage zu rollen. Meik kann sich von der Bauchlage in die Rückenlage drehen und umgekehrt, er zeigt diese Bewegungen jedoch nur äußerst selten.

Freies Sitzen ist für Meik nicht möglich. Sein Rollstuhl ist mit einer speziellen Sitzschale ausgestattet, in die er mit einem H-Gurt eingeschnallt werden muß. Auf dem Boden setzt sich Meik gelegentlich auf, stützt sich dabei seitlich mit der linken Hand auf und zeigt im Becken eine eigentümlich verdrehte Haltung.

Die Leistungen, die Meik im Bereich des Kriechens zeigt, sind verglichen mit seinen übrigen motorischen Fertigkeiten erstaunlich, da verhältnismäßig kraftvoll und koordiniert. Er ist in der Lage, ein Zimmer in weniger als einer Minute zu durchqueren, Hindernisse (Schwelle von ca. 5 cm) zu bewältigen und Ziele (z.B. Tür) anzusteuern.

Feinziele:

Meik soll lernen,

F1: die vorhandene Fertigkeit des Kriechens dazu einzusetzen, sich Bedürfnisse zu erfüllen

F2: über längere Zeiträume hinweg in Bauchlage einer Beschäftigung nachzugehen und dabei eine verbesserte Kopfkontrolle zu entwickeln

F3: das Bewegungsschema Rollen um die Körperlängsachse häufiger anzuwenden

Methodisches Vorgehen / Spezielle Übungen / Medien:

F1: Da die Schule über eine Fußbodenheizung verfügt, spricht nichts dagegen, Meik auf dem Boden herumkriechen zu lassen. Es ist zu beobachten, daß Meik vorwiegend Geräuschquellen ansteuert. So kriecht er z.B. zum Regal, auf dem der Plattenspieler steht oder in den Waschraum, wenn dort die lebhafteren Schüler und LL beschäftigt sind. Aber auch Licht- und Wärmequellen sucht er gerne auf, wie z.B. sonnenbeschienene Flecken auf dem Teppichboden. Um Meik zu vermehrtem Gebrauch seiner Kriechaktivitäten anzuregen, gilt es daher, einerseits Anlässe zu schaffen, die ihn dazu bewegen seine Kriechfertigkeit anzuwenden, (a) durch Lagerung an Orten, die ihn wenig interessieren und die er anschließend verläßt, (b) durch Angebot interessanter Geräusche und Lichtverhältnisse an anderen Orten, die ihn zum Hinkriechen verlocken. Andererseits soll das Kriechverhalten, das Meik unbeeinflußt zeigt, beobachtet werden, um den Grund seines Verhaltens herauszufinden und ihm zukünftig attraktive Angebote machen zu können. Wenn möglich, sollte Meik bei der Verfolgung seiner Ziele entsprechend unterstützt werden (indem man z.B. unüberwindbare Hindernisse beiseite räumt, Türen öffnet usw). Drittens ist es notwendig, darauf zu achten, daß Meiks Lagerung (z.B. auf dem Keil) nicht verhindert, daß er sich in eine günstige Kriechposition bringen kann. Zusätzlich ist zu erproben, ob Meik an den Gebrauch eines Hilfsmittels beim Kriechen (z.B. großes, gepolstertes Rollbrett) gewöhnt werden kann.

F2: Um Meik das Arbeiten in Bauchlage zu erleichtern, ist er entsprechend auf einem Keil zu lagern, um Bewegungsfreiheit mit den Armen zu haben. Ein Angebot liegender Materialien, auf die er hinunterblicken kann und für deren Handhabung er die Oberarmmuskulatur kaum einzusetzen braucht und ein Angebot hängender Gegenstände, die ihn anregen, den Kopf und die Arme zu heben, sollten miteinander abgewechselt werden. Um sein Interesse zu erregen, muß bevorzugt mit geräuscherzeugenden Spielobjekten gearbeitet werden, die er durch einfache Bewegungen oder Berührungen handhaben kann (z.B. Glockenbänder, Rasseln, Steh-auf-Männchen mit Glockenspiel, Schütteldosen). Die Übungen in Bauchlage müssen nach 3 — 4 Minuten durch Übungen in Rückenlage abgewechselt werden, um Meik motorisch nicht zu überfordern.

Weiterhin sind Übungen auf dem großen und dem kleinen Spastikerball und mit Gymnastikrollen sinnvoll, die allerdings nur von einem entsprechend geschulten L durchgeführt werden dürfen.

F3: Die Anwendung dieses Bewegungsschemas kann durch entsprechende Lagerung bei allen sich bietenden Gelegenheiten angeregt werden.

(4) Sozialkontakt / Beziehungsbildung

Ausgangssituation:

Ob und inwiefern Meik zwischen einzelnen Personen unterscheidet, ist schwer zu sagen. Feststellbar sind jedoch Reaktionen auf menschliche Stimmen, Gesang, Hautkontakt und motorische Führung. Auf das Begrüßungslied im Morgenkreis antwortet Meik mit einem Lächeln, wie auch auf zärtliche Ansprache und Streicheln. Die Stimmgeräusche des Morgenkreises regen ihn zu eigener Lautproduktion an (Brummen, Lallen). Auch in der Wickelsituation zeigt Meiks Verhalten, daß er den Sozialkontakt mit dem L genießt.

Körperliches Unwohlsein und Schmerzen drückt Meik durch langanhaltendes, tränenreiches Weinen aus. Geht es ihm über einen längeren Zeitraum hinweg nicht gut, so verfällt er in totale Apathie, aus der er kaum herausgeholt werden kann.

Feinziele:

Meik soll lernen,

F1: mit verschiedenartigen Ausdrucksformen auf Sozialkontakte zu reagieren

F2: Dialoge mit vertrauten Personen einzugehen

F3: Bedürfnisse und Empfindungen mit unterschiedlichen Ausdrucksformen deutlich zu machen

Methodisches Vorgehen / Spezielle Übungen / Medien:

F1 bis F3:
Für die genannten Ziele ist es notwendig, sich häufig und intensiv mit Meik zu beschäftigen. Einerseits, um ausreichende Beobachtungen seines Verhaltens machen zu können und es richtig zu verstehen, andererseits, um ihm das Bewußtsein vom Vorhandensein eines Sozialpartners zu vermitteln, der ihm antwortet und auf ihn reagiert. Dabei heißt beschäftigen, vor allem zusehen und zuhören, was Meik tut und äußert, um dann reagieren, Meik entsprechend wiederholen und bestärken zu können. Ausgangspunkt der angestrebten Dialoge mit Meik sollten vorwiegend Aktivitäten von seiner Seite aus sein, was natürlich nicht heißt, daß Meik sich selbst überlassen bleiben soll, wenn er zeitweise völlig apathisch wirkt. Sobald man merkt, daß Meik auf den Dialog eingeht, indem er z.B. Laute, die der L wiederholt hat, noch einmal produziert, ist es möglich, die eigenen Antworten zu modifizieren. Damit soll erreicht werden, daß Meik sich ermuntert fühlt, bisher fremde oder nur selten gebrauchte Laute und Geräusche zu äußern. (Weitere methodische Hinweise siehe bei Haupt/Fröhlich 1982, S. 134ff).

(5) Wahrnehmung

Ausgangssituation:

Optische Wahrnehmung:

Meik zeigt nur geringe Reaktionen auf optische Reize. Hellen, beweglichen Lichtquellen (offenes Licht, Wunderkerze) folgt er gelegentlich mit den Augen nach, verliert aber schnell das Interesse. Beim Füttern öffnet er den Mund, sobald der Löffel fast seine Lippen berührt, er nimmt ihn also optisch wahr. Nur selten betrachtet Meik einen Gegenstand in seiner Hand. Ein beseelter Blickkontakt mit Personen konnte bisher noch nicht beobachtet werden. Meiks optische Auffassung scheint also vorwiegend noch im Bereich der Unterscheidung hell/dunkel und ruhend/beweglich zu liegen, wobei helle, bewegliche Reize die stärksten Reaktionen auslösen.

Akustische Wahrnehmung:

Vergl. auch (4). Meik zeigt Reaktionen auf die verschiedensten Geräusche, wendet gelegentlich auch den Kopf in Richtung Geräuschquelle, horcht aber stets eindeutig in die richtige Richtung. Geräusche von Maschinen (Staubsauger, Mixer, Bohrmaschine) lösen Freude und motorische Aktivitäten bei Meik aus, gelegentlich versucht er auch in die Richtung der Geräuschquelle zu kriechen. Stimmen und Gesang, Musik vom Recorder oder Plattenspieler sprechen ihn ebenso positiv an. Erstere veranlassen ihn oft zu eigener Stimmproduktion, die Musik der Geräte regen ihn dazu an, mit den Armen zu rudern und im Rollstuhl zu hopsen.

Meik reagiert weder auf seinen Namen noch auf andere verbale Bedeutungen, was den Schluß nahelegt, daß er nicht zwischen natürlichen und künstlichen Geräuschen, als unterschiedlichen Informationsträgern, unterscheiden kann.

Meik setzt seine motorischen Fertigkeiten fast ausschließlich dazu ein, mit Hilfe von Bewegungen und Gegenständen Geräusche zu produzieren. Dies ist der bisher einzige Bereich, in dem er Ansätze zu (experimentellem) Spielverhalten zeigt und Ansatzpunkte für die Entwicklung des Objektbegriffs sichtbar sind.

Feinziele:

Meik soll lernen,

F1: Lichtquellen unterschiedlicher Qualität zu erfassen und zu verfolgen
F2: angeleuchtete Gegenstände zu fixieren
F3: menschliche Stimmen als Ansprache zu verstehen und darauf zu reagieren; dieser Ansprache Information im weitesten Sinne zu entnehmen
F4: gezielte Aktivitäten zur Produktion von Geräuschen einzusetzen, sein Spielverhalten auszudifferenzieren und den Objektbegriff weiterzuentwikkeln

Methodisches Vorgehen / Spezielle Übungen / Medien:

F1: Die Übungen sind mit Meik in einem verdunkelten Raum durchzuführen. Meik sollte unterschiedlich gelagert werden, um ihm verschiedene Perspektiven zu ermöglichen. Durch den L erfolgt weder verbale Ansprache noch Berührungskontakt während der Übung. Der L muß so sitzen, daß er Meiks Augen kontrollieren kann. Pro Übung genügt anfangs eine Lichtquelle. Es sollte mit starkem, weißem Licht begonnen werden. Der Lichtkegel wird zunächst in langsamen, geraden Bewegungen in geringer Entfernung vor Meiks Augen hin- und hergeführt. Variationen im Verlauf der Übungen: Abstand von Meiks Augen, Geschwindigkeit der Bewegung, Verlauf der Bewegung, Helligkeit der Lichtquelle, Farbgebung, Gleichmäßigkeit der Lichtintensität. Die Helligkeit der ausgewählten Lichtquelle hat ihre Grenze darin, daß sie keine Blendung herrufen darf. Lichtquellen, wie z.B. Taschenlampe, Diaprojektor etc. dürfen nur als Kegel, der von Meiks Gesicht wegstrahlt, eingesetzt werden, müssen also hinter ihm bzw. seitlich angebracht sein. Beispiel: Meik sitzt in geringer Entfernung mit dem Gesicht zur Wand. Der L bewegt Taschenlampe oder Projektor hinter Meiks Kopf und produziert so einen bewegten Lichtfleck an der Wand.

F2: Diese Übung schließt sich an F1 an und wird methodisch genauso durchgeführt. Voraussetzung für den Beginn der Übung sind deutliche Reaktionen bei Meik innerhalb der ersten Übungssequenz, in der ihn auch der Einsatz mehrerer Lichtquellen nicht mehr überfordern dürfen. Die Auswahl der angestrahlten Gegenstände erfolgt nach dem Kriterium der Attraktivität für Meik. Möglich sind: geräuscherzeugendes Kleinkindspielzeug, Musikinstrumente etc. Sobald ein optisches Fixieren bei Meik festgestellt werden kann, sollte er durch motorische Führung zum Ergreifen des Gegenstandes ermuntert werden.

F3: Dieses Ziel ist nicht im Rahmen einzelner Übungen zu erreichen, sondern bezieht sich auf den gesamten Umgang und Kontakt mit Meik. Soweit möglich und nicht anderen Intentionen hinderlich, ist Meik namentlich anzusprechen und sind Tätigkeiten, Situationen, Handlungsaufforderungen usw. sprachlich zu kommentieren (kein Redefluß, sondern kurze prägnante Bemerkungen, die im L-Team vorher abgesprochen werden müssen). Wichtig ist vor allem der Einbezug Meiks in alle kommunikativen Aktionen des Morgenkreises.

F4: Neben speziellen Übungen ist v.a. die Gestaltung von Meiks Lagerstätte wichtig. Diese sollte mit verschiedenen, von Zeit zu Zeit wechselnden und unterschiedlich zu handhabenden Gegenständen ausgestattet sein, die Meik zu zielgerichteten Aktivitäten veranlassen, um Geräusche zu produzieren. Kommt Meik von sich aus nicht auf die Idee, bestimmte Objekte in sachgerechter Hinsicht zu gebrauchen, so soll dies immer wieder durch motorische Führung angebahnt werden. Vergl. auch (3) F2. Innerhalb dieser spielerischen Übungen sollte darauf geachtet werden, daß Meik vorwiegend eigenständig agiert und der L nicht zu oft führend eingreift.

Bewegungsveränderungen können teilweise einfach durch Veränderungen des Arrangements hervorgerufen werden. Beispiel: Meik liegt unter einem freischwingenden Becken und hat einen Schlegel in der Hand, mit dem er nach dem Becken schlägt. Durch Höher- bzw. Niedrigerhängen des Beckens kann Meik zu einer Veränderung seiner Arm- und Handbewegungen geführt werden, sobald er bemerkt, daß die Wiederholung des bisherigen Schemas nicht mehr erfolgreich ist.

(6) Greifmotorik

Ausgangssituation:

Meik bevorzugt beim Greifen die Rechte, die linke Hand setzt er kaum, und wenn, dann völlig kraftlos ein. Meist liegen seine Hände leicht geballt und leblos auf seinem Schoß. Will man Meik einen Gegenstand in die Hand geben, so muß der Faustgriff häufig vom L angeleitet werden. Je nach Verfassung läßt Meik den Gegenstand oft wieder aus der Hand gleiten. Erregt der Gegenstand sein Interesse (Glöckchen, Rassel, Schlegel) so hält er ihn gelegentlich auch kraftvoll fest. Das ergriffene Objekt wird fast immer in stereotyper Art und Weise betätigt: Meik führt mit dem rechten, angewinkelten oder gestreckten Arm eine halbkreisförmige Bewegung von der rechten Körperseite zum Gesicht (Mund, Stirn, Haaransatz) aus und klopft den Gegenstand an diese Stelle. Dieselbe Bewegung ist auch häufig ohne Objekt zu beobachten. Ist seitlich rechts eine Begrenzung (Wand, Regal), so klopft Meik oft auch gegen diese. Kleinere Abwandlungen dieses Bewegungsmusters können durch Angebot über seinem Gesicht hängender Spielsachen erreicht werden. Verdeckt man Meiks Gesicht mit einem Tuch oder Papierstück, so faßt er dieses und zieht es vom Gesicht herab. Dabei gebraucht er den Zangengriff (Daumen und Restfinger differenziert).

Bewegungen der Hände in Materialien fester oder flüssiger Konsistenz (Farbe, Kleister, Korn, Wasser, Sand, Styroporflocken) müssen vom L angeleitet werden, da Meik entweder untätig ist oder sich zurückziehen möchte.

Feinziele:

Meik soll lernen,

F1: bereits vorhandene Greifschemata häufiger anzuwenden und zu variieren
F2: aus den stereotypen Bewegungsmustern heraus neue Bewegungsformen zu entwickeln
F3: sich mit Materialien unterschiedlicher Konsistenz motorisch auseinanderzusetzen

Methodisches Vorgehen / Spezielle Übungen / Medien:

F1: Das Ziel ist vorwiegend dadurch zu erreichen, daß Meik häufig mit verschiedenartigen Gegenständen von unterschiedlicher Oberflächenstruktur und Form und von unterschiedlichem Gewicht vertraut gemacht wird, indem man ihn zum Ergreifen, Betasten und Bewegen dieser Objekte anleitet. Für diese Übungen eignen sich sowohl das herkömmliche Kleinkinderspielzeug (Greiflinge, Rasseln, Klappern, Beißringe etc.) als auch Gegenstände des täglichen Bedarfs (Löffel, Becher, Wollknäuel, Dosen etc.), sofern sie Meiks Interesse erregen.

F2: Vergl. (5) F4

F3: Dies Ziel ist vorwiegend in den mit der Gesamtgruppe durchgeführten Unterrichtsreihen zu verfolgen. Das Bewegen von Meiks Händen in Wasser, Kleister, Korn, Farbe, Sand, Styroporflocken, Gipsmasse etc. soll ihm einerseits vielfältige Reizerfahrungen vermitteln, ihn andererseits aber auch zu neuen Eigenaktivitäten anregen. Daneben muß das Ziel in der Einzelförderung im Rahmen von Gesamtsituationen verfolgt werden, wie z.B. in der Badesituation (Bewegen von Wasser und Schaum, Ergreifen von Schwimmtieren), bei Übungen in der Kornwanne (Bewegen der Hände im Korn, Greifen und Loslassen des Materials), im Kugelbad oder Styroporbad und bei weiteren Übungen, die aus dem Bereich der basalen Stimulation abgeleitet sind.

Zusammenfassung der Übungen:

Elementarsituationen:

— Massage der Mundregion, Anbahnung der Kaubewegung
— Basale Stimulation in der Wickelsituation
— Hochkommen zum Sitz über die Seite (Kopfkontrolle)
— Anregung zur Körperrotation
— Übungen in Bauchlage
— Anregung zum Kriechen
— verbale und taktile Ansprache zur Anbahnung von Dialogen

Funktioneller Bereich:

— Übungen zur optischen Wahrnehmung
— Übungen zur akustischen Wahrnehmung
— Übungen zur Förderung der Greifmotorik

Förderprogramm: Angela

Förderprogramm

Für: Angela

Alter: 17;10

Beschulungsdauer: 3 Monate in der Förderstufe der Sonderschule für Geistigbehinderte; davor 10 Jahre in verschiedenen Gruppen und Stufen der Sonderschule für Geistigbehinderte und der Sonderschule für Körperbehinderte

Ärztliche Diagnose: „Erhebliche geistige Retardation vom Ausmaß einer Imbe-
zillität 3. Grades, Mosaikmongolismus, kong. Gehirnmiß-
bildung mit spastischer Tetraplegie, Hüftgelenksdysplasie,
cerebrales Anfallsleiden. Angela ist durch ihre körperliche
und geistige Behinderung schwerstbehindert (mehrfachbehindert) im Sinne der Ziffer 1 des Erlasses des KM v.
12.7.78“.

(1) Mahlzeiten

Ausgangssituation:

Frühstück: Angelas Frühstück besteht in der Regel aus einem Butterbrot, das
sie in einer kleinen Tasche mit Gürtelschnallenverschluß aus dem Elternhaus
mitbringt. Getränke lehnt Angela konsequent ab. Die Brotscheibe wird vom L in
kleine, mundgerechte Stücke zerlegt, die Angela ohne Hilfe vom Teller nimmt,
zum Mund befördert und ißt. Häufig verweigert sie beim Frühstück noch jede
Nahrungsaufnahme. Der Essensvorgang wird durch sprachliche Anweisungen
seitens der Lehrer unterstützt, um ein Beenden der Mahlzeit in der dafür
vorgesehenen Zeit (ca. 45 Minuten) zu erreichen. Da Angela nicht in der
vorgesehenen Art, mit dem Rücken gegen die Stuhllehne und den Füßen unter
dem Tisch, sondern gerne parallel zur Tischfläche auf dem Stuhl sitzt, fallen
häufig Speisereste und Krümel auf den Boden.

Mittagessen: Angela benutzt bei der Einnahme des Mittagessens einen Spezialteller mit einseitig erhöhtem Rand und einen Löffel mit dickem Holzgriff. Der
Schöpfvorgang wird nur in Ansätzen beherrscht. Angela führt den vom L gefüllten Löffel zum Mund, ißt die Speise und legt den Löffel auf den Teller zurück.
Nachtisch (Süßspeisen, Kompott etc.) schöpft Angela selbständig mit dem
Dessertlöffel (dicker Holzgriff) aus der Plastikschale. Die schon unter „Frühstück“ beschriebene Sitzhaltung führt zum teilweisen Verschütten der Speisen.

Feinziele:

Angela soll lernen,

F1: mit Hilfe des Laufgerätes zur Garderobe zu gehen und die Tasche mit
   dem Frühstücksbrot und ihre Schürze zu holen
F2: das Gerät selbständig zu verlassen und, sich an der Tischkante abstützend, in der vorgesehenen Haltung auf dem Stuhl Platz zu nehmen
F3: nach dem Lösen der Schnalle durch den L, das Butterbrot ohne Aufforderung aus der Tasche zu nehmen, zunächst durch Schütteln, später durch
   den gezielten Einsatz beider Hände, das Brot aus der Papierhülle zu
   befreien und auf den Teller zu legen
F4: das Brot zunächst in Brocken, später als Ganzes in die Hand zu nehmen
   und es Bissen für Bissen aufzuessen.
F5: auf die richtige Sitzhaltung zu achten

F6: den Schöpfvorgang allmählich selbständig auszuführen

F7: nach Beendigung der Mahlzeit die Serviette zu benutzen und die Säuberung des Mundes unter Zuhilfenahme beider Hände zu vollziehen

Methodisches Vorgehen / Spezielle Übungen / Medien:

F1 und F2:

Angela zieht sich vom Stuhl aus zum Laufgerät hoch. Der L beschränkt sich auf einen knappen Hinweis. Da Angela die Steuerung des Gerätes noch nicht ausreichend beherrscht, unterstützt der L den Lenkvorgang auf dem Weg zur Garderobe. Angela wendet sich zu ihrem Foto mit einem gekennzeichneten Garderobenhaken. Sich mit der rechten Hand abstützend, zieht sie mit der linken die Tasche und anschließend ihre Schürze vom Haken und hängt beides an das Laufgerät. Am Frühstückstisch verläßt sie ohne Hilfe das Gerät, tastet sich an der Tischkante (beide Hände aufstemmend) entlang und setzt sich auf den Stuhl. Angela streift das Schürzenband über den Kopf, der L bindet die Schürze hinten zu. Sie nimmt ihre Tasche vom Laufgerät und legt sie auf den Tisch. Der L führt, wenn nötig mehrmals, Angelas Beine unter den Tisch und den Rücken gegen die Stuhllehne. Bei den angeführten Vollzügen benötigt Angela anfangs lenkende motorische Führung, später sollen diese durch Verbalanweisungen ersetzt werden.

F2 und F3:

Das Lösen des Schnallenverschlusses an der Butterbrottasche durch den L ist für Angela das Signal, das Brot aus der Tasche zu nehmen. Die linke Hand fixiert die Tasche auf dem Tisch, während mit der rechten das Brot entnommen wird. Angela befreit durch Schütteln das Brot aus der Papierhülle und legt es auf den Teller. Der L zerteilt das Brot in Brocken, die Angela vom Teller nimmt und ißt. Wenn dieser Essensablauf gefestigt ist, bekommt Angela das Brot als Ganzes in die Hand und soll es durch Abbeißen zu sich nehmen.

F5: Vergl. F1

F6: Angela erhält den mit der Speise (mundgerecht vorbereitet) gefüllten Spezialteller. Durch Handführung wird das selbständige Schöpfen angebahnt. Der bisher verwendete Suppenlöffel wird durch den Dessertlöffel ersetzt, mit dem Angela offensichtlich besser zu Rande kommt und der ein Überfüllen verhindert.

F7: Angela erhält eine Serviette. Sie wird dazu angeleitet, den Mund mit beiden Händen zu säubern (Handführung).

(2) Körperhygiene

Ausgangssituation:

Toilette: Da seit etwa zwei Wochen weder Einnässen noch Einkoten bei Angela beobachtet wurde, dient das Weglassen der bisher regelmäßig getragenen

Windel während der Dauer des Unterrichts der Unterstützung und Verstärkung der Sauberkeitserziehung. Angela deutet ihr Bedürfnis nur äußerst selten durch Gesten an. In der Regel muß sie mit einigem Nachdruck zur Toilette geschickt werden. Sie fährt mit dem Laufgerät zum Waschraum, schiebt sich dort rückwärts in die Toilettenkabine und benutzt einen Spezialaufsatz. Angela benötigt für die Entleerung sehr viel Zeit, sie spielt gern mit Toilettenpapier, das sie zerreißt, auf dem Boden zerstreut und auch gelegentlich in den Mund steckt, um darauf herumzukauen. Das Abwischen muß durch den L erfolgen. Die Betätigung des Nachspülhebels gelingt Angela, wenn sie durch Handführung und Druckverstärkung vom L unterstützt wird.

Waschen: Angela muß durch den L bei der Durchführung des Waschvorganges noch aktiv angeleitet werden. Sie weigert sich in der Regel, den Wasserhahn aufzudrehen, die Hände mit Seife aus dem Seifenspender einzureiben und sie unter das fließende Wasser zu halten. Die Einsicht in einen geordneten, sinnvollen Handlungsablauf ist hier noch in keiner Weise erkennbar.

Feinziele:

Angela soll lernen,

F1: ihr Bedürfnis durch eine Geste anzudeuten
F2: mit Hilfe des Laufgerätes möglichst selbständig zur Toilette zu gehen, sich rückwärts in die Kabine zu wenden, sich dort zu entkleiden und ohne Hilfe auf den Aufsatz zu setzen
F3: sich mit Hilfe des L zu säubern und die Kleidung wieder anzuziehen
F4: das Händewaschen allmählich selbständig und in der entsprechenden Reihenfolge durchzuführen

Methodisches Vorgehen / Spezielle Übungen / Medien:

F1: Angela soll lernen, durch ein festgelegtes Zeichen (Aufziehen des Reißverschlusses), ihr Bedürfnis anzuzeigen und sich dann ohne Hilfe in das vom L bereitgestellte Laufgerät zu ziehen. Dieser Vorgang muß durch motorische Führung und verbale Unterstützung schrittweise angebahnt werden.
F2: Der gesamte Vorgang bedarf noch der Begleitung durch den L. Die Hilfestellungen sollen aber zugunsten einer verstärkten Eigenaktivität Angelas langsam reduziert werden. In der Kabine hält Angela sich mit einer Hand am Laufgerät fest, mit der anderen streift sie die Kleidung (Overall ohne Ärmel, Slip) ab. Erst dann darf sie sich auf das Toilettenbecken setzen, auf das der L den Aufsatz gelegt hat.
F3: Die Schülerin soll den Entleerungsvorgang zügig und ohne Ablenkung durchführen. Deshalb soll keine Papierrolle für Angela erreichbar sein. Zur Säuberung werden zunächst Papierhandtücher benutzt. Angela säubert sich mit Hilfe des L, der den Vorgang auch weiterhin durch Handführung unterstützt.

F4: Der L muß den Waschvorgang begleiten, aktiv unterstützen und auf die korrekte Ausführung achten. Folgender Handlungsablauf muß trainiert werden: Öffnen des Kaltwasserhahns mit der rechten Hand, gleichzeitiges Abstützen am Beckenrand mit der linken. Verlagerung des Körpergewichts gegen das Waschbecken und Abspülen beider Hände. Einmaliges Entnehmen von Seife aus dem Seifenspender, verteilen der Seife durch Gegeneinanderreiben der Innen- und Außenhandflächen, Abspülen beider Hände, Herausziehen eines Papierhandtuchs aus dem Handtuchhalter, Trockenreiben durch Zuhilfenahme beider Hände, Wegwerfen des benutzten Handtuchs in den Papierkorb, Abdrehen des Wasserhahns. Da dieser Vorgang sehr viele Einzelschritte enthält, wird zunächst Wert auf die selbständige Ausführung der ersten Teilhandlungen gelegt, während die restlichen Schritte vom L angeleitet werden. Erst wenn Angela sicher über den Anfang der Gesamttätigkeit verfügt, ist es sinnvoll, sie schrittweise zur selbstgesteuerten Durchführung der anschließenden Schritte zu ermuntern.

(3) Aus- und Ankleiden

Ausgangssituation:

Angela kann sich nahezu selbständig den Anorak oder Mantel aus- und anziehen, Reißverschlüsse auf- und zuziehen, Strumpfhose und Schlüpfer abstreifen und wieder hochziehen. Das Abstreifen der Overall-Hose von den Schultern und das Finden des entsprechenden Armloches nach dem Hochziehen der Hose bereiten ihr noch geringe Schwierigkeiten. Statt Kleidungsstücke aufzuknöpfen, reißt Angela die Teile auseinander, was bei einigen ihrer Kleidungsstücke zum Erfolg, jedoch auch häufig zu abgerissenen Knöpfen führt. Das Zuknöpfen wird nicht beherrscht.

Feinziele:

Angela soll lernen,

F1: den Anorak ohne Aufforderung mit Hilfe beider Hände aufzuknöpfen, auszuziehen und die Ärmel nach rechts zu streifen
F2: Reißverschlüsse auch an Nahtstellen durch Zugverstärkung mit der einen und Festhalten des Kleidungsstückes mit der anderen Hand zu öffnen und zu schließen
F3: die Overall-Hose über die Schulter gleiten zu lassen und beim Anziehen den Arm durch das richtige Armloch zu führen
F4: durch Zuhilfenahme beider Hände, Strumpfhose und Schlüpfer abzustreifen und in der richtigen Reihenfolge wieder hochzuziehen

Methodisches Vorgehen / Spezielle Übungen / Medien:

F1 bis F4:
Die Ziele sollen verstärkt im Rahmen der täglichen Notwendigkeiten geübt

werden (Toilettengang, Ausziehen des Anoraks beim Eintreffen, An- und Ausziehen vor und nach dem Aufenthalt im Freien, Anziehen bei der Abfahrt, Umziehen zur Gymnastik und zum Schwimmen etc.). Bei allen Vollzügen achtet der L darauf, daß Angela beide Hände einsetzt und unterstützt sie wo notwendig dabei. Die noch nicht oder nur in Ansätzen beherrschten Tätigkeiten sollen von Angela zunächst mit Hilfestellung, später zunehmend selbständiger durchgeführt werden. Das Knöpfen soll im Rahmen sinnvoller kleiner Aufgabenstellungen innerhalb der Einzeltherapie zusätzlich geübt werden.

(4) Verständigung

Ausgangssituation:

Angela steht offensichtlich ein passiver Wortschatz zur Verfügung, da sie einfache Anweisungen — in der Regel nach mehrfacher Wiederholung und gestischer Verstärkung durch den L — befolgen kann. Der aktive Wortschatz beschränkt sich auf die Worte „Mama", „Baba" = Papa, „Oma", „Oba" = Opa und „Teita" = spazierengehen. Angela drückt Stimmungen des Unmutes durch Weinen, Verbergen des Gesichtes hinter den Händen und Abwenden, Gefühle des Wohlbehagens durch Blasen durch die Nase und das Hervorbringen hoher langgezogener Töne aus.

Feinziele:

Angela soll lernen,

F1: durch Zuhören, Speichern und Wiedererkennen von Signalwörtern und einfachen Sätzen sowie Gegenstandsbezeichnungen, ihren passiven Wortschatz zu erweitern
F2: auf vereinbarte Zeichen situationsgerecht zu reagieren und mimische, gestische und motorische Handlungen zu deuten und nachzuvollziehen

Methodisches Vorgehen / Spezielle Übungen / Medien:

F1: Durch das häufige Hören von Signalwörtern, Gegenstandsbezeichnungen aus der unmittelbaren Umgebung und einfachsten Sätzen, die vom L sehr ruhig, akzentuiert und unterstützt durch Mimik und Gestik an feste Situationen gebunden täglich wiederholt werden, soll versucht werden, eine Erweiterung des Verständigungsvermögens anzubahnen. Das L-Team hat sich dabei auf einen Grundwortschatz zu einigen, der im Umgang mit Angela Anwendung finden soll.
F2: Festgelegte Gesten (z.B. beim Toilettengang, den Mahlzeiten und in Arbeitssituationen während der Einzelförderung) und Handlungen mimischer, gestischer und motorischer Art vornehmlich im Zusammenhang mit Spielliedern des Morgenkreises sollen zunächst mit Hilfe des L, später allein nachvollzogen werden.

(5) Sozialkontakt / Beziehungsbildung

Ausgangssituation:

Angela verweigerte zunächst jeglichen Kontakt zu LL und Mitschülern und kam keiner Aufforderung nach, die an sie gestellt wurde. Allmählich weicht diese Abwehrhaltung zunehmender Teilnahme am Gruppenleben. So nimmt sie inzwischen selbständig auf ihrem Stuhl im Morgenkreis Platz und setzt sich allein an den Frühstücks- und Mittagstisch.

Angela verhält sich den Mitschülern gegenüber völlig passiv, reagiert aber auf die Zuwendung der LL. So verlangt sie mittlerweile oft nach körperlicher Zärtlichkeit. Sie setzt sich den LL auf den Schoß oder zieht deren Hände heran, um sich streicheln zu lassen.

Im Morgenkreis ist sie inzwischen dazu bereit, angebotene Musikinstrumente zu ergreifen — wenn sie durch mehrmalige Aufforderung dazu ermuntert wird — , sie zu spielen und später an einen Mitschüler weiterzugeben.

Feinziele:

Angela soll lernen,

F1: im Rahmen ihrer Möglichkeiten auf die Mitschüler zu reagieren, z.B. beim Nennen der Namen in die Richtung des betreffenden Kindes zu schauen oder dem genannten Schüler einen Gegenstand zu reichen

F2: Gegenstände entgegenzunehmen und abzugeben

F3: in der Spielecke gemeinsam mit Dorothee das Spielzeug zu teilen und zu spielen

Methodisches Vorgehen / Spezielle Übungen / Medien:

F1 und F2:

Vor allem im Morgenkreis soll durch häufiges Nennen der Namen und durch die gezielte Aufforderung, die betreffenden Schüler anzusehen, vor allem aber über den Körperkontakt (Streicheln, Berühren der Mitschüler, Berührt- und Gestreichelt werden ohne abzuwehren), zunächst ein bewußtes Wahrnehmen und Akzeptieren der anderen Kinder durch Angela erreicht werden.

F3: In der Spielecke hat Angela zunächst die Möglichkeit, Dorothee als Spielpartner neben sich zu dulden, sich Spielzeug selbst zu nehmen und wenn nötig, sich gegen Dorothees Verhalten (Wegnehmen von Spielzeug) ohne Unterstützung durch den L zu wehren. Der L beobachtet die Situation, um dann weitere fördernde Maßnahmen zu konzipieren.

(6) Motorik

Ausgangssituation:

Allgemeine Bewegungsfähigkeit: Angela kann nicht ohne Hilfsmittel laufen. Bei der Überwindung größerer Entfernungen wird sie im Rollstuhl gefahren. Bei der Fortbewegung in den Schulräumen benutzt sie ein Laufgerät, das sie allerdings noch nicht völlig selbständig steuern kann. In der Regel hält sich Angela bei Tätigkeiten, die im Stand ausgeführt werden, mit beiden Händen fest oder verschafft sich durch Anlehnen des Körpers den notwendigen Halt.

Finger-Hand-Geschick: Angela setzt bevorzugt die rechte Hand ein, die linke Hand wird in den meisten Fällen nur nach Aufforderung benutzt. Der Umgang mit Werkzeugen ist noch wenig differenziert (Löffel). Gezieltes Greifen, Stekken und Drücken ist in Ansätzen möglich.

Feinziele:

Angela soll lernen,

F1: sich im Laufgerät sicherer zu bewegen und dieses nach Möglichkeit selbständig zu steuern

F2: bei Handlungsvollzügen, die dies erfordern, beide Hände zu benutzen, sie aber in getrennten Funktionen einzusetzen

F3: sich im Umgang mit dem Löffel zu üben

F4: die Finger-Hand-Motorik im Umgang mit Material zu verfeinern

Methodisches Vorgehen / Spezielle Übungen / Medien:

F1: Das Ziel ist im Rahmen der täglich notwendigen Verrichtungen zu sehen. Angela nimmt den Raumwechsel zur Toilette und zurück im Laufgerät vor. Kleine Aufträge innerhalb des Schulgebäudes werden unter Aufsicht des L mit Hilfe des Laufgerätes ausgeführt (z.B. Milch aus der Lehrküche holen, Geschirr holen und wegtragen). Das ständige Training zielt auf mehr Sicherheit bei der Koordination der Bewegungen ab; die Steuerung des Gerätes wird Schritt für Schritt mitgeübt und kann allmählich durch Angela selbst erfolgen.

F2: muß vom Lehrer in der konkreten Situation durch Handführung angebahnt werden. Die Funktion kann z.B. bei folgenden Handlungen geübt werden: Umgang mit Trommel und Schlegel, Gegeneinanderreiben beider Hände beim Waschen und Abtrocknen der Hände, Fixieren der Tasche auf dem Tisch beim Herausnehmen des Butterbrotes etc.

F3: Vergl. (1) F6. Das Greifen, Füllen mit Speise in der richtigen Menge und das Zum-Mund-Führen des Löffels müssen täglich gezielt geübt werden.

F4: Ausgehend von grobem Material wie z.B. Riesen-Lego-Bausteinen sollen allmählich auch Gegenstände des täglichen Gebrauchs zum Einsatz gebracht werden, um die Fingerfertigkeit im Rahmen sinnvoller Tätigkeiten zu schulen und zu verfeinern. Übungen: Bauen mit Klötzen, Werfen und Rollen von Bällen, Auswickeln von Gegenständen, Öffnen und Schließen von Schachteln, Dosen, Drehverschlüssen, Kofferschnallen etc.

Zusammenfassung der Übungen:

— Aus- und Anziehen von Kleidungsstücken
— Knöpfen

— Zurücklegen von Wegen im Schulgbäude
— Übungen zur Hand-Hand-Koordination
— Übungen zur Finger-Hand-Koordination

Ergänzungen zum Förderprogramm: Angela

(1) Mahlzeiten

Die im Förderprogramm formulierten Ziele wurden von Angela mit nur wenigen Ausnahmen erreicht:

F1: ist fast erreicht, es bedarf nur hin und wieder noch der Aufforderung seitens des L, die Tasche oder Schürze vom Garderobenhaken zu nehmen. Der Vorgang voll weiterhin verfeinert werden bis hin zur selbständigen Durchführung des gesamten Handlungsablaufs.

F2: ist gegeben. Die Sitzhaltung muß hin und wieder noch korrigiert werden.

F3: Der Einsatz beider Hände beim Auspacken des Butterbrotes konnte angebahnt werden.

F4: ist erreicht. In letzter Zeit verweigert Angela jedoch grundsätzlich die Nahrungsaufnahme beim Frühstück.

F5: Die Sitzhaltung muß noch häufig korrigiert werden.

F6: Der Schöpfvorgang wird inzwischen fast selbständig durchgeführt.

F7: wird noch nicht durchgehend beachtet.

Weiteres Vorgehen:

Das unter F3 aufgeführte Ziel erfährt eine Spezifizierung: Angela wird an Taschen und Kleidungsstücken mit Druckknopfverschluß oder Kofferschnallenverschluß das Öffnen und Schließen ihrer neuen Butterbrottasche üben.

Eine Ausweitung der unter F1 — F7 formulierten Ziele ist zum gegenwärtigen Zeitpunkt noch nicht angebracht, da eine Festigungsphase das Erreichte zunächst sichern und verfeinern soll. An die Stelle der immer noch häufig notwendigen verbalen Aufforderungen zum Handlungsvollzug durch den L soll verstärkt das selbständige, einsichtige Tun Angelas treten. Das unter F3 genannte Ziel wird auch in der Einzelförderung berücksichtigt.

(2) Körperhygiene

Die unter F2 und F3 angegebenen Ziele wurden weitgehendst erreicht. Die Ziele F1 und F4 müssen noch intensiv angegangen werden.

F1: Es sind noch keine gesicherten Ergebnisse vorhanden.

F2: ist weitgehend erreicht. Verbale Aufforderungen zum Handeln durch den L sind allerdings auch weiterhin nötig.

F3: ist mit Einschränkungen möglich. Beim Knöpfen, Öffnen und Schließen von Haken und Ösen sowie von Schnallen benötigt Angela nach wie vor Hilfe.

F4: Eine erste Einsicht in die Reihenfolge des Handlungsablaufes ist erkennbar. Das Öffnen des Wasserhahns als erster Schritt und das Abspülen der Hände im Anschluß daran werden bereits selbständig beherrscht.

Weiteres Vorgehen:

Das Öffnen und Schließen der Kleidungsstücke wird in der entsprechenden Situation und in der Einzelförderung weiterhin geübt. Der Waschvorgang muß auch zukünftig in der richtigen Reihenfolge unter Anleitung des L trainiert werden.

(3) Aus- und Ankleiden

Die unter F1 — F4 angegebenen Ziele bleiben auch in Zukunft Gegenstand der Übungen, da hier noch keine wesentlichen Fortschritte erzielt werden konnten. Vorübungen zum Öffnen und Schließen (Knöpfe, Schnallen, Ösen und Haken) sollen den Vollzug am konkreten Gegenstand (Kleidung) erleichtern.

Entsprechende Übungen sind in der Einzelförderung durchzuführen.

(4) Verständigung

Auch hier gelten weiterhin die im Förderprogramm unter F1 und F2 festgestellten Ziele.

Ansatzpunkt zur Erweiterung des passiven Wortschatzen sowie ein situationsgerechtes Reagieren auf festgelegte Gesten und Handlungsvollzüge mimischer, gestischer und motorischer Art bietet vor allem der Morgenkreis mit entsprechend vorgegebenen Handlungsimpulsen, aber auch die Einzelförderung sowie der Gemeinschaftsunterricht.

(5) Sozialkontakt / Beziehungsbildung

Da im oben genannten Bereich noch keine gravierenden Änderungen erkennbar sind, gelten auch hier weiterhin die formulierten Ziele. Das methodische Vorgehen bleibt unverändert.

(6) Motorik

Die unter F1 und F3 angegebenen Ziele sind zum größten Teil erreicht, F2 und F4 müssen weiterhin trainiert werden.
F1: ist weitgehendst erreicht.
F2: muß weiterhin geschult werden.
F3: Das sachgerechte Hantieren mit dem kleinen Löffel (verstärkter Holzgriff) wird von Angela beherrscht. Das Schöpfen der angemessenen Nahrungsmenge muß noch geübt werden.
F4: muß auch in Zukunft noch intensiv geübt werden.

Weiteres Vorgehen:

L gibt Angela beim Schöpfvorgang verbale Anweisungen, um sie bei der richtigen Dosierung der Nahrungsmenge zu unterstützen. Das Öffnen und Schließen von Gläsern und Flaschen mit Schraubverschluß sowie das Hantieren mit Knöpfen, Haken, Ösen, Druck- und Kofferschnallenverschlüssen wird verstärkt unter dem Aspekt der Verfeinerung der Finger-Hand-Koordination geübt.

Förderprogramm: Ayse

Förderprogramm

Für: Ayse

Alter: 8;8

Beschulungsdauer: 6 Monate in der Förderstufe der Sonderschule für Geistigbehinderte; davor ca. 2 Monate in einer Krankenhausschule für Schwerstbehinderte.

Ärztliche Diagnose: „Mucopolysaccharidose, Typ Sanfilippo; erheblicher Cerebralschaden, statomotorische Retardierung. Ayse ist schwerstbehindert im Sinne des Runderlasses des KM vom 12.7.1978".

(1) Mahlzeiten

Ausgangssituation:

Ayse besucht die Schule nur halbtags und nimmt deshalb lediglich am gemeinsamen Frühstück teil, das bisher meist aus Weißbrot mit Belag und Kakao bestand. Ihr Gesamtverhalten während der Essenssituation wirkt passiv und teilnahmslos. Besondere Vorlieben hinsichtlich der Geschmacksrichtung konnten bisher kaum beobachtet werden, da das Frühstück, das Ayse von zu Hause mitbringt, nur wenig variiert. Obststücke (Apfel, Banane) werden von Ayse nur in passierter Form akzeptiert. Bei Sättigung oder wenn sie etwas nicht mag (feste Obstteile), zeigt Ayse Abwehrreaktionen (wendet den Kopf ab, stößt mit der Hand die Nahrung beiseite, spuckt den Bissen wieder aus). Folgende Fertigkeiten werden von Ayse beherrscht: Ayse

— ist in der Lage, das Essen sitzend einzunehmen,
— öffnet den Mund, wenn ihr Brotstücke angeboten werden,
— kaut und schluckt feste Nahrung (Brot, Wurst, Käse) ohne Schwierigkeiten,
— trinkt aus der Tasse, wenn sie ihr an den Mund gehalten wird,
— schluckt Flüssigkeiten ohne Schwierigkeiten, meist sogar in gierigen Schlucken und großen Mengen, ohne abzusetzen,
— zeigt Abwehrreaktionen, wenn sie etwas nicht mag oder satt ist.

Da der eigentliche Essensvorgang (Mund öffnen, Kauen, Schlucken) beherrscht wird, soll angestrebt werden, Ayse aktiver an der gesamten Situation zu beteiligen, d.h. daß folgende Fertigkeiten angebahnt werden müssen:

Feinziele:

Ayse soll lernen,

F1: ein Brotstück zu greifen und festzuhalten
F2: die Hand zum Mund zu führen
F3: das Brotstück in den Mund zu stecken und loszulassen
F4: einen Becher mit beiden Händen zu greifen
F5: den Becher zum Mund zu heben, zu neigen und daraus zu trinken

Im kognitiven Bereich soll Ayse lernen,

F6: Situationen (hier: Frühstück) anhand der vorbereitenden Tätigkeiten gedanklich vorwegzunehmen und einzuordnen
F7: angemessene Abwehrreaktionen zu zeigen (Essen nicht ausspucken,
sondern Teller wegschieben)

Methodisches Vorgehen / Spezielle Übungen / Medien:

F1 bis F7:

Um Ayse die Möglichkeit zu geben, die Frühstückssituation zu erkennen
und einzuordnen, sollten alle vorbereitenden Tätigkeiten (Sets auflegen,
Geschirr verteilen, etc.) so geschehen, daß sie von Ayse, am Frühstückstisch sitzend, beobachtet werden können. Zusätzlich sollte ihr Interesse
durch persönliche Ansprache, Streicheln und Kommentierung der entsprechenden Tätigkeiten („Schau, jetzt packen wir dein Frühstücksbrot
aus") geweckt und gleichzeitig versucht werden, hierdurch ein Beobachten der Aktivitäten anzubahnen.

Da Ayse keinen Gegenstand länger als einige Sekunden in der Hand hält
und nur selten Materialien ihr Interesse so stark erregen, daß sie selbständig danach greift, werden zunächst alle Tätigkeiten mit Handführung
erfolgen müssen, wobei ein Teilziel bereits erreicht ist, wenn Ayse die
Führung ohne Abwehrreaktionen an sich geschehen läßt und ggf. Mithilfe
zeigt. Die Handführung sollte, soweit dies möglich ist, nach und nach
abgebaut werden. Zur Verbesserung des Greifens, Loslassens und Fest-
haltens von Gegenständen, sind in der Einzelförderung entsprechende
Übungen durchzuführen.

Ayse ist nicht untergewichtig. Daher ist es möglich, ihre Abwehrreaktionen
bei Sättigung weitgehend zu akzeptieren. Sie sollte jedoch, im Hinblick
auf die angestrebten Lernziele, täglich einige Stücke ihres Butterbrotes
verzehren. Kommt man ihren Wünschen nach, so sollte dies sprachlich
kommentiert werden („Du bist satt, dann packen wir das Butterbrot wieder
ein"). Da Ayse in der Lage ist, ihr Sättigungsgefühl durch eindeutige Zeichen auszudrücken, ist anzustreben, das Ausspucken von Speisen abzubauen. Durch Verhalten und Stimmlage des L in der entsprechenden
Situation soll Ayse verdeutlicht werden, daß dieses Verhalten uner-

wünscht ist. Der L sollte Ayse dagegen zeigen, daß sie ihren Teller wegschieben kann, wenn sie nicht mehr essen möchte.

Um Ayse ein über das gewöhnliche Frühstück hinausgehendes Geschmacksspektrum zu eröffnen, sollten Ayse gelegentlich andere Nahrungsmittel angeboten werden (Obst, Süßigkeiten, Knabbergebäck, Nüsse, diverse Getränke).

(2) Körperhygiene / An- und Auskleiden

Ausgangssituation:

Ayse trägt eine Windelhose und näßt und kotet mehrmals am Tage ein. Sie muß deshalb in der Schule regelmäßig saubergemacht und gewickelt werden. Dies geschieht im angrenzenden Sanitärraum auf einem Wickeltisch mit Auflage. Die Wickelsituation scheint Ayse nicht unangenehm zu sein, da sie keine Abwehrreaktionen zeigt. Ayse kann frei sitzen und, wenn sie sich festhält, beim Stehen ihr Gewicht tragen. Beim An- und Auskleiden zeigt sie aktive Mithilfe und unterstützt die Bewegungen des L. So zieht sie z.B. den Arm aus dem Pullover, wenn sie dazu angeregt wird oder hebt das Becken, um das Hervorziehen der Windel zu ermöglichen. Bei Körperkontakt, wie Streicheln, Massieren des Oberkörpers oder bei der Reinigung mit dem Waschlappen sind deutliche Reaktionen zu erkennen. Sie öffnet die Augen, verzieht den Mund (Lächeln?) und gibt teilweise Lall- und Grunzlaute von sich.

Feinziele:

Ayse soll lernen,

F1: die Wickel- und Badesituation gedanklich vorwegzunehmen und einzuordnen

F2: auf einem Töpfchen zu sitzen und ihre Bedürfnisse hier zu erledigen

F3: die bereits vorhandenen Fertigkeiten beim An- und Auskleiden zu vertiefen, zu festigen und zu erweitern

F4: durch Körperstimulation Sinnesreize aufzunehmen, zu verarbeiten und darauf zu reagieren

F5: neue Sinnesreize aufzunehmen, zu verarbeiten und darauf zu reagieren

F6: in der Bade- und Wickelsituation Blickkontakt mit dem L aufzunehmen

Methodisches Vorgehen / Spezielle Übungen / Medien:

F1 bis F6:

Um die Vorhaben „Wickeln — Saubermachen — Baden" zu verdeutlichen und Ayse die Möglichkeit zu geben, sie im voraus zu erkennen und einzuordnen, sollte sich die Art der vorangehenden Tätigkeiten gleichen (Streicheln, Ansprache, Gang zum Sanitärraum). Um Ayse aktiv am Vorgang zu beteiligen, sollte sie, soweit sie hierzu bereit ist, selbständig, an den Händen gehalten, den Weg zum Sanitärraum ganz oder teilweise zurücklegen. Da Ayse in der Lage ist, frei zu sitzen, spricht nichts dagegen, sie an das Sitzen auf dem Töpfchen zu gewöhnen. Dies sollte zweckmäßigerweise nach dem Entkleiden geschehen. Über Zufallsprodukte und entsprechende Reaktionen darauf ist es evtl. langfristig möglich, Ayse daran zu gewöhnen, ihre Bedürfnisse auf dem Topf zu erledigen.

Ayses Fertigkeiten beim An- und Auskleiden sollten durch Ansprache und Körperkontakt (Berühren der entsprechenden Körperteile) gefestigt und vertieft werden. Darüber hinaus erscheint eine Ausdifferenzierung dieser Möglichkeiten von Ayses motorischen Fähigkeiten her möglich. Um Ayses Aktivitäten zu fördern und die Selbständigkeit anzuregen, sollte das passive Liegen auf dem Wickeltisch weitgehend vermieden werden, zudem bietet die Situation in der Badewanne umfassendere Möglichkeiten, in einer von Ayse als angenehm empfundenen Atmosphäre, Übungen durchzuführen. Das Rauf- und Runterziehen der Hose sollte im Stehen (mit dem Rücken an den L gelehnt), unter Mithilfe von Ayse geschehen (Handführung). Sofern Ayse nicht eingekotet hat, kann sie auch beim Entfernen der Windel beteiligt werden. Das Ausziehen des Pullovers und Hemdes erfolgen im Sitzen: Der Ärmel wird am Ärmelausgang festgehalten, Ayse zieht den Arm auf Anregung (leichtes Tippen) selbständig heraus (wird teilweise schon beherrscht). Der Pullover wird über den halben Kopf gezogen, Ayse zieht ihn ganz ab (Handführung). Pulloveranziehen: siehe oben (umgekehrte Reihenfolge). Der Ärmel wird am Ärmeleingang festgehalten (Handführung bis zum Ärmeleingang). Da Ayse auf Körperkontakt meist nicht mit Abwehrreaktionen antwortet, soll sie u.a. auch in der Wickel- und Badesituation über den Tastsinn mit bekannten und neuen Umweltreizen konfrontiert werden (Streicheln, Berühren und Massieren mit verschiedenen Materialien und Gegenständen, Massieren und Kitzeln mit den Händen an verschiedenen Körperstellen etc.). Reaktionen von Ayse sollen durch Wiederholung des entsprechenden Reizes und/oder Ansprache, ggf. Wiederholung ihrer stimmlichen Äußerung verstärkt werden. Diese Stimulation kann sowohl liegend oder sitzend auf dem Wickeltisch, in der Badewanne oder auch, wenn Ayse auf dem Töpfchen sitzt, erfolgen. Anzustreben ist, daß Ayse in den betreffenden Situationen (evtl. durch das Drehen des Kopfes in die entsprechende Richtung oder Berührung am Kinn angeregt) zumindest für eine kurze Zeit Blickkontakt zum L aufnimmt. In der Badewanne kann zudem ein Materialangebot gemacht werden, das Ayse zum optischen und akustischen Fixieren, sowie zum Ergreifen und oralen Erkunden anregt.

(3) Wahrnehmung

Ausgangssituation:

Ayse kann sehen, für kurze Zeit Blickkontakt aufnehmen, Gegenstände fixieren, danach greifen, hören und Berührungen wahrnehmen. Dies zeigt sich in verschiedenen Unterrichtssituationen: z.B. greift Ayse beim Frühstück nach der Milchtasse; beim Baden zieht sie sich zurück, wenn sie ein kühler Wasserstrahl trifft; sie hält ihre Ohren zu, wenn zu laute Geräusche sie stören. Im allgemeinen ist Ayses Verhalten jedoch durch Passivität oder Abwehrhaltungen gekennzeichnet. Häufig versucht sie sich durch stereotype Bewegungen, lautes Schreien und Hyperventilieren von ihrer Umgebung abzuschirmen.

Daraus ergibt sich, daß die folgenden Ziele nicht vorwiegend die Anbahnung motorischer Fertigkeiten, sondern die Überwindung psychischer Blockaden anstreben. Hauptziele sind also:

— Ayses Interesse zu wecken, um Passivität zu überwinden und
— Angst zu nehmen, um Abwehrreaktionen und Stereotypien abzubauen.

Visueller Bereich:

Feinziele:

Ayse soll lernen,

F1: optische Reize wahrzunehmen und darauf zu reagieren, d.h.
  — Lichtquellen wahrnehmen, fixieren, suchen
  — bewegte Lichtquellen mit den Augen verfolgen
F2: — einen Gegenstand fixieren, suchen, ihm mit den Augen nachfolgen, danach greifen

Methodisches Vorgehen / Spezielle Übungen / Medien:

F1: Alle Übungen finden im verdunkelten Raum statt. Die Medien Kerze und Wunderkerze sind Ayse aus vorangegangenen Aktivitäten bekannt, deshalb sollten sie zunächst eingesetzt werden. Übungsbeispiele:
  — Wunderkerze im Blickbereich abbrennen lassen
  — Wunderkerze hin- und herbewegen
  — Lichtquelle allmählich weiter von Ayse entfernen
  — Kerze im Blickfeld anzünden
  — durch leichtes Blasen die Flamme bewegen (flackern lassen)
  — Kerze ausblasen, an einem anderen Standort wieder anzünden
  — Kerze hin- und herbewegen, sie allmählich so weit aus dem Blickfeld entfernen, daß Ayse den Kopf seitlich wenden muß
  — Lichtschein von Taschenlampe oder Diaprojektor an die Wand werfen
  — Taschenlampe an- und ausknipsen
  — Lichtschein nacheinander an unterschiedliche Stellen der Wand werfen, zunehmend so, daß sich der Lichtschein aus dem unmittelbaren Blickfeld entfernt und Ayse den Kopf drehen muß (evtl. mit Führung des L)
  — Lichtschein an der Wand hin- und herbewegen
  — mit dem Lichtkegel Figuren malen

- Licht an eine andere Stelle des Raumes werfen (z.B. Fußboden), dort bewegen
- Körperteile von Ayse anleuchten (jedoch nicht ins Gesicht)

F2: Das entsprechende Spielzeug bzw. der Gegenstand sollte über einen längeren Zeitraum hinweg nicht wechseln. Es sollte sich um Objekte handeln, die Ayse in den Mund nehmen kann und die beim Bewegen keine Geräusche produzieren. Übungsvarianten (hierarchisch):

- im verdunkelten Raum ein Spielzeug anleuchten
- Lichtquelle an- und ausschalten
- Standort des Spielzeugs verändern
- angeleuchtetes Objekt in der Nähe von Ayse hin- und herbewegen
- anregen, daß Ayse nach dem angeleuchteten Spielzeug greift (evtl. mit Handführung)
- Spielzeug im hellen Raum anbieten
- hin- und herbewegen
- anregen, daß Ayse danach greift (Handführung, Körper und Gesicht mit dem Spielzeug berühren)
- anregen, den Gegenstand oral zu erkunden

Das Spielzeug sollte sich auch außerhalb der konkreten Fördersituation in der Griffnähe von Ayse befinden, so z.B. indem es an der Kleidung Ayses befestigt wird oder an einem Band von der Decke herabhängt, so daß Ayse danach greifen kann. Ferner sollte darauf geachtet werden, daß Ayse so gelagert wird, daß sich ihr auch andere visuelle Reize bieten, z.B. daß sie von ihrem Platz aus die anderen Kinder, ein Mobile o.ä. beobachten kann.

Auditiver Bereich:

Feinziele:

Ayse soll lernen,

F1: Umweltgeräusche wahrzunehmen, zu unterscheiden und einzuordnen
F2: menschliche Stimmen wahrzunehmen, zu unterscheiden, als angenehm/ unangenehm zu empfinden und darauf zu reagieren
F3: Töne, Klänge und Geräusche wahrzunehmen, zu unterscheiden, als angenehm/unangenehm zu empfinden, selbst zu erzeugen

Methodisches Vorgehen / Spezielle Übungen / Medien:

F1: Im allgemeinen Tagesablauf sollte Ayse alle Aktivitäten, die sie unmittelbar betreffen, mit den vorbereitenden Geräuschen erleben, z.B.:

- Toilettengang: Töpfchen geräuschvoll in die richtige Stellung schieben
- Hände waschen: Wasser eine zeitlang laufen lassen
- Baden: Badewasser einlaufen lassen oder vor dem Hineinsetzen Ay-

ses in die Wanne mit dem Wasser plantschen
— Frühstück: Glas, Teller hörbar auf den Tisch stellen . . .

F2: Alle o.g. Aktivitäten sollten mit kurzen verbalen Kommentaren begleitet werden. Auf Ayses Verhalten sollten verbale Reaktionen erfolgen, aus denen sie durch Stimmlage, Lautstärke usw. Rückschlüsse auf ihr Verhalten ziehen kann (loben, wenn etwas im Töpfchen ist; schimpfen, wenn Ayse das Essen ausspuckt; zärtlich sprechen, wenn Ayse sich beim Schmusen aktiv anschmiegt etc.). Fördermaßnahmen in anderen Bereichen (z.B. Badesituation) können, falls sich dies anbietet, mit einem vorgesungenen oder gesummten Lied eingeleitet oder begleitet werden.

F3: In einer sonst reizarmen Umgebung wird ein leise klingender Ton auf einem Instrument angeschlagen. Der Ton sollte ausklingen, bevor er erneut, evtl. von einem anderen Standort aus, angeschlagen wird. Das Instrument sollte über einen längeren Zeitraum hinweg das gleiche bleiben und erst wechseln, wenn Ayse überwiegend positive Reaktionen zeigt (hinschauen, danach greifen . . .). In dieser Art werden nacheinander 2 — 3 Instrumente eingesetzt, die, wenn Ayse positive Reaktionen zeigt, auch zusammen in einer Fördereinheit benutzt werden können. Ayse sollte immer die Gewähr haben, daß in der Fördereinheit nichts Unvorhergesehenes geschieht (unangenehm lautes Anschlagen des Instruments o.ä.), auch dann, wenn sie zunächst keine sichtbaren Reaktionen zeigt. Die Anzahl der akustischen Reize werden allmählich gesteigert, bis hin zur vorgespielten Melodie, die Entspannung und Wohlbefinden hervorrufen soll. Erst wenn Ayse positive Reaktionen auf die Klänge zeigt, soll sie dazu ermuntert werden, selbst Klänge auf dem entsprechenden Instrument zu erzeugen. Dies wird zunächst mit Handführung geschehen, wobei darauf zu achten ist, daß die von Ayse angeschlagenen Töne nicht zu laut und zu vielfältig sind. Außerhalb der entsprechenden Fördersituation können Ayse zeitweilig rasselnde oder klingende Gegenstände angeboten werden. Dies sollte jedoch nur geschehen, wenn die äußere Atmosphäre gewährleistet, daß Ayse die von ihr erzeugten Geräusche wahrnehmen und auf die eigenen Aktivitäten zurückführen kann (also nicht, wenn vielerlei andere Geräusche im Raum nicht zu vermeiden sind).

Zusatzbemerkungen:

Innerhalb des vorliegenden Förderprogramms sind die Bereiche Motorik und Sozialkontak/Beziehungsbildung nicht als eigenständige Schwerpunkte ausgewiesen.

Ayse verbringt große Teile des Schultages schlafend in einer ruhigen Ecke, da sie häufig unter schweren Anfällen leidet, die sie völlig erschöpfen. Sie kann daher nur kurze Phasen mit Übungen belastet werden. Die Förderung bleibt aus diesem Grund zunächst schwerpunktmäßig auf die genannten Bereiche

114

beschränkt, die logischerweise auch viele Förderelemente hinsichtlich der Motorik und des Sozialkontaktes enthalten. Im Bereich der Motorik liegt der Hauptakzent der Förderung derzeit auf einer Verbesserung der Körperkontrolle beim Sitzen, Stehen und Gehen (L führt Ayse an beiden Händen, indem er hinter ihr steht und ihren Stand und die Gewichtsverlagerungen beim Gehen stabilisiert). Im Bereich der Beziehungsbildung wird v.a. Wert auf den Aufbau einer engen Beziehung zwischen Hauptbetreuer und Ayse gelegt, da Ayse derzeit noch überfordert ist, mehrere intensive Beziehungen einzugehen.

Förderprogramm: Dorothee

Förderprogramm

Für: Dorothee

Alter: 12;5

Beschulungsdauer: 6 Monate in der Förderstufe an der Sonderschule für Geistigbehinderte, davor 5 Jahre in Schwerstbehindertengruppen der Sonderschule für Körperbehinderte

Ärztliche Diagnose: „Cerebrales Anfallsleiden mit Hemiparese rechts, geistige Behinderung, strabismus convergens, Skoliose, Dauermedikation. Dorothee gilt als Schwerstbehinderte nach Ziffer 2.1. und 2.2. des Runderlasses des KM vom 12.7.1978".

(1) Mahlzeiten

Ausgangssituation:

Frühstück: Dorothee bekommt von zu Hause ein kleines Butterbrot mit, das sie selbständig aus ihrer Tasche auspacken, auswickeln und im ganzen Stück, Bissen für Bissen zu sich nehmen kann. Gelegentlich behält sie den letzten zerkauten Bissen demonstrativ im geöffneten Mund und versucht, ihn schließlich auszuspucken. Aus der vom L geöffneten Kakaotüte kann sich Dorothee in die Tasse eingießen, wobei sie diese gerne randvoll macht und auch dann noch gelegentlich weitergießt.

Mittagessen: Dorothee ißt entsprechende Speisen mit der Gabel vom flachen Teller. Sie kann sich selbständig aus der Schüssel einschöpfen, wobei sie gerne viel Soße nimmt und die Portionen noch nicht richtig einschätzen kann. Fleisch kann Dorothee noch nicht selbständig kleinschneiden.

Medizin: Dorothee macht bei der Medizineinnahme, die mittags erfolgen muß, große Schwierigkeiten. Sie weigert sich, die Medizin zu trinken und läßt sie wieder herauslaufen.

Tischdecken: Dorothee kennt Geschirr und Besteck und kann gestisch unterstützten Anweisungen nachkommen.

Feinziele:

Dorothee soll lernen,

F1: zunächst in Begleitung des L Milch und Kakao für die Gruppe zu holen
F2: den Frühstückstisch zu decken: Sets auflegen, Teller, Untertassen und Tassen austeilen
F3: bei Sättigung den Brotrest liegenzulassen und wieder einzupacken bzw. bereits Zerkautes hinunterzuschlucken
F4: die Tasse jeweils nur zu 2/3 füllen und bei Bedarf nachzuschenken
F5: den Mittagstisch zu decken: Sets auflegen, Teller und Besteck austeilen
F6: Portionen abzuschätzen und bei Bedarf nachzuschöpfen
F7: unter Mithilfe des L Kartoffeln zu zerdrücken und Fleisch in kleine Stücke zu schneiden
F8: die Medizin als selbstverständliche Notwendigkeit zu sich zu nehmen
F9: den eigenen Eßplatz abzuräumen

Methodisches Vorgehen / Spezielle Übungen / Medien:

F1: Dorothee holt die vorher vom L in der Küche bereitgestellten Getränke in einem „Milcheimer", den sie vom feststehenden Platz nimmt. L beschränkt sich auf das Beobachten der Aktionen, greift nur selten verbal ein.
F2: Dorothee holt die Sets und teilt rundum aus. Die von Muhammer gebrachten Geschirrteile stehen auf dem Tisch. Dorothee ordnet den Eßplätzen rundum die Teile nacheinander zu (Teller, dann Untertassen, dann Tassen). Sie soll dazu hingeführt werden, fehlende Teile zu erkennen und zu ergänzen bzw. überflüssige Teile wegzunehmen.
F3: Dorothee muß vom L auf die Konsequenzen ihres Verhaltens aufmerksam gemacht werden, wobei ihr Vorschläge genannt werden müssen, wie das Problem gelöst werden kann. Z.B.: „Wenn du keinen Hunger mehr hast, laß den Rest liegen" o.ä. Bei Demonstrationen v.S. Dorothees sollte sie der Aufmerksamkeit entzogen und in den Nebenraum geschickt werden, bis sie den Mund leergegessen hat.
F4: L beobachtet den Gießvorgang und gibt sprachliche Anweisung, wenn Dorothee aufhören soll zu gießen.
F5: siehe F2.
F6: siehe F4.
F7: Dorothee soll zuerst das Fleisch nehmen und kleinschneiden, damit sie genügend Platz auf dem Teller hat. L führt die Hände. Außerhalb der Essenssituation muß die kombinierte Druck-Säge-Bewegung mit dem Messer geübt werden (z.B. Banane, Apfel kleinschneiden etc.). Das Zerdrücken der Kartoffeln mit der Gabel wird zunächst angeleitet (Handführung), dann von Dorothee selbständig nachvollzogen. Erst nach diesen Handlungen können Gemüse und Soße geschöpft werden.
F8: Strengste Konsequenz des L! Dorothee muß zuerst ihre Medizin anstandslos geschluckt haben, bevor sie sich aufschöpfen darf. Falls nötig,

ist das Mittagessen zu verschieben und ein erneuter Versuch zu unternehmen, Dorothee zum freiwilligen Schlucken der Medizin zu bewegen. Da Dorothee gerne ißt, kann damit gerechnet werden, daß Dorothee bei der Aussicht, auf das Mittagessen warten zu müssen, die Medizin mit der Zeit schneller und ohne Widerstand einnimmt. Läßt Dorothee die Medizin wieder herauslaufen, so muß sie nochmals verabreicht werden.

F9: Dorothee soll Teller und Besteck auf den Essenswagen stellen.

(2) Körperhygiene

Ausgangssituation:

Toilette: Dorothee ist in aller Regel sauber und gibt bei Nachfrage zuverlässig Antwort, ob sie zur Toilette muß. Sie meldet sich jedoch noch nicht immer von sich aus und muß an den Toilettengang erinnert werden. Derzeit benutzt Dorothee den Toilettengang häufig dazu, um Zuwendung und Aufmerksamkeit der LL zu erreichen. Sie öffnet ständig die Tür der Toilettenkabine, läuft mit heruntergezogener Hose herum, rollt lange Streifen Toilettenpapier ab, ohne es zu benutzen, spült langanhaltend und will sich nicht mehr anziehen.

Waschen: Dorothee kennt die einzelnen Tätigkeiten beim Händewaschen und kann sie motorisch korrekt ausführen. Sie hält jedoch weder die richtige Reihenfolge ein, noch trennt sie sich gerne von einmal begonnenen Handlungen wie z.B. Seife holen. Statt einen geordneten Handlungsablauf zu vollziehen, benutzt Dorothee die Tätigkeit gerne zum Spielen. Sie dreht, da Linkshänder, den Warmwasserhahn auf, statt das kalte Wasser zu benutzen (Gefahr des Verbrühens). Dorothee kann sich mit einem trockenen Tuch den Mund abwischen, erzielt dabei aber noch nicht die gewünschte Sauberkeit.

Feinziele:

Dorothee soll lernen,

F1: ihr Bedürfnis zu artikulieren und weitgehend selbständig auszuführen: allein zur Toilette gehen, sich in der Kabine entkleiden, sich anschließend abwischen, anziehen und hinunterspülen, dabei die Türe geschlossen halten

F2: den Ablauf des Händewaschens korrekt auszuführen und den Kaltwasserhahn zu benutzen

F3: bei Bedarf den Mund mit einem nassen Tuch abzuwischen und im Spiegel zu kontrollieren

Methodisches Vorgehen / Spezielle Übungen / Medien:

F1: Dorothee soll getrennt von den anderen Schülern zur Toilette gehen, um sich daran zu gewöhnen, den Toilettengang allein bewältigen zu können.

Außerdem erhält sie dadurch auch keine Gelegenheit, die Aufmerksamkeit der LL in so starkem Maße auf sich zu ziehen. Ein zurückhaltendes Begleiten durch den L soll langfristig immer stärker abgebaut werden. Auf der Toilette sollen keine Papierrollen, jedoch 2 — 3 Papierhandtücher bereitliegen, mit denen sich Dorothee abwischen kann (Vorgang muß zunächst angeleitet werden). Anfangs ist es evtl. notwendig, die Tür von außen abzuschließen, um Dorothee das demonstrative Türschlagen abzugewöhnen. Notwendige Hilfen durch den L (Öffnen der seitlichen Hosenknöpfe o.ä.) sollen noch im Klassenraum ausgeführt werden, damit Dorothee den Weg zur Toilette alleine zurücklegen kann. Erst später kommt der L dazu, um Dorothee beim Abwischen und Ankleiden behilflich zu sein. Auf Nachfragen sollte, wenn möglich, verzichtet werden, um Dorothee zur Artikulation bzw. selbständigen Ausführung von sich aus anzuregen.

F2: Der L muß den Vorgang begleiten und auf die korrekte Ausführung achten, d.h. Perseverationen unterbrechen und die neue Handlung anregen.Vorgang: Öffnen des Kaltwasserhahns, Abspülen der Hände, einmaliges Holen der Seife aus dem Spender, Händereiben innen/außen, Händeabspülen, Wasser abdrehen, Trocknen der Hände innen/außen, Wegwerfen des Handtuchs in den Papierkorb.

F3: Prinzipiell wie F2. Zusätzliche Übungen zur Bewegungskontrolle im Spiegel: Gesicht eincremen, Antippen von Augen, Nase, Mund (als Lied oder Spiel gestalten), Farbtupfer abwischen etc.

(3) An- und Auskleiden

Ausgangssituation:

Dorothee kann sich Jacke, Pullover, Hose, Strumpf- und Unterhose selbständig an und ausziehen, benötigt jedoch recht lange zu diesen Tätigkeiten. Schwierigkeiten bereiten ihr das Auskrempeln, die Seitenunterscheidung (vorn/ hinten und innen/außen) sowie das Anziehen der Strümpfe. Dorothee streift Träger ab, öffnet und schließt eingehakte Reißverschlüsse. Haken und Knöpfe beherrscht sie nicht. Einfache Schnallen kann sie öffnen und schließen, Schleifen aufziehen. Beim Schuheanziehen benötigt sie Hilfe.

Feinziele:

Dorothee soll lernen,

F1: Kleidungsstücke auszukrempeln und nach Seiten zu unterscheiden
F2: ihre Strümpfe anzuziehen
F3: ihre Fertigkeiten im Umgang mit Haken, Knöpfen und Schnallen zu verbessern
F4: ihre Schuhe selbständig anzuziehen

Methodisches Vorgehen / Spezielle Übungen / Medien:

F1 bis F4:

sollen v.a. im Zusammenhang mit den täglich anfallenden Notwendigkeiten geübt werden: Auskleiden vor Unterrichtsbeginn, Ankleiden zum Aufenthalt im Freien, Umkleiden für den Gymnastik- und Schwimmunterricht etc. Andererseits soll der Umgang mit Verschlüssen zusätzlich in der Einzelförderung geübt werden. Dabei soll die Tätigkeit aber Sinn ergeben. Beispiel: Ein Spielzeug ist in einer Tasche mit Schnallenverschluß versteckt; die Turnsachen sind in einem Beutel mit Knopfverschluß; die Seiten eines Bilderbuches werden durch eine Schleife zusammengehalten. Beim Anziehen der Schuhe soll Dorothee einen Schuhlöffel benutzen. Dorothee kann nicht nur ihre eigenen Sachen auskrempeln, sondern darf auch den anderen Schülern helfen.

(4) Verständigung / Begriffsbildung

Ausgangssituation:

Dorothee verfügt über ein umfassendes passives Sprachverständnis für Gegenstände, Situationen, Zusammenhänge und Anweisungen. Sie drückt sich vorwiegend in Ein-Wort-Sätzen aus, benutzt gelegentlich aber auch mehrere Wörter, um sich auszudrücken. Neue Wörter bildet sie gelegentlich nach mehrmaligem Vorsprechen nach.

Dorothee erkennt Fotos und Abbildungen mit großer Realitätsentsprechung. Sie unterscheidet Farben und einige Grundformen. Das Mädchen lernt durch Beobachtung am Modell und versucht, Handlungen adäquat nachzuvollziehen.

Feinziele:

Dorothee soll lernen,

F1: ihren Wortschatz auszudehnen und vermehrt in Zwei-Wort-Sätzen zu sprechen
F2: Fotos und Abbildungen zu benennen und reale Objekte dem Bild zuzuordnen
F3: Klassifikationen nach Gegenstandsmerkmalen auszuführen
F4: beobachtete Modellhandlungen nachzuvollziehen

Methodisches Vorgehen / Spezielle Übungen / Medien:

F1: Dorothee soll zum Sprechen und Antworten angeregt werden. Sie soll erfahren, daß die Sprache Mittel zur Bedürfnisbefriedigung ist. Deshalb sollen die LL erst kurze Zeit auf sprachliche Äußerungen Dorothees warten, bevor sie auf das Mädchen eingehen. Andererseits sollen die LL Dorothee Satzschablonen vorgeben, die sie nachsprechen kann.
F2: Auspacken von realen Gegenständen aus Verpackungen, die den Gegenstand abbilden. Einsatz von Bildkarten bei hauswirtschaftlichen Tätigkei-

ten (Lebensmittel, Geräte). Betrachten von Abbildungen in Zeitschriften und einfachen Bilderbüchern. Herstellen eines eigenen Bilderbuches.

F3: Sortierübungen: Spielzeug ordnen (beim Aufräumen), Obst sortieren, Besteck in den Kasten sortieren, Wäsche sortieren etc., jedoch stets im Zusammenhang mit sinnvollen Tätigkeiten, also Aufräumen der Spielecke nach dem freien Spiel, Sortieren von Obst vor dem hauswirtschaftlichen Umgang mit ihm, Einräumen des Bestecks nach dem Spülen und Abtrocknen, Sortieren der Wäsche vor dem Einräumen in den Schrank.

F4: Gestische, mimische und motorische Handlungen z.B. im Zusammenhang von Kreisspielen und Handlungsliedern, zuerst mit Unterstützung des L, dann ohne ihn, nachvollziehen.

(5) Sozialkontakt / Beziehungsbildung

Ausgangssituation:

Dorothee ist Kontakten gegenüber Erwachsenen und Kindern aufgeschlossen, jedoch keinesfalls distanzlos. Sie zeigt nur selten unfreundliche Verhaltensweisen, etwa, wenn ihr ein Spielgegenstand weggenommen wird oder wenn sie etwas von einem anderen Kind unbedingt haben möchte. Gegen Aggressionen anderer Kinder (Muhammer) setzt sie sich nicht zur Wehr, sondern weint und jammert. Gelegentlich konnte schon beobachtet werden, daß sie Ayse heimlich traktierte (schlägt ihr mit der Hand auf den Kopf, während Ayse schläft), jedoch wohl eher mit der Absicht, eine Reaktion von Ayse zu erzielen (Geräusch) und nicht, um ihr weh zu tun. Dabei weiß sie genau, daß dieses Verhalten von den LL nicht gerne gesehen wird. Schimpfen LL mit einem anderen Kind, so mischt sich Dorothee gerne ein (schimpft mit: „dududu!"). Dorothee zeigt Ansätze zum Rollenspiel. Sie führt z.B. lange „Selbstgespräche", in denen sie Tonfall und Bewegungen der Erwachsenen nachahmt.

Dorothee trennt sich ungern von Dingen, mit denen sie sich gerade beschäftigt, auch, wenn es das Spiel erfordert (z.B. im Morgenkreis). Sie zeigt ein ausgesprochen perseverierendes Verhalten und kann sich teilweise nur mit Hilfe von Berührungen durch den L zur Beendigung einer Handlung und zur Aufnahme einer neuen Tätigkeit entschließen. Es ist nicht sicher, ob Dorothee an psychomotorischen Anfällen leidet. Mit Sicherheit hat sie jedoch häufig Absencen von ca. 20 — 30 Sekunden Länge.

Um Aufmerksamkeit zu erregen, gestaltet sie Situationen oft zu Demonstrationen aus (Jacke ausziehen und hinwerfen; Toilettentür schlagen; Zerkautes im geöffneten Mund behalten; klagend mit heruntergezogener Hose herumlaufen; Tasche wegwerfen etc.).

Feinziele:

Dorothee soll lernen,

F1: das Eigentum anderer zu respektieren und sich Spielzwecken, die das Abgeben von Gegenständen erfordern, unterzuordnen

F2: das perseverierende Verhalten auf sprachliche Anweisung hin zu unterbrechen und neue Tätigkeiten aufzunehmen
F3: daß die Aufmerksamkeit erheischenden Verhaltensweisen keine positiven Konsequenzen haben und neue Aktionsformen zur Verwirklichung des Bedürfnisses nach Zuwendung entwickeln

Methodisches Vorgehen / Spezielle Übungen / Medien:

F1: Dorothee soll im Zuge einer Gewohnheitsbildung zu diesem Ziel hingeführt werden. Die LL gestatten nicht, daß Dorothee anderen Schülern Dinge entreißt, achten aber auch darauf, daß Dorothee ihr Spielzeug für sich behalten kann. Die LL erklären Dorothee Spiele und führen sie mit ihr durch, die das Abgeben von Gegenständen erfordern (v.a. im Rahmen des Morgenkreises).
F2: Langsamer Abbau der unterstützenden Körperkontakte bei gleichzeitigem Einsatz von sprachlichen Anweisungen.
F3: Konsequentes Erziehungsverhalten: Beispiel: „Wenn du deine Jacke ausziehst, mußt du zurück ins Klassenzimmer; hier draußen ist es ohne Jacke zu kalt." Die entsprechenden Konsequenzen müssen durchgehend eingehalten werden. Auf der anderen Seite sollte Dorothee dadurch entgegengekommen werden, daß man sich häufig und intensiv mit ihr beschäftigt und auf den positiv vorgebrachten Wunsch nach Kontakt eingeht.

(6) Motorik

Ausgangssituation:

Allgemeine Bewegungsfähigkeit: Dorothee kann alleine laufen. Sie bewältigt Strecken bis ca. 500 m, was sie jedoch erheblich anstrengt und ermüdet. Dorothee hat Schwierigkeiten, sich um die eigene Achse zu drehen. Sie zeigt stark verlangsamte Stütz- und Gleichgewichtsreaktionen. Mit Schwimmhilfe kann sie sich frei im Wasser bewegen.

Finger-Hand-Geschick: Dorothee benutzt bevorzugt die linke Hand, setzt jedoch auch die rechte zum Halten und Greifen ein. Der Umgang mit Werkzeugen (Messer, Schere) ist undifferenziert. Gezieltes Greifen, Stecken und Drücken sind möglich, je nach Material aber differenzierungsbedürftig.

Feinziele:

Dorothee soll lernen,

F1: ihre Gehfähigkeit zu verbessern
F2: ihre Körperkoordination zu verfeinern
F3: Schwimmvorübungen aktiv mitzugestalten
F4: beide Hände in getrennten Funktionen einzusetzen
F5: sich im Umgang mit den genannten Werkzeugen zu üben

F6: die Finger-Hand-Motorik im Umgang mit verschiedenartigem Material zu verfeinern

Methodisches Vorgehen / Spezielle Übungen / Medien:

F1: Das Ziel ist im Zusammenhang mit den täglichen Verrichtungen zu sehen. Dorothee soll sich im Schulgebäude bewegen, wozu ihr ihre „Pflichten" Gelegenheit geben (Milchholen, Essenwagen wegbringen etc.). Sie ist hier nicht auf einen Rollstuhl angewiesen. Auch Spaziergänge in die nähere Umgebung soll sie zu Fuß bewältigen. Bei Bedarf müssen Ruhepausen eingelegt werden. Statt im Rollstuhl zu sitzen, soll sie lernen, wie man den Rollstuhl (eines anderen Kindes) richtig schiebt.

F2 und F3:
sind im Gymnastik- und Schwimmunterricht entsprechend zu berücksichtigen.

F4: Muß vom L in entsprechenden Situationen durch Handführung angebahnt werden. Beispiel: Halten der Schüssel beim Aufschöpfen der Speise; Umgang mit entsprechenden Musikinstrumenten (Trommel/Schlegel; Becken/ Schlegel; Xylophon/2 Schlegel; Triangel/Metallstab).

F5: siehe F7 bei (1) betreffs Umgang mit dem Messer.
Der Umgang mit der Schere ist programmartig aufzubauen. Zunächst sind relevant: das Halten der Schere sowie das Öffnen und Schließen der Scherenmesser. Die Übungen müssen in kleine sinnvolle Aufgaben gekleidet werden oder musisch-rhythmisch unterstützt sein. Falls das Fassen der Schere zu schwierig ist, muß zunächst mit anderen Gegenständen dieselbe Funktion geübt werden. Beispiel: Öffnen von Wäscheklammern, Fassen von Gegenständen mit Grill-, Kohlen- oder Zuckerzange.

F6: Gestaltungsaufgaben aus dem Bereich des Bildnerischen Gestaltens/Werkens müssen unter dem Blickwinkel der motorischen Förderung aufbereitet werden. Beispiel: Knüllen und Reißen von Papier, Kneten und Zerpflücken von Ton, Knet, Plastilin; Herstellen und Formen von Gips; Eindrücken von Naturmaterialien in Gips, Ton, Knet, Salzteig. Malen mit Fingerfarbe und dicken Filz- oder Wachsmalstiften etc.
Gegenstände des täglichen Gebrauchs sollen eingesetzt werden, um die Fingerfertigkeit zu verbessern. Beispiel: Kaffeedosen vom Deckel befreien, Deckel aufsetzen und schließen; mit Drehverschlüssen an Dosen, Flaschen umgehen; Schachteln öffnen; Gegenstände auswickeln; Bänder aufknoten; Klebestreifen abreißen etc.

Zusammenfassung der Übungen:

— Zuordnungsübungen: Bild — Gegenstand
— Schneideübungen mit dem Messer
— Schneideübungen mit der Schere bzw. Vorübungen zum Fassen, Öffnen und Schließen
— Bewegungskontrolle im Spiegel (Hand/Gesicht)

- Öffnen und Schließen verschiedener Verschlüsse an Kleidern (Haken, Knopf, Schnalle) und Gegenständen (Deckel, Schraubverschluß, Band)
- Auskrempeln von Kleidungsstücken
- Bildbetrachtungen
- Sortierübungen im Rahmen sinnvoller Tätigkeiten
- Nachahmung am Modell
- Wege im Schulgebäude zurücklegen (Orientierung/Gehtraining)
- Übungen zur Hand- Hand-Koordination
- Übungen zur Hand-Finger-Koordination

Ergänzungen zum Förderprogramm: Dorothee

1I) Mahlzeiten

Dorothee hat die formulierten Ziele fast alle zufriedenstellend erreicht. Im Einzelnen:

F1: Dorothee holt allein die vom L in der Küche bereitgestellten Getränke. Nur selten läßt sie sich auf ihrem Weg so stark ablenken, daß ihr der L nachgehen und sie an das Vorhaben erinnern muß.

F2: muß nur noch verbal und z.T. gestisch angeleitet werden.

F3: ist vollständig erreicht. Einschränkung: Neue Lehrkräfte oder Krankheitsvertretungen akzeptiert Dorothee nicht voll und erprobt das alte Verhalten.

F4: gelingt nur, wenn Dorothee verbal erinnert wird.

F5: Aus organisatorischen Gründen deckt Dorothee nur den eigenen Platz, dies gelingt ihr wie F2.

F6: gelingt fast immer zufriedenstellend.

F7: Je nach Fleischsorte ist mehr bzw. weniger Hilfe von L-Seite notwendig. Links führt Dorothee noch etwas grobgesteuerte, jedoch zielgerichtete Bewegungen mit dem Messer aus. Die Druckbewegung gelingt, die Sägebewegung wird teilweise richtig ausgeführt, jedoch noch nicht ausreichend lange. Kartoffeln zerteilt und zerdrückt Dorothee selbständig mit der Gabel.

F8: gelingt fast immer gut, jedoch nur bei vertrauten L.

F9: gelingt gut.

Weiteres Vorgehen:

Für eine Erweiterung der unter F1 bis F9 genannten Ziele ist es noch zu früh, da die erworbenen Fertigkeiten erst ausreichend gefestigt werden müssen. Prinzipiell gilt eine fortschreitende Zurücknahme erzieherischer Einwirkungen (längere Wartepausen, seltenere sprachliche und gestische Anweisungen). Zur Weiterentwicklung der Fertigkeiten im Umgang mit dem Messer ist diesem Bereich besonderes Augenmerk und ausreichend Zeit zu widmen. Dorothee soll nicht nur ihr eigenes Fleisch, sondern ab und zu auch das eines Mitschülers kleinschneiden. Das Schneiden wird mit einem großen Streichmesser (wegen der Verletzungsgefahr) mit dickem Holzgriff geübt. Zusätzliche Übungen im Bereich der Einzelförderung sind nach wie vor notwendig .

(2) Körperhygiene

Dorothee hat die Ziele F1 und F3 nahezu erreicht. Ziel F2 nur in geringen Ansätzen.

F1: Dorothee gibt zuverlässig über ihr Bedürfnis Auskunft und hat begonnen, selbständig auf die Toilette zu gehen. Die Verhaltensauffälligkeiten haben fast völlig aufgehört oder sind durch wenige Worte des L in sinnvolles Verhalten zu verwandeln.
F2: Es gelten die bisherigen Ausführungen.
F3: Dorothee putzt sich den Mund gründlich mit dem nassen Waschlappen ab und hängt ihn an einen Haken. Sie benutzt den Spiegel.

Weiteres Vorgehen:

Der L achtet durch die zurückhaltende Begleitung der genannten Tätigkeit darauf, daß sich Dorothee eine zunehmende Sicherheit in der korrekten Ausführung erwirbt. Als zusätzliches Ziel soll mit Dorothee der Umgang mit der Haarbürste geübt werden (Führen der Hand und Anregen zum aktiven Nachvollzug der Bewegungen).

(3) An- und Auskleiden

Keine gravierenden Änderungen der Ausgangssituation, es gelten die bisherigen Ausführungen.

Weiteres Vorgehen:

In nächster Zeit soll schwerpunktmäßig das Auskrempeln von Kleidern (Hose, Anorak) geübt werden. Da der Vorgang am konkreten Gegenstand Dorothee z.Z. noch überfordert, sollen Vorübungen durchgeführt werden:

— Ergreifen von Gegenständen und Materialien durch das Rollenhaus (Ronémons Material)
— Ergreifen von Gegenständen und Materialien durch einen Stoffschlauch (Übungsärmel)
— Fassen des Stoffschlauches und Durchziehen des Ärmelendes (Übungsärmel sollte zweifarbig sein, z.B. innen weiß, außen schwarz).

(4) Verständigung / Begriffsbildung

Da die Zielformulierungen recht umfassend sind, müssen sie präzisiert werden, um die von Dorothee erreichten Fortschritte sichtbar zu machen. Dorothee hat ihren Sprachschatz erweitert (Namen der LL und Mitschüler, Tätigkeiten und „Pflichten" im Schulalltag, Gegenstände und Materialien, mit denen sie häufig hantiert und spielt, Namen von Tieren im Zoo, Namen von Orten in der näheren Umgebung des Schulgeländes). Zwei-Wort-Sätze verwendet sie nach wie vor selten. Fotos und Abbildungen erkennt Dorothee nur bei großer Realitätsentsprechung und hohem Bekanntheitsgrad. Um sie nicht zu überfordern, sind daher Übungen im Bereich des Situationslesens (Erkennen von Zusammenhängen und Aufforderungscharakter bei realen Gegenständen) zur Zeit noch dringlicher. Sortierübungen nach einfachen Klassifikationskriterien löst Dorothee schnell und sicher. Dorothee vollzieht beobachtete Modellhandlungen nach kurzer Übung korrekt nach, sofern sie nicht zu differenziert sind und motorisch zu hohe Anforderungen stellen.

Zielneuformulierung:

Dorothee soll lernen,

F1: ihren aktiven Sprachschatz häufig anzuwenden
F2: neue Worte und Satzschablonen nachzusprechen
F3: Situationen zu erfassen und adäquat zu handeln
F4: räumliche Klassifikationen zu vollziehen (Präpositionen: auf, unter)
F5: sich weitere Handlungen über die Nachahmung am Modell anzueignen

Weiteres Vorgehen:

F1 und F2:
   Hier gelten die unter F1 genannten Ausführungen des bisherigen Förderprogramms.
F3: Die LL müssen die entsprechenden Situationen so gestalten, daß für Dorothee ein Handlungsimpuls auch ohne verbale Anweisung erfolgt. Beispiel: Dorothee läßt die Rolläden herunter, wenn die Kerzen angezündet werden; Dorothee zieht die Rolläden hoch, wenn die Kerzen ausgeblasen sind; Dorothee holt Milch und Kakao, wenn die anderen Schüler sich an den Frühstückstisch setzen. Dabei soll die vorhergehende Situation den Handlungsimpuls für die nachfolgende Tätigkeit setzen, ohne daß sich der L einschaltet.
F4: Die Übungen können im Rahmen verschiedener Versteckspiele vorgenommen werden.
F5: V.a. im Rahmen des Morgenkreises.

(5) Sozialkontakt / Beziehungsbildung

Dorothee hat in diesem Bereich bereits gute Fortschritte gemacht. Ihr Verhalten ist jedoch noch von Tagesstimmungen abhängig. Gegenüber den Mitschülern zeigt Dorothee ein positives und fürsorgliches Verhalten. Sie nimmt verstärkt Spielkontakte zu Angela und Rainer auf. In der Pause ist Dorothee gerne bei Schülern anderer Klassen und kann sich auf dem Pausenhof beschäftigen (z.B. Rutschen, ins Spielhaus gehen, mit anderen Schülern flanieren). Die Zielformulierungen gelten daher auf höherem Niveau. Zusätzlich gilt:

Dorothee soll lernen,

F4: zunehmend ohne Anleitung des L mit anderen Schülern zu spielen
F5: einfache Tätigkeiten in Partnerarbeit auszuführen

Weiteres Vorgehen:

F4: Es soll der Versuch unternommen werden, Dorothee einmal in der Woche für ein bis zwei Stunden in einer anderen Klasse zu unterrichten. Dabei erscheint die Patenklasse (Mittelstufenklasse) der Schwerstbehinderten- gruppe besonders geeignet, da Dorothee sowohl die Schüler und LL die- ser Klasse kennt, als auch von dieser Klasse gerne angenommen wird. Der Besuch sollte zweckmäßigerweise in Spiel- und Freizeitphasen erfol- gen.

F5: Vor allem im Rahmen von Unterrichtsreihen kann versucht werden, mit Dorothee und Angela gemeinsam zu arbeiten. Auch Übungen, die bisher in der Einzelförderung der beiden Mädchen durchgeführt worden sind, können zunehmend in Form von Partnerarbeit angeboten werden.

(6) Motorik

Dorothee hat sich in diesem Bereich bereits einige Fertigkeiten aneignen kön- nen, die sie dem Zielverhalten näherbringen. Da die dort genannten Ziele jedoch sehr umfassend sind, haben sie nach wie vor Gültigkeit für Dorothee. Sie hat mittlerweile die Fähigkeit entwickelt, annähernd 1 km ohne größere Ruhepausen zurückzulegen. Beim Schieben von Rollstuhl oder Buggy schlägt Dorothee gerne ein zu rasches Tempo ein und verliert häufig die Richtung. Da sie dadurch den Fahrzeuginsassen gefährdet, muß der L genau auf Dorothee achten und notfalls eingreifen. Zwar bevorzugt Dorothee nach wie vor die linke Hand, setzt die rechte aber sehr häufig auch ohne Aufforderung mit ein. Das Übungsangebot muß weiterhin darauf achten, Dorothee oft beidhändig anzu- sprechen. Bei den Vorübungen zum Umgang mit der Schere stellte sich her- aus, daß diese Tätigkeit Dorothee z.Z. noch überfordert. Es soll daher zu- nächst das Programm zum Schneiden mit dem Messer abgeschlossen wer- den, bevor ein neues Programm, wie das Schneiden mit der Schere, angegan- gen wird. Dorothee ist im Bereich des Bildhaften Gestaltens/Werkens außeror- dentlich ansprechbar und aufnahmefähig für motorische Anforderungen. Es gelingt ihr z.B. nach relativ kurzer Übungszeit eine Gestaltungsaufgabe selb- ständig zu lösen (z.B. Aufkleben von gummiertem Buntpapier auf weiße Pa- pierbögen, wobei das Buntpapier vorher an einem nassen Schwamm befeuch- tet werden muß; Aufkleben von Papier mit Hilfe von Kleister; Malen mit Was- serfarben und Pinsel etc.). Es soll daher verstärkt in diesem Bereich weiterge- arbeitet werden. Mit Lebensmittelverpackungen und diversen Verschlüssen wird Dorothee mittlerweile recht gut fertig. Eingebunden in sinnvolle Handlun- gen sollen diese Fertigkeiten aber weiter verfeinert und differenziert werden.

Kurzbericht: Rainer

Bericht

Für: Rainer

Alter: 6;9

Beschulungsdauer: 6 Monate in der Förderstufe der Sonderschule für Geistigbehinderte (häufige Fehlzeiten).

Ärztliche Diagnose: „Erhebliche körperliche und geistige Retardierung bei cerebralem Anfallsleiden, Dauermedikation. Rainer ist mehrfachbehindert im Sinne der Ziffern 2.1. und 2.2. des
Runderlasses des KM vom 12.7.1978".

Rainer gehört zu den schwächsten Kindern der Schwerstbehindertengruppe.
Da von Geburt an akute Lebensgefahr für den Jungen bestand, verbrachte er
seine ersten Lebensjahre ausschließlich in Kliniken. Zusätzlich zu seinen orga-
nischen Behinderungen sind daher auch ausgeprägte hospitalistische Symptome beobachtbar.

Rainer ist klein und zart und hat beträchtliches Untergewicht. Eine starke
Anfälligkeit für Infekte und Hauterkrankungen aller Art macht häufig eine zusätzliche Medikamention ebenso wie längere stationäre Behandlungen notwendig, so daß der Schulbesuch nur sehr unregelmäßig erfolgt.

Rainer wird beherrscht von großer motorischer Unruhe, die ihn nicht sekundenlang stillsitzen läßt. Er zappelt mit Armen und Beinen, kriecht ziellos im
Klassenraum umher, stürzt sich auf Papierkörbe, Schubladen und Spielzeug-
behälter und kramt diese wahllos aus, ohne sich mit einem Gegenstand zu
beschäftigen. Gegenstände, die er zufällig ergriffen hat, fixiert er nicht, sondern läßt sie nach kurzer Zeit fallen, um einen anderen Gegenstand fassen zu
können.

Es ist nur sehr selten möglich, Blickkontakt mit Rainer herzustellen. Er zeigt
keine Reaktion auf seinen Namen, wie ihn akustische Reize überhaupt kaum
ansprechen können.

Rainer benötigt in allen Bereichen der vitalen Versorgung Hilfe. Große Probleme bereitet die Nahrungsaufnahme, vor allem das Trinken. Für das Füttern ist
häufig eine Zeitspanne von über einer Stunde notwendig, da Rainer häufig die
Nahrungsaufnahme verweigert und sich beim Trinken ständig verschluckt. Rainer näßt und kotet häufig ein, macht aber auch ab und zu etwas ins Töpfchen.
Er geht sehr wackelig an den Fingern des Lehrers, wobei er sehr stark in Knie-
und Hüftgelenk einknickt, zieht sich an Möbeln selbständig hoch, versucht an
den Wänden entlang zu laufen und Türen zu öffnen.

Förderschwerpunkte:

— Trinkprogramm
— Stimulation, Anregung zum optischen Fixieren und Greifen in der Badesituation und Materialwanne (Korn, Styropor)
— Gymnastische Übungen zur Kräftigung der Beinmuskulatur
— Gehtraining.

Kurzbericht: Muhammer

Bericht

Für: Muhammer

Alter: 7;3

Beschulungsdauer: 6 Monate in der Förderstufe der Sonderschule für Geistigbehinderte (erhebliche Fehlzeiten); davor 1 Jahr Sonderschulkindergarten.

Ärztliche Diagnose: „Hochgradige cerebrale Schädigung bei dominanter mentaler Retardierung, Mikrocephalus, Verzögerung der statomotorischen Entwicklung (athetoide Bewegungsabläufe, ataktisch unsichere Gangart), cerebrales Anfallsleiden, Verdacht auf vitium cordis. Muhammer ist durch seine körperliche und geistige Behinderung mehrfachbehindert im Sinne der Ziffer 1 des Erlasses des KM vom 12.7.1978".

Muhammer besucht die Förderstufe aufgrund häufiger Krankheiten und Transportprobleme sehr unregelmäßig. Trotzdem hat er auch nach längeren Abwesenheitsphasen rasch wieder einen guten Kontakt zu den Lehrpersonen. Seine Mitschüler kennt Muhammer namentlich, er sucht gerne ihre Nähe auf, wobei aus einer liebevollen Umarmung jedoch unvermittelt heftiges Zwicken, Beißen und Haareziehen werden kann.

Muhammers Gesamtverhalten ist von starkem Bewegungsdrang geprägt. Stets ist er auf der Suche nach Bändern und Schnüren, die er in stereotyper Bewegung durch die Finger gleiten läßt. Andere Spielzeuge werden nach kurzem Fixieren in den Mund gesteckt, angeknabbert und schließlich weggeworfen.

Muhammer kann laufen. Er geht staksig und breitbeinig mit nach außen gestellten Füßen. Häufig stolpert er und fällt hin. Um etwas aufzuheben, bückt er sich aus dem freien Stand. Er gebraucht meist beide Hände, um etwas zu ergreifen.

Im Bereich der Selbstversorgung ist Muhammer z.T. bereits selbständig. So kann er aus einem Becher alleine trinken. Er ist zwar dazu in der Lage, den Löffel zu halten und zum Mund zu führen, ein Essen selbst mit Hilfe des

Lehrers wird jedoch häufig dadurch erschwert, daß Muhammer keinen Appetit hat, die Speisen nicht mag oder sich nicht auf diese Tätigkeit konzentrieren möchte. Brotstücke steckt Muhammer in den Mund, hortet jedoch häufig die unzerkauten Bissen, wenn er keine Lust zum Weiteressen hat.

Der Junge äußert bisher keine Ausscheidungsbedürfnisse. Wird er regelmäßig auf den Topf gesetzt, so sind jedoch ab und zu Erfolge zu erzielen. Beim An- und Auskleiden hilft Muhammer durch aktive Bewegungen mit.

Muhammer produziert eine Reihe von Lauten, mit denen er Stimmungen und Wünsche ausdrückt. Sein passiver Sprachschatz umfaßt eine Reihe von Alltagsgegenständen und Handlungsaufforderungen, die er bei entsprechender Motivation freudig ausführt.

Förderschwerpunkte:

— Verbesserung der Körperkoordination: Treppensteigen
— Abbau der Bänderstereotypie durch Beschäftigung mit verschiedenen Spielzeugen und Gestaltungsmaterialien
— Ausführen von Tätigkeiten innerhalb zusammenhängender Handlungssequenzen im Bereich Hauswirtschaft.

2.4.2. Phasen im Schulalltag

2.4.2.1. Morgenkreis

Die gemeinsame Kreisaktion, die fester Bestandteil des Schultages der vorgestellten Schwerstbehindertengruppe ist, findet als *Morgenkreis* nach der Ankunft aller Schüler statt und hat u.a. das Ziel, den Schülern das Gefühl der Gesamtheit als Gruppe zu vermitteln, wie auch, sie positiv auf den Tag einzustimmen. Natürlich ist es ebenso möglich, das gemeinsame Kreiserlebnis zu einem anderen Zeitpunkt innerhalb des Schultages anzubieten, etwa am frühen Nachmittag oder vor der Heimfahrt der Kinder. Die Entscheidung darüber, wann es sinnvoll ist, die Schüler zum gemeinsamen Erleben und Handeln zusammenzuführen, muß dabei selbstverständlich auch organisatorische Notwendigkeiten in Erwägung ziehen, wie z.B. den Umstand, daß einige Kinder der Gruppe nur halbtags die Schule besuchen.

Innerhalb der beschriebenen Schwerstbehindertengruppe hat der Morgenkreis primär rhythmisch-musischen Charakter, d.h. daß mit Hilfe von Musikangeboten (Gesang und Instrumenteneinsatz durch die Lehrer) ein Stimmungsrahmen geschaffen wird, in dem sich die Schüler wohlfühlen können.

Neben dem Angebot des musisch-rhythmischen Rahmens als *Darbietung*, die zum entspannten Aufnehmen und Genießen einlädt, enthält er als *strukturierende Kulisse und Begleitung* Aufforderungscharakter für eigentätiges Handeln. Er ist dazu geeignet, einerseits beruhigend und ausgleichend, auf der anderen Seite anregend und aktivierend zu wirken.

Begrüßung

Wesentliches Element im Morgenkreis ist die Begrüßung der einzelnen Schüler durch die Lehrpersonen und Mitschüler.

In der Begrüßungsphase wird jedes einzelne Kind namentlich angesprochen, berührt und gestreichelt. Dabei sind folgende Möglichkeiten gegeben:

Das Kind, das begrüßt werden soll, wird z.B. in die Mitte des Kreises gesetzt oder gelegt, so daß alle anderen Kinder es betrachten und, wenn der Kreis eng genug gewählt wird, anfassen können. Lieder mit einfachsten Inhalten, die von den Lehrpersonen gesungen werden, geben den Rahmen für die Begrüßungshandlung: Alle übrigen Kinder winken dem genannten Schüler zu, streicheln ihn oder sehen in seine Richtung.

Damit die Begrüßung von den Schülern, vor allem von demjenigen Kind, das gerade angesprochen wird, als positiv empfunden werden kann, muß darauf geachtet werden, daß die Körperkontakte, die der Lehrer zwischen sich und dem Schüler herstellt, bzw. die er zwischen Kind und Mitschülern anbahnt oder unterstützt, angenehm für beide Seiten verlaufen. So ist es sicher nicht geschickt, ein ängstliches oder abwehrendes Kind ungelenkt mit einem Schüler zu konfrontieren, der zu heftigen oder sogar aggressiven Verhaltensweisen, etwa Haareziehen, Kneifen oder Beißen neigt. Es ist auch nicht günstig, das Kind, das begrüßt werden soll, von allen Seiten gleichzeitig mit Kontakten zu überhäufen. Ein gezieltes Nacheinander ermöglicht es dem angesprochenen Schüler weitaus besser, sein jeweiliges Gegenüber wahrzunehmen und zu ihm in Beziehung zu treten. Außerdem ist es sowohl von der unterschiedlichen Sozialentwicklung der einzelnen Schüler als auch vom Zeitaufwand her wenig sinnvoll, jeden Schüler von *allen* Mitschülern durch Körperkontakt begrüßen zu lassen. Anfangs sollen deshalb einzelne Schüler nur durch den Lehrer oder einen bestimmten Mitschüler und erst später peu à peu durch die übrigen Schüler zusätzlich angesprochen werden. Vermittelt durch die Lieder können einfache Gesten wie Hände fassen, Hände schütteln, Kopf streicheln, Arm umlegen etc. von den Schülern vollzogen werden, sofern diese Handlungen den Schülern angenehm sind und motorisch erbracht werden können. Auch Schülern, die von sich aus nicht dazu in der Lage sind, einen anderen Schüler anzufassen oder gezielt zu streicheln, sollte durch motorische Führung die Möglichkeit gegeben werden, einen anderen Körper zu fühlen und durch den Berührungskontakt beim Partner Gefühle auszulösen.

Mit der Begrüßung können für jedes Kind neben den gemeinsamen Intentionen, die für die Gesamtgruppe gelten, zusätzlich sehr unterschiedliche Ziele verfolgt werden.

Geht es in der Zielsetzung für die Gesamtgruppe darum, den Schülern ein Gemeinschaftserlebnis zu vermitteln, das sowohl die positive Wahrnehmung der eigenen Person als auch die Wahrnehmung von Kontakten mit (bestimmten!) anderen Personen als angenehm umfaßt, so können die Feinziele auf das Beispiel bezogen differenziert werden in solche für

Dorothee, die lernen soll,

— sich einige Augenblicke auf ein Gegenüber zu konzentrieren
— verbale Anweisungen zu verstehen und auszuführen
— ihre Motorik soweit zu kontrollieren, daß der Berührungskontakt von den anderen Schülern als angenehm empfunden werden kann
— abzuwarten, wenn andere Schüler an der Reihe sind und deren Aktionen zu beobachten
— begehrte Objekte abzugeben, wenn der Spielzweck dies erfordert;

Angela, die lernen soll,

— eine Bereitschaft für gemeinsame Handlungen aufzubauen, d.h. zunächst ihre Abwehrhaltung (abgewandte Sitzhaltung, Verbergen des Gesichts hinter den Händen) zu lockern
— positive Beziehungen zwischen Mitschülern und Lehrern zu akzeptieren, d.h. Eifersucht abzubauen
— Berührungskontakte durch andere Schüler zu akzeptieren und selbst herzustellen
— die Namen der Mitschüler den Personen richtig zuzuordnen;

Rainer, der lernen soll,

— Blickkontakt zum Lehrer und den Mitschülern aufzubauen
— auf akustische Reize, die taktil begleitet werden, z.B. durch Kopfdrehen zu reagieren
— Berührungskontakte durch andere Schüler als angenehm zu empfinden und darauf zu reagieren;

Ayse, die lernen soll,

— sich in der Situation Morgenkreis zu entspannen und nicht auf jede Art von Außenreizen mit stereotypem Hyperventilieren, Schreien und Schaukeln zu reagieren und sich abzuschirmen
— zarte Berührungskontakte als positiv zu empfinden und selbst einzufordern
— Blickkontakt mit dem Lehrer und dem Mitschüler, der sie begrüßt, herzustellen
— die Hand des Lehrers oral zu erkunden;

Meik, der lernen soll,

— Blickkontakt zum Lehrer aufzubauen
— Ansprache auf sich zu beziehen und darauf zu reagieren
— auf akustische und optische Reize mit Bewegungen zu antworten;

Muhammer, der lernen soll,

— seinen Bewegungsdrang für wenige Minuten zu kontrollieren und auf dem Stuhl sitzenzubleiben
— Berührungskontakte mit den übrigen Schülern aufzunehmen, die von den Partnern als angenehm empfunden werden können, d.h. die Mitschüler weder an den Haaren zu ziehen noch zu beißen
— die Namen der Mitschüler den Personen richtig zuzuordnen
— verbale Anweisungen zu verstehen und auszuführen.

Dasselbe Prinzip — Verfolgung individuell unterschiedlicher Ziele bei der Durchführung von Gruppenaktivitäten — , das hier am Beispiel Begrüßung im Morgenkreis ausgeführt wurde, zieht sich durch alle weiterhin folgenden Förderbereiche und Übungsvarianten. Um unnötige Wiederholungen zu vermeiden, sind daher im Verlauf der nächsten Beispiele nur einige Zielschwerpunkte angesprochen, die für den einzelnen Schüler selbstverständlich jeweils spezifiziert werden müssen.

Während die Begrüßung im Morgenkreis feststehender und relativ gleichbleibender Bestandteil des morgendlichen Kreiserlebnisses ist und nur mit geringen Variationen inhaltlich verändert werden sollte, können die anschließenden Übungen kontinuierlich wechselnd angeboten werden. Dabei kann für den Zeitraum von ca. ein bis zwei Monaten ein inhaltlicher Schwerpunkt gesetzt werden, auf den sich die zweite Phase der Kreisaktivitäten bezieht.

Anfangs ist es wichtig, ganz allmählich ein kleines Repertoire an Aktivitäten aufzubauen und längere Zeiträume für die Erarbeitung eines Schwerpunktes zu wählen. Erst daran anschließend wird es sinnvoll, zunächst lediglich einzelne Übungen durch etwas Neues auszutauschen. Sind den Schülern jedoch einmal verschiedene Spielformen, Instrumente, Gegenstände und Aktionen vertraut, so kann häufiger gewechselt oder neu kombiniert werden.

Schwerpunkt: Singspiele

Viele der bekannten Kinderlieder [1]) sind mit mehr oder weniger starken Abwandlungen auch für den Einsatz bei Schwerstbehinderten geeignet. Gemeinsames Merkmal der Singspiele ist die gesungene Aufforderung an einzelne Kinder, eine bestimmte Handlung zu vollziehen, z.B. einen Partner zu wählen, sich im Kreis zu bewegen, Gesten nachzuvollziehen oder Gegenstände auf bestimmte Art und Weise zu handhaben. Selbst bei extremster Reduktion des Lied- bzw. Handlungsinhalts bleibt als Kernstück des Singspieles stets die Ansprache des einzelnen Schülers erhalten, der für eine Aktivität — sei es ein bewußtes Ansehen oder Hinhören oder ein motorischer Impuls — gewonnen werden soll.

---

[1]) jedoch auch Melodien aus Pop oder Klassik

Bei der Auswahl der Singspiele kann der Lehrer zunächst getrost auf seinen eigenen Schatz von Kinderliedern [2]) zurückgreifen. Je einfacher die Liedmelodie, desto besser lassen sich neue Texte darauf finden, die zu den Kindern und den angestrebten Aktivitäten passen. Dabei ist es nicht unbedingt notwendig, daß Liedinhalt und ausgeführte Aktivität immer exakt übereinstimmen. So ist es zwar beispielsweise für Kinder wie Dorothee, die sich gut bewegen können und die Verbalanweisungen verstehen, durchaus möglich, die in Liedern wie „Brüderchen komm tanz mit mir" (Textänderung: vergl. Liedersammlung) enthaltenen Handlungen auszuführen.

Sie können lernen, bei Nennung ihres Namens aufzustehen und zu demjenigen Kind hinzugehen, das im Lied angesprochen wird, es an den Händen zu fassen und sich im Kreis mit ihm zu bewegen. Andere Kinder jedoch, wie Meik oder Ayse, müssen im Rollstuhl zu ihrem Partner gefahren werden und können das gerufene Kind nur mit Hilfe berühren. Statt selbst zu tanzen, werden sie im Rollstuhl oder auf dem Arm des Lehrers hin- und hergewiegt.

Die Liedtexte, ob nun Originale oder eigene Schöpfungen, sollten jedoch immer einfach sein und vorwiegend Wörter und Wendungen enthalten, die von den sprachkompetenten Schülern verstanden oder erlernt werden können. Vor allem die häufige Nennung der Namen ist wichtig, um ein Signal für den einzelnen Schüler zu setzen, daß er nun an der Reihe ist, angesprochen wird und etwas tun darf.

Für motorisch sehr unruhige Kinder, wie Muhammer, ergibt sich im Rahmen der Singspielaktivitäten eine gute Gelegenheit, das vorhandene Bewegungspotential zu rhythmisieren und in sinnvolle und kontrollierte Bahnen zu lenken.

Kinder, die positive Reaktionen auf akustisch-vibratorische Anregungen zeigen, können in dieser Phase auf dem Schoß eines Lehrers sitzen und erleben zusätzlich zum Körperkontakt den Gesang als Schwingung. Erfahrungsgemäß werden hier männliche „Sänger" von den Kindern bevorzugt, da sie tiefer singen und ihre Gesangsvibrationen deshalb deutlicher wahrgenommen werden können. Der Effekt kann auch dadurch verstärkt werden, daß der Lehrer seine Kehle an den Kopf des Kindes lehnt oder Wange an Wange mit ihm zusammensitzt.

Wie auch in der Begrüßungsphase können durch die Singspiele Kontakte zwischen den einzelnen Schülern aufgebaut werden. Für Kinder, die sich bereits auf eine gemeinsame Aktivität mit mehreren Partnern beziehen und konzentrieren können, kann das Singspiel Aufforderung zum gemeinsamen Klatschen, Stampfen, Rufen, Winken, Zeigen etc. sein, oder es kann Anregungen zur Nachahmung von Mimik und Gestik vermitteln. Es kann den Inhalt haben, Verstecktes (Kinder unter einem Tuch, Spielobjekte in einer Verpackung) wiederzufinden, wie auch, etwas abzuholen oder zu überbringen.

---

[2]) oder Schlagern

Schwerpunkt: Übungen mit Instrumenten

Übungen mit Instrumenten erhalten ihren Wert nicht ausschließlich durch die Anregung der akustischen Wahrnehmung bei schwerstbehinderten Kindern, obwohl dieser Zielbereich sicher wesentlich davon profitiert. Vor allem sind die angebotenen Instrumente ganz einfach Gegenstände, die berührt, ertastet, ergriffen, oral erkundet, weggeworfen und auch zum Klingen gebracht werden können. Die ganz spezifischen Funktionen der einzelnen Instrumente sind zunächst oftmals solche, die weder Bedeutung für den Schüler haben, noch dessen Handlungsniveau entsprechen. Indem sie jedoch als Gegenstände Einsatz finden, an denen er verfügbare Handlungselemente erprobt und mit Hilfe durchdachter Arrangements erweitern lernt, werden sie zu eigenständigen Qualitäten, denen nach und nach ein bestimmter funktioneller Zusammenhang entspricht. Unter diesem Aspekt sind auch die folgenden Übungen zu betrachten.

Wie beim Schwerpunkt „Singspiele" ist es auch bei den Übungen mit Instrumenten möglich, Handlungen in ein musisches Geschehen einzubinden, also neben der Aufforderung des Kindes zu eigenem Tun, ein zusätzliches Angebot (z.B. Gesang) zu Gehör zu bringen. Bevor das Instrument aber im Zusammenhang mit einer Kulisse erlebt werden kann, muß es als isoliertes Stück bekannt gemacht werden. Dabei ist bereits das Anbieten des Instruments vielfältig variierbar: Hält der Lehrer das Schellenband in der Hand oder liegt es in einer Kiste? Ist es sichtbar oder in einer Schachtel, einem Tuch versteckt? Hängt es an einer Schnur von der Decke herab oder liegt es auf dem Schoß des Kindes? Wird es von einem Lichtkegel angestrahlt, oder ist nur ein Geräusch aus einer Zimmerecke zu hören, das langsam näher kommt?

Damit das Instrument als Gegenstand mit permanenten Qualitäten unter verschiedenartigsten Bedingungen Bedeutung gewinnen kann, müssen diese vom Schüler erst erlebt werden, so daß ein Erinnern, Vergleichen und Wiedererkennen möglich wird.

Für den ersten Einsatz sind Instrumente wie z.B. Schellenband oder Glockenstab besonders geeignet. Selbst ängstliche und schreckhafte Kinder reagieren auf den akustischen Reiz dieser Instrumente selten mit völliger oder langanhaltender Abwehr, da sowohl die Geräuschintensität als auch die Klangfärbung fein dosiert und somit angenehm für die Kinder gestaltet werden können. Schüler, die von sich aus nicht dazu in der Lage sind, das Instrument zu ergreifen und durch Schütteln Geräusche zu erzeugen, können so gesetzt oder gelagert werden, daß selbst kleinste Bewegungen unwillkürlicher oder bewußter Art ausreichen, um Töne zu produzieren, z.B. wenn das Schellenband an einer Schnur von der Decke herabhängt, am Rollstuhl befestigt oder an die Hand oder den Fuß des Kindes gebunden wird.

Auch die Trommel oder das Tamburin sind für viele Schüler — zumindest mit geringer Hilfe — zu handhaben. Dabei ist es sicher für einzelne Kinder nicht sinnvoll, wenn sie das Instrument selbst halten oder sofort einen Schlegel benutzen sollen, um auf die Trommel zu schlagen. Auch das Darüberstreifen und das Kratzen auf der Pergamentbespannung oder das Klatschen mit bloßen Händen auf den Trommelbauch sind mögliche und sinnvolle Handlungsformen.

Sollen sich alle Schüler der Gruppe gemeinsam mit derselben Art von Instrumenten beschäftigen, so kann durch Auswahl entsprechender Unterformen und unterschiedlicher Darbietungsvariationen jedem Kind auf seinem Handlungsniveau begegnet werden.

Scheitert die intendierte Handhabung eines Instruments lediglich an den motorischen Fertigkeiten eines Schülers, so müssen *mediale Hilfen* eingesetzt werden, um ihm diese Aktionsform zu ermöglichen. Z.B. kann das Festhalten des Trommelschlegels dadurch erleichtert werden, daß der Griff mit Hilfe eines Stücks Gartenschlauch und Knetmasse verdickt wird.

Um einem Schüler neue Möglichkeiten aufzuzeigen, ist anfangs häufig auch motorische Führung nötig, die später schrittweise zurückgenommen werden muß.

Es gehört selbstverständlich dazu, daß der Lehrer beim Einsatz von Instrumenten wie dem schwingenden Becken darauf achtet, daß die Schüler nicht durch zu heftiges oder unvermitteltes Schlagen erschreckt werden. Auch ist der scharfe Rand des Metalls nicht ungefährlich, vor allem für Kinder, die Gegenstände gerne oral untersuchen und mit dem Gesicht sehr nahe an ein Objekt herangehen (Abkleben mit Kreppband).

Für den Umgang mit der Triangel oder dem Klangstab ist bereits ein erhebliches Maß motorischer Zielgerichtetheit und Koordination notwendig, weshalb diese Instrumente erst ab einer entsprechenden Entwicklungsstufe der Schüler sinnvoll eingesetzt werden können.

Finden die Übungen mit Instrumenten im Rahmen von Singspielen statt, so gilt prinzipiell das unter diesem Punkt Gesagte.

Für spezielle Hörübungen, die auf die jeweilige Ausgangssituation der einzelnen Schüler bezogen sind, ist das gemeinsame Kreiserlebnis nur bedingt geeignet. Dieser Bereich kann besser in der Einzelförderung abgedeckt werden. Die Situation im Umgang mit Instrumenten schafft jedoch ganz selbstverständlich Höranreize und -anlässe, die genutzt und auch zu Wahrnehmungsübungen ausgebaut werden können.

Vor allem im Bereich der Darbietung (der Lehrer spielt das Instrument selbst), die mit der Eigenaktivität der Schüler kontrastiert werden kann, bieten sich hierfür Gelegenheiten.

So kann der Lehrer die Schüler ansprechen und dazu rhythmisch die Trommel schlagen (An-ge-la, Do-ro-thee, Rai-ner). Er kann sich hinter oder neben ein

Kind stellen und versuchen, es durch Anspielen des Instruments zum Herblikken zu motivieren. Er kann sich verstecken und mit dem Instrument ein Kind zu sich rufen. Das Instrument kann laut oder leise, schnell oder langsam angeschlagen werden, es lassen sich helle und dunkle Töne anspielen, die ausklingen oder anschwellen. Beim Spielen des Instruments kann auf die Reaktionen der Schüler Bezug genommen werden, indem der Lehrer mit Tönen oder Klängen antwortet.

Unterrichtsbeispiel: Morgenkreis

Unterrichtsaktivitäten	*Kommentar*
Sch und LL sitzen im Kreis L begrüßt Sch verbal Mit dem Lied "Guten Morgen, liebe . . ." werden alle Sch nacheinander durch LL und Mitschüler begrüßt L verteilt Päckchen an Sch, die Glockenbänder enthalten und je nach Fähigkeit der Sch unterschiedlich verpackt sind. Ayse und Meik erhalten die Instrumente direkt (Meik in die Hand, Ayse wird es ans Handgelenk gebunden)	Sozialform: Kreis, alle Personen können sich sehen und anfassen, erleben sich als Gemeinschaft Ein L steuert die Aktivitäten, LL unterstützen ihn Päckchen haben Aufforderungscharakter Förderung der Feinmotorik beim Auspacken
Nachdem alle Sch ihr Instrument gefunden haben, singen LL „Hallo . . . schläfst du noch?" Sch bewegen selbständig oder unterstützt durch LL das Glockenband	Angebot der bekannten Instrumente motiviert zur Eigenaktivität
Sch legen die Instrumente in eine Kiste zurück	Abgeben von Medien nach verbaler oder gestischer Aufforderung
L zeigt Tuch, versteckt sich darunter, Sch ziehen das Tuch nach Aufforderung ab, L begrüßt den Finder freudig	Freude am Versteckspiel mit dem L
LL verstecken die Sch nacheinander unter dem Tuch, singen dazu „Der . . . ist verschwunden", die Mitschüler decken das Tuch ab, LL singen „Wir haben ihn gefunden . . .", unterstützen die Begrüßung der Sch untereinander	Überwinden der Angst, von einem Tuch bedeckt zu werden Freude am Suchen und Wiederfinden, am Gefunden-werden
L bietet Sch die Rahmentrommel (mit Schlegel) an, LL singen „ . . . komm und sei so gut und mach uns jetzt Musik". Sch bespielen nacheinander das Instrument, LL unterstützen wo nötig motorisch, spielen Ayse das Instrument vor	Handlungsaufforderung durch Objekt und Liedtext

Unterrichtsaktivitäten	*Kommentar*
LL singen" . . . komm tanz mit mir", wählen sich einen Tanzpartner und bewegen sich mit ihm im Kreis (Ayse, Meik und Rainer werden auf den Arm genommen)	Abschluß Freude an der gemeinsamen Bewegung, am Körperkontakt
LL verabschieden sich mit Winken von den Sch	Signal für das Ende des Morgenkreises

Schwerpunkt:

Aktionen mit jahreszeitlichem Bezug und Vermitteln von Stimmungen

Einen weiteren Schwerpunkt, der im Rahmen des gemeinsamen Kreiserlebnisses Einsatz finden kann, bilden Aktionen, die auf die jeweilige Jahreszeit mit ihren natürlichen und auch kulturellen Besonderheiten Bezug nehmen. Nicht nur die Adventszeit, die gemeinhin als der Inbegriff des Vermittelns und Erlebens von Stimmungen und Atmosphäre gilt, bietet hierfür Gelegenheit, sondern jede einzelne Jahreszeit kann hinsichtlich ihrer wechselnden Angebote an Witterung, Festen und Feiern, Naturprodukten, Gerüchen und Geräuschen, hinsichtlich der Möglichkeiten zur Freizeitgestaltung, unterschiedlicher Bekleidung etc. genutzt werden.

Es gibt auch Lieder für jede Saison, die sowohl vom Textinhalt, als auch von der durch die Melodie vermittelten Grundstimmung, dazu geeignet sind, einen Rahmen für Handlungen zu schaffen, wie dies bereits in den vorhergehenden Abschnitten angesprochen wurde.

Der Einsatz ausgewählter Lieder ermöglicht es, den Kindern über einen bestimmten Zeitraum hinweg einen gleichbleibenden Impuls zu setzen, der vermitteln soll, daß ganz spezielle Inhalte thematisiert werden. So bereitet das Frühlingslied die Schüler darauf vor, daß gleich die Tür geöffnet wird, um die Sonne und den Frühlingsgeruch hereinzulassen, daß Frühlingsblumen ertastet, gerochen, in die Vase gestellt werden, oder daß das lebendige warme Kaninchen, das seit geraumer Zeit im Klassenzimmer herumhoppelt, gestreichelt werden darf.

In welchem Maße eine musische Begleitung sinnvoll ist, oder ob nicht besser auf eine solche Kulisse verzichtet werden sollte, entscheidet sich natürlich ganz danach, ob sie den Schülern Hilfe zur Strukturierung der Eindrücke oder im Gegenteil nur störendes Beiwerk ist.

Anhand der nachfolgenden Beispiele zu jeder der vier Jahreszeiten soll deutlich gemacht werden, daß kein wie immer gearteter Sachkundeunterricht bei Schwerstbehinderten intendiert ist, sondern daß die Lebensumwelt der Kinder ganz selbstverständlich und natürlich Objekte hervorbringt, die sinnvoll bei der Förderung eingesetzt werden können.

Die Auswahl derjenigen Objekte und Handlungen, die tatsächlich einen Gewinn für die Schüler versprechen, ist selbstverständlich *nicht willkürlich* und hat sich auch hier an feststehenden Kriterien zu orientieren:

— Bietet das Objekt/die Tätigkeit Wahrnehmungsqualitäten, die von den Schülern aufgenommen werden können?
— Hat das Objekt/die Tätigkeit subjektiven Sinn für die Schüler?
— Regt das Objekt/die Tätigkeit die Schüler dazu an, Erlerntes anzuwenden oder zu erweitern? Etc.

In den anschließenden Beispielen sind einzelne Aktionen, die mit den ausgewählten Objekten erlebt und vollzogen werden können, stichwortartig zusammengestellt. Es handelt sich dabei keineswegs um die vollständige Aufzählung aller Möglichkeiten, die sich mit dem Einsatz der Gegenstände verwirklichen lassen, sondern um Aktivitäten, die sich in der Förderung der hier beschriebenen Schwerstbehindertengruppe als sinnvoll erwiesen haben, den Kindern Freude bereiteten und sie zu weitergehenden Eigenaktivitäten anregen konnten. Einige der Handlungen sind nur für einen Teil der Schüler wirklich interessant, verständlich und selbständig durchführbar, während andere Aktionsformen das Handlungs- und Wahrnehmungsniveau der übrigen Schüler besser treffen. Bestimmte Tätigkeiten müssen vom Lehrer gemeinsam mit den Schülern vollzogen werden. In der Aufzählung sind sowohl Aktionen mit Darbietungscharakter wie auch solche mit Tätigkeitscharakter enthalten.

Beispiele:

Zum Frühling:

Objekte	Aktionen; die Schüler können:
Fell	auspacken, betrachten, nehmen, geben, befühlen, streicheln, sich damit streicheln lassen, andere damit streicheln, verstecken, suchen, einpacken, weglegen, werfen, knüllen, rollen, um ein Körperteil wickeln, darauf liegen, sich damit zudecken, von einem Gegenstand oder einer Person abziehen, daran riechen...
Fellhase	aus einem Gefäß (Korb, Wanne, Eimer, Büchse) oder einer Verpackung (Tuch, Papier, Karton, Zellophan, Alufolie) holen bzw. auspacken, betrachten, befühlen, streicheln, in ein Gefäß, Nest setzen, verstecken, suchen, weitergeben, sich von einem anderen holen . . .
lebendiges Kaninchen	beobachten, anfassen, es auf den Schoß nehmen, dort sitzen, sich bewegen fühlen, streicheln . . .

Objekte	Aktionen; die Schüler können:
Ostergras	betrachten, befühlen, zerpflücken, anpusten, in ein Gefäß legen, etwas damit zudecken, im Ostergras nach Gegenständen suchen ...
Körbchen	halten, tragen, füllen, auskippen, ausräumen, weitergeben, mit Ostergras auslegen, an einer Schnur, einem Haken zu sich herziehen ...
Eier in rohem, weich- und hartgekochtem Zustand, Eier zum Naschen, Eier aus Papier, Styropor, Gips, Watte, Holz, Kunststoff...	Körbchen mit Eiern füllen, verstecken, suchen; gefundene Eier zum Naschen essen; einen anderen mit Eiern füttern, sich füttern lassen; Eier aus der Originalverpackung (Karton, Tüte) auspacken, eins nehmen, Verpackung weiterreichen; rohe Eier befühlen, aufschlagen, zerdrücken, beobachten, was herausläuft, Schale wegnehmen, zerbröseln, das flüssige Ei verrühren, vermischen, in eine Pfanne gießen; beobachten, wie rohe Eier in die Pfanne geschlagen werden; das Braten eines Rühreis hören und riechen, Rührei essen; rohe Eier vorsichtig in einen Topf mit Wasser legen, hören wie die Eier blubbernd kochen, den Dampf beobachten, das warme Ei fühlen, es pellen, essen ...
Frühlingsblumen im Beet, im Topf, in der Vase, blühende Zweige	an den Pflanzen riechen, sie befühlen, pflücken, in eine Vase stellen; Pflanzen im Topf gießen; eine Pflanze mit Wurzeln in die Erde setzen: Erde riechen, befühlen, in den Topf füllen, Pflanze einsetzen, Erde festdrücken, Topf am Fenster abstellen, gießen; ...
Gesicht, Spiegel, Creme, Schminkfarben, Hut, Mütze, Tuch, Stoffetzen	Gesicht im Spiegel betrachten, Creme oder Schminkfarben auf einzelne Gesichtspartien tupfen, die Veränderung fühlen, beobachten; Tupfer verreiben, wegwischen; Hut, Mütze aufsetzen, abnehmen, abstreifen; Stoff, Tuch umlegen, abziehen ...

Zum Sommer:

Objekte	Aktionen; die Schüler können:
Füße, Schuhe, Strümpfe, Wasser, Sand, Rasen	Beine und Füße heben, stampfen, schütteln, Schuhe und Strümpfe ausziehen, abstreifen, die nackten Füße anfassen, massieren, kitzeln, Wasser unterschiedlicher Temperatur darüberlaufen lassen, Füße im Wasser bewe-

Objekte	Aktionen; die Schüler können:
	gen, spritzen; die Füße in den warmen Sand stecken, zubuddeln, ausbuddeln, mit Sand berieseln, abreiben, Fußsohlen mit Grashalmen kitzeln, barfuß laufen . . .
Sonne, Sonnenschirm, Sonnenbrille, Sonnencreme, Decke	sich auf einer Decke in die Sonne legen, Sonnenschirm auf- und zumachen, Sonnenbrille aufsetzen, absetzen, sich mit Sonnencreme einreiben (lassen), Creme riechen . . .
Obst, Gemüse	auspacken, befühlen, daran riechen und lutschen, reinbeißen, zusehen, wie es geschält, geputzt, zerteilt wird, zusehen und -hören, wie es gemixt wird, das Mus probieren; rollen, transportieren, einfüllen, ausschütten, -räumen, werfen. . .

Zum Herbst:

Objekte	Aktionen; die Schüler können:
Laub, Herbstfrüchte, Obst	sich (gegenseitig) mit Laub berieseln (lassen), Laub anfassen, hochwerfen, fallenlassen, anblasen, wegstreifen, abschütteln, etwas zuschütten, Gefäße mit Laub auskippen, Laub in Gefäße füllen, Laub knistern und rascheln lassen; Herbstfrüchte (Kastanien, Eicheln, Bucheckern etc.) fühlen, rollen, werfen, mischen, einfüllen, auskippen, Gefäße mit Herbstfrüchten schütteln; Obst befühlen, riechen, daran lutschen, reinbeißen, essen, transportieren, rollen . . .
Laterne, Kerzen	im verdunkelten Raum zusehen, wie Kerzen in der Laterne angezündet werden, die Lichtquelle beobachten, verfolgen, die Laterne selbst halten, tragen; Kerzen ausblasen, den Rauch riechen. . .

Zum Winter:

Objekte	Aktionen; die Schüler können:
Schnee	fühlen, in der Hand schmelzen lassen, in den Mund stecken, anhauchen, zerreiben . . .
Tannenreisig, Weihnachtsschmuck (z.B. Lametta)	riechen, betasten, zerpflücken, das klebrige Harz fühlen, beschnuppern; Zweige in eine Vase stellen, schmücken (mit Lametta behängen); . . .
Kerzen	beim Anzünden beobachten, verfolgen, die Wärme fühlen, ausblasen . . .
Adventspäckchen	holen, auspacken, Süßigkeiten verteilen, essen . . .

140

Durch diese Beispiele wird deutlich, daß viele Gegenstände, mit denen die Schüler in ihrer Umwelt ganz natürlich umgeben sind, sich für ein „Mit-ihnen-Umgehen" auf dem jeweiligen Wahrnehmungs- und Aktionsniveau der Kind eignen, daß sie aber oftmals so „weit" vom Schüler entfernt sind, daß ein Zugriff auf sie verhindert wird. Normierte Vorstellungen darüber, wie man mit bestimmten Dingen umzugehen habe („Man spielt nicht mit Lebensmitteln!"), erschweren oft auch den Blick dafür, welcher Umgang mit den Gegenständen den Schülern entspricht. Nicht zufällig sind in den Beispielen eine Reihe von Wiederholungen enthalten, da hier Tätigkeiten angesprochen sind, die erfahrungsgemäß von den Schülern wahrgenommen, verarbeitet oder selbständig vollzogen werden können, obwohl sie der Sache selbst zunächst nicht unbedingt objektiv zu entsprechen scheinen. Durch die Wiederholung der Aktionen mit jeweils anderen Objekten wird jedoch die Verfügbarkeit über ein Schema gefestigt, das Schema selbst durch Anpassung an unterschiedliche Rahmenbedingungen modifiziert und erweitert und so ein Weg zur objektiven Wirklichkeit gebahnt.

Viele der angesprochenen Aktionen weisen darauf hin, daß der Klassenraum nicht ausreicht, um die Objekte der Lebensumwelt in ihrem natürlichen Kontext erfahrbar zu machen. Daß mit den Schülern ebenfalls „draußen" gelebt und gelernt werden kann und muß, ist m.E. jedoch selbstverständlich. Regen, Schnee und Sonne können und sollen auch gar nicht in den Klassenraum transportiert werden, solange man sich darüber im klaren ist, daß man diese Dinge vor der Tür hat und dort auch ganz selbstverständlich aufsucht. Das Gesagte macht auch klar, daß es immer wieder zu Überschneidungen der einzelnen Bereiche kommt, die hier als zeitlich getrennte nacheinander abgehandelt werden, so z.B. beim Kreiserlebnis und den weiter hinten noch beschriebenen Gemeinschaftsaktivitäten.

Über die jahreszeitliche Abfolge hinaus bieten sich immer wieder vielfältige Anlässe, die es sich für eine Förderung im oben beschriebenen Sinne aufzugreifen lohnt.

Da gibt es die Geburtstage der einzelnen Kinder, das Wiedererscheinen eines Kindes nach längerer Abwesenheit, die in ganz besonderer Form thematisiert werden können. Oder die Klasse hat einen neuen Einrichtungsgegenstand, neues Spielzeug bekommen, Dinge, die von allen Schülern gemeinsam untersucht, bestaunt und ausprobiert werden können. Insofern ist der letztgenannte Schwerpunkt wieder nur Beispiel für die verschiedenen Möglichkeiten, die sich in der Arbeit mit Schwerstbehinderten täglich ergeben.

Liedersammlung für gemeinsame Kreisaktionen

Im folgenden sind Lieder zusammengestellt, die in der beschriebenen Schwerstbehindertengruppe Anwendung gefunden haben und die sich sicher auch bei anderen Gruppen einsetzen lassen. Bei den Melodien, die mit neuen

Textvorschlägen versehen sind, ist zu beachten, daß je nach Länge der Schülernamen kleine Wortveränderungen notwendig werden, um eine der Melodie entsprechende Silbenaufteilung zu erreichen. Hier sind die Namen derjenigen Schüler eingesetzt, mit denen der Morgenkreis durchgeführt wurde. Bei Liedern ohne Quellennachweis handelt es sich um mündliche Überlieferungen, deren Bekanntheit allgemein vorausgesetzt werden kann.

Lieder zur Begrüßung:

Melodie: Guten Morgen (Hahn 1955)
Textvorschlag: Guten Morgen, guten Morgen,
                wir winken uns zu,
                guten Morgen, guten Morgen,
                erst ich und dann du,
                : die Angela, die Angela
                sie ist wieder da!:

Melodie: Kräht der Hahn früh am Tage (Klein 1964)
Textvorschlag: 1. Guten Morgen liebe Dorothee,
                   ich komme zu dir,
                   guten Morgen liebe Dorothee,
                   die Hand reich ich dir!
                2. Wir schauen uns an,
                   fragen „wie geht es dir?"
                   wir schütteln uns die Hände,
                   guten Morgen sagen wir!

Melodie: Jetzt steigt Hampelmann (Klein 1964)
Textvorschlag: 1. Jetzt sagt Muhammer,
                   jetzt sagt Muhammer der Ayse guten Tag.
                   Ach liebe Ayse, liebe Ayse, liebe Ayse,
                   ach liebe Ayse, ich sag dir guten Tag!
                2. Jetzt gibt Muhammer der Ayse seine Hand.
                3. Jetzt schaut Muhammer der Ayse ins Gesicht.

Lied: Ich bin so gern bei dir (Krenzer, o.A.)

Lieder mit „Tanz"-Aufforderung:

Melodie: Brüderchen komm tanz mit mir (Klein 1964)
Textvorschlag: Namen der Schüler einsetzen, in jeder Strophe nur eine Tätigkeit benennen und entsprechend wiederholen

Melodie: Den Kranz wolln wir binden (Klein 1964)
Textvorschlag: Mit dir will ich tanzen,
                so tanze ich mit dir.
                Ich tanze zum Lied
                und der Rainer tanzt mit.

oder:
Die Hand will ich geben,
so gebe ich die Hand.
Rainer höre, was ich sag,
ich sag dir guten Tag.

Melodie: Langer Franz (Klein 1964)
Textvorschlag: Namen der Schüler einsetzen

Melodie: Es tanzt ein Bi-ba-butzemann (Klein 1964)
Textvorschlag: Ja unser Meik, ja unser Meik,
der tanzt mit mir im Kreis herum,
ja unser Meik, ja unser Meik,
der tanzt im Kreis herum.
Er freut sich sehr, er freut sich sehr,
drum tanzen wir im Kreis umher.
Ja unser Meik, ja unser Meik,
der tanzt im Kreis herum.

Variationen: Es können verschiedene Tätigkeiten und Gegenstände eingesetzt werden, z.B.:
— holt sich von Dorothee den Bär
— setzt sich jetzt die Mütze auf
— legt sich einen Schal herum
— wirft den Apfel in den Korb
— schiebt das Auto hin und her . . .

Lieder: Ich bin ein dicker Tanzbär (o.A.)
Komm wir wollen tanzen (Konietzko 1978)
Mein Püppchen, das will tanzen gehn (ebenda)

Lieder mit Handlungsaufforderung:

Melodie: Alle meine Entchen (o.A.)
Textvorschlag: Angela ist verschwunden,
wo ist Angela? Wo ist Angela?
(L deckt S mit einem Tuch zu)
Rainer hat sie gefunden,
Angela ist wieder da!
(S zieht das Tuch ab)

Melodie: Hänschen klein (o.A.)
Textvorschlag: Namen und Tätigkeiten können beliebig eingesetzt werden,
z.B.:
— Dorothee, Dorothee bringt dem Rainer einen Korb,
Dorothee, Dorothee bringt Rainer einen Korb.
Dorothee was bringst du mir?

143

Einen Korb den bring ich dir!
Einen Korb, einen Korb,
bring ich jetzt zu dir.
— Ayse holt sich den Ball von Muhammer
— Rainer streichelt jetzt den Teddy(bär) . . .

Lieder: Meine Hände klatschen (Böke 1972)
Ich stampfe mit den Füßen (ebenda)
Mit meinem Kopf da nicke ich (ebenda)
Mein Teddy, der hat Augen (ebenda)
Wo sind deine Ohren (ebenda)
Zeig mir deine Hände (ebenda)
Hier hab' ich ein Bein (ebenda)
Ich habe einen Kopf (ebenda)
Mein Püppchen, das lieb ich (Konietzko 1978)
Rolle, rolle großer Ball (ebenda)
Ich habe einen Hampelmann (ebenda)
Wollt ihr wissen, wie's die kleinen Mädchen machen (Kellermann 1976)

Lieder zum Einsatz von Instrumenten:

Melodie: Es tanzt ein Bi-ba-butzemann (Klein 1964)
Textvorschlag: 1. Der Muhammer, der Muhammer,
macht mit der Trommel bum bum bum,
der Muhammer, der Muhammer,
macht mit der Trommel bum!
Er trommelt laut, er trommelt schön,
die Freude ist ihm anzusehn.
Der Muhammer, der Muhammer,
macht mit der Trommel bum!
               2. Ja unser Meik, ja unser Meik,
macht mit der Glocke klinglingling,
ja unser Meik, ja unser Meik,
macht mit der Glocke kling . . .
               3. Die Dorothee, die Dorothee,
macht mit dem Becken bäng bäng bäng . . .

Melodie: Bruder Jakob (Klein 1964)
Textvorschlag: 1. Hallo Ayse, hallo Ayse,
schläfst du noch, schläfst du noch?
:Hörst du nicht die Glocken?:
Klinglingling, klinglingling
               2. :. . . hörst du nicht die Trommel?:
bum bum bum

144

3. :. . . hörst du nicht das Becken?:
    Bäng bäng bäng
    (Lautmalerei evtl. durch das bloße Spielen des Instru-
    mentes ersetzen)

Melodie: Wir sind zwei Musikanten (Fuchs/Gundlach o.J.)
Textvorschlag: Wir sind Musikanten
                 und machen jetzt Musik.
                 Wir sind Musikanten
                 und spielen jetzt ein Stück.
                 1. Wir können spielen mit der Trommel bum bum bum,
                     wir können spielen mit der Trommel bum.
                 2. ... mit der Glocke klinglingling
                 3. ... mit dem Becken bäng bäng bäng

Melodie: Häslein in der Grube (Klein 1964)
Textvorschlag: Rainer komm und sei so gut
                 und mach uns jetzt Musik,
                 mach uns jetzt Musik.
                 Lieber Rainer sei so gut
                 und spiele uns ein schönes Stück:
                 bum bum bum
                 bum bum bum.
                 (Refrain je nach Instrument abwandelbar)

Lieder: Ich bin ein Tambur (Sieler 1971)
                 Klingelingeling die Post ist da (o.A.)
                 Die Trommel ist zum Trommeln da (o.A.)

Lieder mit jahreszeitlichem Bezug:

Frühling:
Frühling kommt nun wieder (Linke 1969)
Jetzt fängt das schöne Frühjahr an (Fuchs/Gundlach o.J.)
Singt ein Vogel (ebenda)
Has, Has, Osterhas (Klein 1964)
Kuckuck, Kuckuck (ebenda)
Der Kuckuck und der Esel (ebenda)

Sommer:
Trarira, der Sommer, der ist da (Fuchs/Gundlach o.J.)
Lachend kommt der Sommer (ebenda)

Herbst:
Feuchtes Nebelwetter (Keller 1970)
Spannenlanger Hansel (Klein 1964)
Laterne, Laterne (ebenda)

Ich geh mit meiner Laterne (ebenda)
Durch die Straßen (ebenda)
Ging ein Weiblein Nüsse schütteln (Fuchs/Gundlach o.J.)
Der Herbst ist da (Lemmermann o.J.)
Falle, falle, gelbes Blatt (Keller 1970)
Es fallen bunte Blätter (Linke 1969)

Winter:
Schnee und Eis (ebenda)
A, a, a, der Winter, der ist da (Klein 1964)
Ei du liebe Zeit (ebenda)
Juchhe, juchhe, juchhe, der erste Schnee (Fuchs/Gundlach o.J.)
Schneeflöckchen, Weißröckchen (o.A.)

Nikolaus und Weihnachten:
Bimmelt was die Straß entlang (Klein 1964)
Laßt uns froh und munter sein (ebenda)
Bald ist nun Weihnachtszeit (ebenda)
Ihr Kinderlein kommet (ebenda)
Vom Himmel hoch, oh Englein kommt (Fuchs/Gundlach o.J.)
Wir sagen euch an (ebenda)
Kling Glöckchen (o.A.).

2.4.2.2. Toilettengänge

Wie immer die Toilettengänge mit den einzelnen Schülern einer Schwerstbehindertengruppe aussehen mögen, ob ein Kind vom Lehrer gewickelt wird oder ob es bereits dazu in der Lage ist, nach Aufforderung selbständig auf die Toilette zu gehen, stets sind zwei Punkte zu berücksichtigen:

— *Regelmäßigkeit* und
— *Gleichartigkeit* des Ablaufs.

Egal, welche Zielsetzungen im speziellen Fall verfolgt werden, helfen diese Kriterien den schwerstbehinderten Schülern, mit den Anforderungen der Situation zurecht zu kommen.

Um eine *Regelmäßigkeit* bei der Durchführung der Toilettengänge zu erreichen, ist es notwendig, innerhalb des Schultages feste Zeiten einzuplanen, in denen die hygienischen Erfordernisse vollzogen werden sollen. Dabei sind sowohl die individuellen Unterschiede der Schüler als auch die materiellen und personellen Voraussetzungen (Größe der Sanitärräume, Anzahl der Lehrpersonen) zu berücksichtigen. Allein die Unterschiedlichkeit der Schüler läßt es wenig sinnvoll erscheinen, mit allen Schülern gleichzeitig die Toilette aufzusuchen, einmal ganz davon abgesehen, daß in den meisten Fällen weder genug Platz in den Sanitärräumen noch eine hierfür notwendige Personalbesetzung vorhanden ist. Die Regelmäßigkeit erhält schließlich ihren Sinn erst dadurch, daß sie sich auf die Bedürfnisse der einzelnen Kinder bezieht und ein Mittel zur verbesserten Bedürfnisbefriedigung darstellen soll. Sie hat sich also an den bei den einzelnen Schülern vorfindlichen Gewohnheiten zu orientieren. Um diese Gewohnheiten bei den Kindern feststellen und damit auch gewisse Gesetzmäßigkeiten erkennen zu können, ist es wichtig, vor allem in der Anfangszeit sehr genau darüber Protokoll zu führen, wann ein Schüler seinem Ausscheidungsbedürfnis nachkommt und wie lange er verhalten kann. Vor allem bei Schülern, die dicke Windeln tragen, erfordert dies ein häufiges Nachsehen.

Die Ergebnisse der Beobachtung helfen im weiteren, bestimmte Toilettenzeiten für das jeweilige Kind festzulegen, wobei sich im einen oder anderen Fall sicher auch die Toilettengänge mehrerer Schüler kombinieren lassen.

Sind die Zeiten einmal festgelegt, so muß die zeitliche Entsprechung zwischen Ausscheidungsbedürfnis und dem für den Toilettengang vorgesehenen Zeitpunkt kontinuierlich kontrolliert und, bei deutlicher Differenz, die Zeiteinteilung geändert werden. Für die Kontrolle eignet sich ein im Sanitärraum angebrachter Plan, in den die einzelnen Daten eingetragen werden.

Beispiel:
Toilettenplan für: Angela
Nr. 19; Woche vom 6.2. bis 10.2.

Uhrzeit	Mo	Di	Mi	Do	Fr
8.45	—	—	—	—	—
	U	U	U	U	—
9 30	—	—	U	—	—
	—	—	—	—	U
11.00	U	—	—	—	—
	—	U	—	U	—
12.15	—	—	U	—	—
	—	—	U	K	U
13.00	—	—	—	—	—
	—	UK	—	—	—
15.00	U	—	—	—	U
	—	—	U	—	—

Zeichenerklärung: U = Urin; K = Kot; — = keine Ausscheidung.

In der oberen Hälfte des Kästchens wird jeweils eingetragen, ob zu diesem Zeitpunkt bereits eine Ausscheidung stattgefunden hat; die untere Hälfte ist zusätzlich bei Kindern (wie Angela) auszufüllen, die auf das Töpfchen oder die Toilette gesetzt werden, wobei hier die Resultate des Toilettengangs festgehalten werden.

Im Beispiel wurde Angela montags um 8.45 Uhr auf die Toilette gesetzt: die Windel war trocken, Angela urinierte ins Becken. Der anschließende Toilettengang um 9.30 Uhr verlief erfolglos. Um 11.00 Uhr wurde bei Angela eine nasse Hose festgestellt.

Das sorgfältige Protokollieren der Toilettengänge hat nicht nur den Effekt, die bestmögliche Zeiteinteilung zu finden, es kann zusätzlich Informationen über Gesundheitszustand, seelisches Befinden, Reaktionen auf bestimmte Ereignisse vermitteln oder nur ganz banal als tägliche Erinnerung dienen, z.B. daß, nachdem die letzten beiden Toilettengänge erfolglos waren, heute zu einer ungewohnten Zeit mit der Ausscheidung zu rechnen ist. Während bei schwerstbehinderten Schülern, die von ihren motorischen Voraussetzungen dazu in der Lage sind, mit Hilfe der regelmäßigen Toilettengänge die Inkontinenz abgebaut werden soll, dienen sie bei Kindern, die gewickelt werden, dazu, möglichst schnell nach der Entleerung wieder einen für den Schüler angenehmen Zustand herzustellen, indem er wieder frisch und sauber ist.

Die *Gleichartigkeit* des Ablaufs, die es bei den Toilettengängen herzustellen gilt, unterstützt zum einen die Gewohnheitsbildung auf seiten der Kinder und damit auch die Sicherheit in der Bewältigung der Situation, zum anderen die Antizipation der nachfolgenden Handlungen, die das Reagieren auf den objektiven Sachverhalt erleichtert. Es ist also darauf zu achten, daß sich die Form, in der die Toilettengänge vorbereitet und durchgeführt werden, täglich mehrmals gleichartig wiederholt. Dabei ist bereits die Ansprache des Kindes mit einer feststehenden Wendung zu beachten; auch die Art und Weise, wie der Weg zur Toilette zurückgelegt, welches Töpfchen (Farbe, Ort) oder welche Toilettenzelle aufgesucht wird, ist wichtig.

Neben der Regelmäßigkeit und Gleichartigkeit der Toilettengänge ist es von besonderer Bedeutung, daß sie von den Schülern nicht als unangenehm, als Strapaze oder Überforderung empfunden werden. Um im Gegenteil einen positiven Bezug zu diesen Situationen herzustellen, sind folgende Punkte zu beachten:

(1) Trotz hygienischer Notwendigkeiten ist auf eine „behagliche" Atmosphäre des Sanitärbereichs Wert zu legen, d.h.

— keine scharfen Gerüche
— keine grelle Beleuchtung
— Abdämmung von hallenden Geräuschen
— höhere Raumtemperatur.

148

(2) Schwerstbehinderte Schüler, die ihre Ausscheidung ins Töpfchen oder auf der Toilette machen sollen, müssen beim Sitzen einen stabilen, bequemen Halt haben. Um dies zu gewährleisten, müssen die Sitzflächen eventuell gepolstert oder durch spezielle Aufsätze verbreitert werden, einzelne Kinder vielleicht auch eine Fixierung durch Gurte am Oberkörper erhalten.

(3) Die notwendige Dauer der Toiletten„sitzung" muß für die einzelnen Schüler individuell erprobt werden. Prinzipiell darf sie nie zu lang — etwa mehr als 10 Minuten (Maximum!) sein. Zeigt ein Kind schon früher Unwohlsein und Widerwillen, so muß die Zeitspanne verkürzt werden.

(4) Zwar sollte in der für die Entleerung vorgesehenen Zeit kein unmittelbarer, ablenkender Kontakt zwischen Lehrer und Schüler bestehen, doch darf sich der Schüler nicht allein und verlassen fühlen. Solange der Lehrer sich in der Nähe des Schülers aufhält, ihn ab und zu anspricht und ermuntert, ist diese Gefahr weniger gegeben.

Toilettengang als Fördersituation:

Der Toilettengang umfaßt eine Reihe von Einzeltätigkeiten, die nacheinander vollzogen werden müssen. So gehören, neben dem notwendigen Aus- und Wiederankleiden, das Sitzen auf dem Töpfchen, der Toilette bzw. das Liegen auf dem Wickeltisch dazu, wie auch das Reinigen und Trocknen verschmutzter Körperteile bzw. das Abwischen und das Händewaschen. Allein die Notwendigkeiten der Sache schreiben vor, welche Aktionen mit dem Schüler durchgeführt werden müssen. In der Regel ist es Unsinn, als Lehrer von einem schwerstbehinderten Schüler zu verlangen, den gesamten Ablauf selbständig zu steuern und auszuführen, genauso wie es ungeschickt ist, sämtliche Verrichtungen anzuleiten bzw. dem Kind vollständig abzunehmen. Vielmehr geht es darum, genau zu analysieren, welche Tätigkeiten der Schüler selbständig bewältigen kann und bei welchen Aktionen er Hilfe von Lehrerseite benötigt. Zusätzlich hat man sich prinzipiell zu fragen, welche Maßnahmen sinnvoll in die Situation miteingebunden werden können.

So werden während des Toilettengangs, verstanden als Fördersituation, die verschiedensten Bereiche angesprochen und wichtige Einzelfunktionen im sinnvollen Kontext geübt.

Für die Schüler überschneiden sich damit die Schwerpunkte vitale Versorgung/ Selbstversorgung und Einzelförderung.

2.4.2.3. Mahlzeiten

Im Gegensatz zu den Toilettenzeiten, die, mit gewissen Einschränkungen durch organisatorische Notwendigkeiten, weitgehend individuell bestimmbar sind, müssen die Mahlzeiten in der Regel als bereits relativ feststehende Einrichtungen im (Schul-) Alltag übernommen werden. Normalerweise läßt auch das in der Schule angebotene Essen wenig Spielraum, um auf spezielle Bedürfnisse der Schüler einzugehen.

Die Freiheiten, die sich dennoch ergeben, liegen also mehr in der *Gestaltung* und *Aufbereitung* der Essenssituationen.

Die unter dem Punkt „Toilettengänge" angesprochene *Gleichartigkeit* des äußeren Rahmens hat auch hier Priorität.

So dienen z.b. eine feststehende Sitzordnung, ein deutliches Anfangssignal, ein bestimmtes Zeichen für das Ende der Mahlzeit, charakteristische Gegenstände und Handlungen dazu, den schwerstbehinderten Schülern zu einer besseren Durchdringung und Zergliederung der Gesamtsituation zu verhelfen. Ob für alle Schüler dieselben Kontrapunkte gesetzt werden oder ob jeder Schüler auf spezielle Weise angesprochen wird, ist dabei von untergeordneter Bedeutung, obgleich die Mahlzeiten auch als Gemeinschaftsaktivitäten zu beachten und zu nutzen sind.

Ebenso wie der Toilettengang ist die einzelne Mahlzeit immer eine *Fördersituation*, deren sachgegebenen Inhalte natürliche Handlungsaufforderungen für den Schüler darstellen, ihn zu Personen- und Objektbeziehungen herausfordern.

Entscheidend ist hier wieder die *geplante Auswahl* derjenigen Details, die vom Schüler vollzogen werden können und ihn der Aneignung der Gesamtsituation in Form eines Beherrschens, Genießens, Sich-verfügbar-Machens näherbringen.

Diese Auswahl ist wiederum durch den Vergleich der Sachanalyse (Aufgliederung der Gesamtsituation in Einzelschritte, einfachste Handlungsvollzüge, Wahrnehmungsqualitäten und Objekte) mit der Ausgangssituation (Niveau der erreichten Fertigkeiten, Interessenlage, verfügbare Handlungsschemata) zu treffen.

Der methodische Rahmen zur Erreichung des jeweiligen Zielverhaltens wird durch drei Kategorien abgesteckt:

— Gestaltung des Umfeldes
— Einsatz personaler Vermittlungshilfen (Lehreraktivitäten)
— Einsatz spezieller Medien

a) Gestaltung des Umfeldes

(1) Speiseraum:

In den meisten Fällen ist sicher kein zusätzlicher Speiseraum für die Schwerstbehindertengruppe vorhanden. Bevor das Essen jedoch mit den Schülern in der hektischen Atmosphäre eines meist überfüllten, geräuschintensiven Schulspeisesaales eingenommen wird, ist der Klassenraum allemal zu bevorzugen.

Hier ist auch die Möglichkeit gegeben, sich mit einem Kind, das besonders ausgeprägte Schwierigkeiten bei der Nahrungsaufnahme hat oder sich stark ablenken läßt, in eine abgelegene Ecke zurückzuziehen. Der Klassenraum muß also über eine Eßecke verfügen, die außerhalb der Mahlzeiten natürlich auch für andere Zwecke genutzt werden kann.

(2) Sitzordnung:

Falls nicht der größte Teil der Schüler im Liegen gefüttert werden muß, ist eine *Tischrunde* besser dazu geeignet, der Situation ein gemeinschaftliches Gepräge zu geben, als voneinander abgeschiedene Eßplätze. Zudem bietet sie den Vorteil, daß ein Lehrer sich mit mehreren Schülern gleichzeitig beschäftigen kann. Bei der Zusammenstellung der Sitzordnung muß darauf geachtet werden, daß sie die angestrebten Maßnahmen und Interaktionen gewährleistet und unterstützt. So ist für stark ablenkbare, schreckhafte Kinder ein Platz zu wählen, der sich bei Bedarf etwas abschirmen läßt und nicht in unmittelbarer Nähe des Aktionsradius eines erethischen Schülers liegt. Schwerstbehinderte, die bereits dazu in der Lage sind, miteinander zu interagieren, sollten so sitzen, daß Handlungen, wie sich gegenseitig etwas zureichen, den anderen beobachten, mit ihm kommunizieren, auch möglich sind.

(3) Geräuschkulisse:

Da die Mahlzeiten für alle Schüler in einer ruhigen, angenehmen und entspannten Atmosphäre verlaufen sollten, ist auf eine Reduzierung der äußeren Geräuschkulisse zu achten. Überschneidungen der Essenszeiten mit den Pausenzeiten anderer Klassen, die ein Klingelsignal und das Getrappel von Schülern auf dem Gang automatisch mit sich bringen, sind daher ungünstig. Andererseits kann der Einsatz einer bewußt ausgewählten Hintergrundmusik zur Erreichung einer beruhigenden, geichmäßigen Stimmung erprobt werden. Innerhalb der vorgestellten Schwerstbehindertengruppe wirkte sich das Abspielen von gedämpfter und ruhiger klassischer Musik und von Meditationsmusik sehr positiv auf das Verhalten der einzelnen Schüler aus.

b) Einsatz personaler Vermittlungshilfen (Lehreraktivitäten)

Grundsätzlich dienen die Lehreraktivitäten dem Zweck, die Gesamtsituation Mahlzeit bzw. Nahrungsaufnahme so zu zergliedern und aufzubereiten, daß den einzelnen Schülern eine aktive und befriedigende Teilnahme möglich wird, vorhandene Fertigkeiten erhalten, differenziert und weiterentwickelt werden.

Um dies zu erreichen, ist vorher genau zu ermitteln, welche Schritte innerhalb der Situation vollzogen werden müssen, welche das Kind bereits selbständig bewältigen kann bzw. wo der Lehrer helfend eingreifen muß. Für jeden Schüler sehen dabei die geforderten Eigenaktivitäten und die notwendigen Maßnahmen von Lehrerseite unterschiedlich aus (vergl. 2.4.1. Förderprogramme). Folgende Fragestellungen bei der Analyse der Situation und bei der Herstellung des Bezuges zur Ausgangssituation des einzelnen Kindes erleichtern die Entscheidung bzgl. inhaltlicher Auswahl und methodischer Vorgehensweise:

— Welche Mahlzeiten erhält der Schüler in der Schule? (Frühstück, Mittagessen, Getränk oder Obst zwischendurch, Nachmittagstee, Süßigkeiten . . .)
— Wie sieht die Nahrung des Schülers aus? (bringt die Mahlzeiten von zu Hause mit, erhält Schulessen, das Essen entspricht normaler Kost, der Schüler bekommt Diät, das Essen muß passiert werden . . .)
— Welche Vorlieben und Abneigungen hat der Schüler beim Essen? (mag kein Obst, kein Gemüse, ißt nur kalte oder warme Speisen, trinkt nur Tee, lehnt Süßes ab, ißt Fleisch besonders gern . . .)
— In welcher Position nimmt der Schüler die Mahlzeiten ein? (im Liegen, bei spezieller Lagerung, im Sitzen, auf dem Schoß, im Spezialstuhl, auf einem normalen Stuhl . . .)
— Welche Funktionen im Bereich der Mundmotorik werden beherrscht? (Mund öffnen und schließen, Zungenbewegungen, Schlucken, Saugen, Beißen, Kauen . . .)
— Über welche auf den Bereich Fixieren, Greifen, In-den-Mund-stecken bezogenen motorischen und visuellen Fertigkeiten kann der Schüler frei verfügen, welche beherrscht er ansatzweise? (fixiert Gegenstände, verfolgt und greift Objekte, hält sie fest, führt Bewegungen mit ergriffenen Gegenständen aus, steckt Dinge in den Mund . . .)
— Zeigt der Schüler Ansätze zu einem „Werkzeuggebrauch"? (zieht Unterlage zu sich her, um an daraufliegende Objekte heranzukommen, ergreift den Löffel und führt Bewegungen mit ihm aus, zerdrückt etwas mit der Gabel, versucht etwas mit Hilfe des Messers zu zerteilen oder zu zerschneiden . . .)

Durch die Beantwortung dieser Fragen läßt sich ein *Zustandsbild* ermitteln, aus dem Ziele und Maßnahmen abgeleitet werden können. Das konkrete Vorgehen ist im folgenden am *Beispiel Rainer* ausgeführt:

Zustandsbild: Nahrungsaufnahme bei Rainer

Rainer nimmt täglich an zwei Mahlzeiten in der Schule teil (Frühstück und Mittagessen), zwischendurch erhält er immer wieder kleine Getränke, da er keine größeren Flüssigkeitsmengen auf einmal zu sich nehmen kann.

Rainers Frühstück, welches er aus dem Elternhaus mitbringt, ist in der Regel sehr üppig. Es besteht aus einem belegten Brötchen oder Brot (Wurst, Käse, Marmelade), ergänzt durch zahlreiche Süßigkeiten (Bonbons, Kekse, Schokoriegel). Dazu wird Rainer ein Schulgetränk (Kakao) angeboten.

Mittags nimmt Rainer am regulären Schulessen teil. Die Nahrung (Kartoffeln, Fleisch, Gemüse) muß zerkleinert, jedoch nicht passiert werden.

Der Junge ist vorwiegend auf süß schmeckende Speisen fixiert, zeigt aber auch hier nur geringen Appetit. Je weniger Rainer eine Speise mag (Würstchen, Joghurt, Fleisch, Salat), desto länger behält er die Bissen im Mund. Häufig lehnt er generell jede Nahrungsaufnahme ab, indem er die Lippen zusammenpreßt und den Kopf abwendet, wenn er gefüttert werden soll.

Rainer sitzt beim Essen in einem geschlossenen Kinderstuhl am Tisch. Dabei zeigt er sich sehr unruhig und außerordentlich ablenkbar. Er kann den Mund öffnen, ein Stück Brot von einem angebotenen Stück abbeißen, kauen und schlucken. Da er häufig lacht und Laute produziert, öffnet er den noch vollen Mund ständig und verschluckt sich nicht selten. Oft kaut Rainer die im Mund gehorteten Bissen erst dann, wenn neue Bissen nachgeschoben werden und der Mund übervoll ist. Das Trinken bereitet Rainer große Schwierigkeiten. Er läßt die mit der Tasse schluckweise in den Mund gegossene Flüssigkeit großteils wieder herauslaufen (fehlender Mundschluß) und bekommt fast jeden zweiten Schluck in die falsche Kehle. In die Babyflasche mit Schnuller verbeißt sich Rainer so sehr, daß keine Flüssigkeit mehr austreten kann, er zeigt auch keine Ansätze zum Saugen. Auch die Wippi-Tasse mit verschiedensten Aufsätzen erwies sich als ungeeignet. Mit Hilfe der Schnabeltasse trinkt Rainer derzeit am besten, solange sie vom Lehrer gehalten wird. Rainer fixiert und ergreift Brotbrocken und versucht, sie in den Mund zu stecken, wenn er Hunger hat. Auch den Becher oder die Tasse kann er mit zwei Händen halten und zum Mund führen, hat jedoch Schwierigkeiten beim Neigen des Gefäßes und wird mit der austretenden Flüssigkeit nicht fertig (s.o.).

Rainer zieht das Set zu sich her, um an den Teller oder die Tasse heranzukommen. Er faßt mit den Händen in die Speise und freut sich, wenn die Tasse umfällt und die Flüssigkeit sich über den Tisch ergießt. Mit geringer motorischer Unterstützung kann er einen kleinen Löffel mit verstärktem Holzgriff halten. Die Bewegungen mit dem Löffel sind zittrig und unkoordiniert, jedoch eindeutig zielgerichtet.

Insgesamt dauert eine Mahlzeit mit Rainer, selbst wenn er vorwiegend vom Lehrer gefüttert wird, mindestens eine Stunde. Allein das Trinken kleiner Flüssigkeitsmengen (0,1 L) nimmt 10 bis 15 Minuten in Anspruch. Rainer ist nur durch ständige Ermunterung und Lenkung durch den Lehrer in der Lage, sich auf den Essensvorgang zu konzentrieren, wobei mit der Länge einer Mahlzeit auch die motorische Unruhe und Ablenkbarkeit Rainers stark zunehmen.

Schlußfolgerungen für Ziele und Maßnahmen:

Obwohl Rainer über eine Reihe von Fertigkeiten im Bereich der Nahrungsaufnahme verfügt, erscheint es aufgrund seiner Appetitlosigkeit, seiner geringen Konzentrationsspanne, der starken Ablenkbarkeit und der großen Probleme beim Trinken nicht sinnvoll, hier auf verstärkte Eigenständigkeit zu dringen. Im Gegenteil müssen zunächst erst einmal die Grundlagen geschaffen werden, die Rainer weiterhin zu mehr Selbständigkeit führen können. Dazu gehört in erster Linie, daß er lernt, Flüssigkeiten ohne Verschlucken zu sich zu nehmen. Es ist daher notwendig, ein Trinkprogramm durchzuführen, wie es Haupt/Fröhlich (1982, S. 98 ff) vorgestellt haben. Um den Essensvorgang, der für Rainer eine erhebliche Anstrengung bedeutet, zu verkürzen, ist es weiterhin nötig, daß er vom Lehrer gefüttert wird und die Nahrungsmittel entsprechend aufbereitet (in kleine Stücke zerteilt oder zerdrückt) werden.

Durch das Beispiel wird deutlich, daß nicht jede vorhandene Einzelfertigkeit sofort Anlaß zu einer Zielformulierung der Fertigkeit auf höherer Ebene sein darf, sondern daß sich die Ziele aufeinander bzw. auf die Gesamtsituation beziehen müssen.

So ist in diesem Fall eine Reduzierung des Lerninhaltes unumgänglich, um den Erwerb weitergehender Fertigkeiten zukünftig überhaupt erst zu ermöglichen.

Für Schüler, die bei der Einnahme der Mahlzeiten keine großen Schwierigkeiten mehr haben (vergl. Dorothee und Angela) ist es dagegen durchaus angemessen, zusätzlich neue Aufgabengebieten in den Bereich Mahlzeit hereinzunehmen wie z.B. Holen der Frühstückstasche, Auspacken des Brotes aus der Papierhülle, Decken des Tisches, Geschirr und Getränke holen und wegbringen, Geschirr spülen etc.

Beim Einsatz personaler Vermittlungshilfen muß prinzipiell darauf geachtet werden, daß den Schülern nicht durch helfend eingreifende Lehrkräfte Fertigkeiten abverlangt werden, die sie eigentlich noch überfordern. Ausgangspunkt der Lehreraktivitäten ist also stets das *Können* der Schüler, das es auszudifferenzieren gilt und *nicht* ihr *Scheitern,* das überbrückt werden soll.

c) Einsatz spezieller Medien

Um den einzelnen Schülern den Erwerb bestimmter Fertigkeiten im Bereich der Nahrungsaufnahme zu ermöglichen, bzw. um diese z.T. erst angenehm oder einfach leichter zu gestalten, ist es häufig sinnvoll, auf den Einsatz spezieller Hilfsmittel zurückzugreifen. Aber auch bereits bei der Vorbereitung und Durchführung der Mahlzeiten für die Gesamtgruppe gehören die Medien zu den wichtigen Strukturierungshilfen, über die den Schülern die Antizipation und aktive Teilnahme an der Situation erleichtert werden kann.

Damit die Objekte tatsächlich strukturierenden Charakter erhalten, müssen sie von gleichbleibender Qualität sein, d.h. *Eindeutigkeit* in der Zuordnung zu Situation, Handlung und Person erhalten.

So ist es z.B. nicht überflüssig, sich zu fragen, wie die einzelnen Schüler auf das Essen vorbereitet werden: Latz oder Schürze anziehen, sich diese Kleidungsstücke selbst oder mit Hilfe vom Haken holen, damit an den Platz gehen.

Auch der Tisch muß in entsprechender Weise hergerichtet werden: Sets, die die Eßplätze der Schüler kennzeichnen, Bereitstellen von Abfallschälchen, Servietten, Geschirr. Hier dienen die Gegenstände und Anordnungen als *Signale* mit Kausalcharakter („Wenn ich den blauen Latz anziehe, kommt gleich das Essen") und *Orientierungsmarken* (mit der Serviette wird der Mund abgewischt, die schmutzige Serviette kommt ins Abfallschälchen) für notwendiges und sinnvolles Verhalten.

Damit das Tischdecken und Abräumen nicht lediglich aus Vorsichtsgründen allein von den Lehrern übernommen werden muß, ist für robustes Geschirr zu sorgen, dem auch ein gelegentliches An- und Umstoßen nicht schadet. Im weiteren muß das Geschirr natürlich nach dem Kriterium ausgesucht werden, ob es eine Verbesserung der Nahrungsaufnahme bzw. das Erlernen von Fertigkeiten in diesem Bereich unterstützt. D.h. im einen Fall Beschaffung von Hilfsmitteln zur Durchführung des Trinkprogramms (Rainer): Pipette aus Plastik, Einwegspritze, Schwämmchen mit Griff, Aquadestflasche mit Welpensauger etc., im anderen Fall Beschaffung von Medien wie: Wippi-Tasse mit diversen Aufsätzen, Babyflasche mit Schnuller, schmaler Becher, Papptüte mit Strohhalm etc. Beim Essen mit Besteck muß z.B. überlegt werden, ob der Schüler besser mit dem großen oder dem kleinen Löffel lernt, ob das Besteck speziell geformt oder mit besonderem Griff versehen sein muß. Die Teller sind hinsichtlich ihrer Rutschfestigkeit zu überprüfen. Manche Schüler benötigen zum selbständigen Schöpfen einen Teller mit erhöhtem Rand (Kleinkindspezialteller, anklemmbarer Plastikrand für normales Geschirr) oder einen Wärmeteller, damit das Essen nicht so schnell kalt wird.

2.4.2.4. Einzelförderung

Ein tägliches spezielles Angebot für jeden einzelnen Schüler im Bereich der Einzelförderung wird hinsichtlich einer Reihe von Voraussetzungen notwendig: Erstens: Die *Heterogenität* der Schüler bezüglich Verarbeitungs- und Handlungsniveau, Interesse und Sozialentwicklung schließt ein durchgehend gemeinschaftliches Lernangebot aus.

Zweitens: Die angestrebten Tätigkeiten und Wahrnehmungsleistungen erfordern sowohl ein auf den individuellen Fall *zugeschnittenes Arrangement* als auch die ganze *Aufmerksamkeit* und *Aktionsfreiheit* des Lehrers.

Es sind daher feste Phasen innerhalb des Schultages für die Einzelförderung vorzusehen.

Dabei ist es in den meisten Fällen nicht möglich, mit allen Schülern parallel Einzelförderung durchzuführen, einmal, da nicht von einem Lehrer-Schüler-Verhältnis von 1:1 ausgegangen werden kann, zum anderen, weil die Beschränkung der Räumlichkeiten und Materialausstattung eine solche Gleichzeitigkeit in den meisten Fällen verhindert.

Dieser Punkt ist jedoch weniger als Nachteil zu sehen, da er erlaubt, die Zeiten für die Einzelförderung individueller abzustimmen, also auf notwendige Ruhe- und Spielphasen der einzelnen Schüler Rücksicht zu nehmen. Umfaßt eine Schwerstbehindertengruppe 5 bis 6 Kinder, so wird in der Regel nur mit zwei bis drei Schülern parallel Einzelförderung durchgeführt werden können, während die anderen gemeinsam betreut werden müssen. Bei der Festlegung der Dauer einer Fördereinheit ist zu berücksichtigen, daß ein Angebot kürzerer und dafür häufigerer Sequenzen den Schülern oftmals mehr entgegenkommt als die Durchführung längerer Einheiten, die damit auch seltener stattfinden können. Zudem ist es bei der Beschränkung auf kürzere Zeitabschnitte möglich, allen Schülern der Gruppe täglich Einzelförderung anzubieten und damit Kontinuität zu gewährleisten.

Die für die Einzelförderung ausgewählten Inhalte orientieren sich primär an der Ausgangssituation der Schüler im funktionellen Bereich (Wahrnehmung, Motorik) und schulen hier einzelne Fertigkeiten (z.B. Reaktion auf optische und akustische Reize, Greifen, Stecken, Schneiden). Sie nehmen jedoch Bezug auf konkrete Situationen (z.B. Mahlzeiten, Wickeln, freies Spiel), sind häufig sogar in diese eingebunden.

Im weiteren sind als Beispiel die inhaltlichen Schwerpunkte der Einzelförderung in der vorgestellten Schwerstbehindertengruppe aufgeführt.

Einzelförderung: Schwerpunkte

1. Quartal:

Dorothee: — Schneideübungen mit dem Messer (Obst, Brot)
— Bewegungskontrolle im Spiegel (Eincremen)
— Öffnen und Schließen verschiedener Verschlüsse an Kleidern (Haken, Schnalle) und an Gegenständen (Deckel, Schraubverschluß)
— Übungen am Rollenhaus (Romémons-Satz) (Greifen, Durchstecken, Durchziehen)

Angela: — Auswickeln von Gegenständen (Spielzeug, Süßigkeiten) aus Papier
— Orientierungsgänge im Schulgebäude mit Hilfe des Laufgestells

Rainer: — Aus- und Ankleiden im Rahmen einer Badesituation
— Übungen in der Badewanne (Fixieren, Verfolgen, Greifen von Gegenständen und Materialien; Körperstimulation)

Meik: — Stimulation des Körpers mit div. Material in der Wickelsituation
— Angebot verschiedenartigen, geräuscherzeugenden Materials zur Anbahnung ausdifferenzierter Bewegungsschemata der Hände und Arme

156

Ayse:	— Aus- und Ankleiden im Rahmen einer Badesituation
	— Spiel mit Wasser, Schaum und Schwimmtieren in der Bade- wanne
Muhammer:	— Ausführen kleiner Aufträge (Geschirr holen, wegbringen)
	— Treppensteigen
	— Aus- und Einräumen, Transportieren von Spielzeug

2. Quartal

Dorothee:	— Schneideübungen mit dem Messer
	— Übungen am Rollenhaus (Ronémons)
	— Übungen am Lochrahmen (Ronémons)
Angela:	— Auswickeln von Gegenständen aus Stoff, Aufknöpfen
	— Orientierungsgänge und Ausführen kleiner Aufträge im Schul- gebäude
	— Übungen am Ronémonstisch (Fixieren, Verfolgen, Greifen, Stecken)
Rainer:	— Übungen in der Korn- und Badewanne
Meik:	— Stimulation in der Wickelsituation
	— Übungen in Bauch- und Rückenlage mit geräuscherzeugen- dem Material
Ayse:	— Übungen in der Badesituation
Muhammer:	— Orientierungsgänge und Ausführen kleiner Aufträge im Schul- gelände
	— Spiel mit dem Ball und mit großen Holzbausteinen

3. Quartal:

Dorothee:	— Schneideübungen mit dem Messer
	— Krempelübungen am Übungsärmel
	— Bildbetrachtung und Sprachübungen am selbstgefertigten Bilderbuch
Angela:	— Öffnen und Schließen diverser Verschlüsse an Kleidern und Behältern
	— Übungen am Ronémonstisch und Rollenhaus
Rainer:	— Übungen in der Styroporwanne
	— Gymnastische Übungen auf dem Spastikerball
	— Laufübungen
Meik:	— Stimulation in der Wickelsituation
	— Übungen in der Styroporwanne
	— Übungen zur optischen Wahrnehmung

Ayse:	— Übungen in der Badesituation
	— Auseinandersetzung mit Spielobjekten bei intensivem Körperkontakt
	— Übungen zur akustischen Wahrnehmung
Muhammer:	— Mithilfe bei hauswirtschaftlichen Tätigkeiten
	— Spiel mit Baubechern, Pyramiden-Ringen, Schüsseln und Eimern
	— Experimente mit Kugelbahn und Klettermaxe

4. Quartal:

Dorothee:	— Ausführung kleiner hauswirtschaftlicher Tätigkeiten
	— Krempelübungen am konkreten Kleidungsstück
	— Bildbetrachtungen und Sprachübungen
Angela:	— Mithilfe bei hauswirtschaftlichen Tätigkeiten
	— Gymnastische Übungen auf der Wippe (unter intensivem Körperkontakt)
	— Ausführen von kleinen Aufträgen im Schulgebäude
Rainer:	— Trinkprogramm
	— Übungen auf dem Spastikerball
	— Laufübungen
	— Übungen zur akustischen Wahrnehmung
Meik:	— Stimulation in der Wickelsituation
	— Akusto-vibratorische Übungen, Kommunikationsangebote
	— Anregung und Unterstützung von differenzierteren Greif- und Bewegungsfunktionen der Hände und Arme bei intensivem Körperkontakt
Ayse:	— Übungen in der Badesituation und der Materialwanne
	— Auseinandersetzung mit geräuscherzeugenden Spielmaterialien bei intensivem Körperkontakt
	— Übungen zur optischen Wahrnehmung
Muhammer:	— Mithilfe bei hauswirtschaftlichen Tätigkeiten
	— Übungen zum Gebrauch von Fahrzeugen: Kettcar, Rollbrett, Dreirad.

2.4.2.5. Unterrichtsreihen und Vorhaben

Das unter dem Begriff *Unterrichtsreihen* und vorhaben zusammengefaßte Förderangebot kommt wohl dem, was gemeinhin unter dem Unterricht an der Sonderschule für Geistigbehinderte verstanden wird, am nächsten und ist daher sicher nur für einen Teil der hier angesprochenen Personengruppe relevant. Innerhalb einer heterogen zusammengesetzten Schwerstbehindertengruppe, wie sie auch durch das vorgestellte Beispiel repräsentiert wird, sind jedoch zusätzliche Maßnahmen notwendig, die den Bereich der basalen Förderung überschreiten und Situations- und Materialangebote machen, die ein höheres Wahrnehmungs- und Verarbeitungsniveau ansprechen können.

Charakteristisch für die inhaltliche Ausgestaltung der Unterrichtsreihen gegenüber dem Angebot der Einzelförderung ist die *Orientierung am Thema,* d.h. an einer Situation, einem Material oder Objekt. Was in der Einzelförderung den Stellenwert als *Mittel* zur Erreichung bestimmter Ziele einnimmt, ist in der Unterrichtsreihe *objektiver Zweck,* dem sich die individuelle, subjektive Bezogenheit auf den Gegenstand angleichen muß. Dieser Schritt kann von den Schülern erst dann vollzogen werden, wenn sie eine Entwicklungsstufe erreicht haben, die das Erkennen und Reagieren auf objektive Gegebenheiten ermöglicht. Für Schüler, die dieses Niveau noch nicht erreicht haben, muß sich die Auswahl der Fördermaßnahmen an deren subjektiven Zwecksetzungen und Aktionsmodi orientieren.

In der Praxis ist es dennoch möglich, die Gesamtgruppe in der Phase „Unterrichtsreihe bzw. Vorhaben" zusammenzufassen. Dies wird dadurch möglich, daß allen Schülern ein bestimmter Inhalt (z.B. Kleister, Farbe) angeboten wird, sich die Zielsetzungen und methodischen Vermittlungsformen jedoch für die einzelnen Schüler unterscheiden. Für dieses Vorgehen ist selbstverständlich nicht jeder beliebige Stoff geeignet; es gibt jedoch eine Fülle inhaltlicher Möglichkeiten, eine so geartete *Differenzierung* sinnvoll umzusetzen.

Eine andere Form, den oben dargestellten Widerspruch zu lösen, besteht darin, die Unterrichtsaktivitäten in der Schwerstbehindertengruppe so zu ordnen, daß Einzelförderung und Unterrichtsreihe/Vorhaben zeitlich parallel laufen oder daß mit Schülern, die an der Unterrichtsreihe/am Vorhaben teilnehmen können, dann gearbeitet wird, wenn für die anderen Schüler eine Ruhepause oder eine Spielphase eingeplant ist.

Innerhalb der Unterrichtsreihe oder eines Vorhabens besteht neben der Vermittlung von Sach- und zielorientierung die Chance, die Schüler zu Formen partnerschaftlichen bzw. gruppenmäßigen Arbeitens hinzuführen.

Es ist sogar überlegenswert, ob der Unterrichtsgegenstand nicht überhaupt vorrangig nach seiner Eignung für gemeinschaftliche Aktivitäten ausgewählt werden sollte.

Um das Gesagte zu erläutern, sind nachfolgend Beispiele für Unterrichtsreihen/Vorhaben aus dem Bereich „Umgang mit Gestaltungsmaterial" skizziert, wie sie in der vorgestellten Schwerstbehindertengruppe durchgeführt worden sind. Im Anschluß daran finden sich einige Themenvorschläge, die andere Bereiche betreffen.

1. Unterrichtsreihe: Modifizieren des Materials Papier durch Reißen

Zeitraum: 1 Monat
Schülergruppe: Dorothee, Angela, Muhammer, Rainer
Medien: Diverse Papiersorten
Inhaltliche Schwerpunkte:

— Auseinandersetzung mit Alu-Folie (Knüllen, Reißen)
— Reißen von Seiten aus dem großen Telefonbuch (dünnes Papier, gut reißbar)
— Zerreißen von Seidenpapier
— Zerreißen von Buntpapier
— Zerreißen von stabiler Goldfolie
— Zerreißen von Wellpappe und dünnem Karton

2. Unterrichtsreihe: Auftragen von Farbe auf große Papierflächen

Zeitraum: 6 Wochen
Schülergruppen: Dorothee, Angela, Muhammer, Rainer
Medien: Papierbögen, Fingerfarbe, Schälchen, Schwamm, Pinsel
Inhaltliche Schwerpunkte:

— Fingerfarbe mit beiden Händen auftragen, verstreichen
— Farbe mit dem Schwamm auftragen (Dorothee, Angela, Muhammer)
— Farbe mit dem Pinsel auftragen (Dorothee, Angela)

3. Unterrichtsreihe: Kleben mit Kleister

Zeitraum: 2 Monate

Schülergruppe   a) Dorothee, Angela, Muhammer
                                    b) Ayse, Meik, Rainer

Medien: Kleister, Kleistermehl, Wasser, Papier, Papierschnipsel

Inhaltliche Schwerpunkte:

für a)
— Kennenlernen und Herstellen des Mediums Kleister
— Bekleben diverser Papiersorten mit verschiedenartigen Schnipseln
  (z.B. Buntpapier auf weißes Papier, Goldfolie auf schwarzes Papier, Seidenpapier auf Transparentpapier oder Architektenpapier)

für b)
— Stimulation der Arme und Hände mit Wasser, Kleistermehl und Kleister, Anregung zum Greifen und Bewegen der Masse

Unterrichtsbeispiel: „Wir stellen Kleister her"

Unterrichtsaktivitäten	Kommentar
Sch ziehen (z.T. mit Hilfe) ihre Malkittel an, setzen sich an den Arbeitstisch bzw. werden in ihren Spezialstühlen an den Tisch gefahren; vor jedem Sch steht eine flache Plastikschüssel, in die er gut sehen und greifen kann.	Signal für den Beginn der Arbeitsphase L1, L2 und L3 betreuen je zwei Sch L1: Dorothee, Angela L2: Muhammer, Rainer L3: Meik, Ayse
Dorothee und L1 holen Wasser in einer Gießkanne (Waschraum). Dorothee und Angela werden nacheinander aufgefordert, Wasser in die Schüssel und über die Hände des Partners zu gießen	Visuelle und akustische Reize durch das Eingießen des Wassers Anbahnung von Partnerarbeit
Muhammer gießt mit Hilfe Wasser in seine und Rainers Schüssel. Beide Sch bewegen ihre Hände im Wasser, L2 regt an und unterstützt.	Wiedererkennen des Mediums, Anwendung erlernter Bewegungsschemata
L3 gießt Wasser über Meiks und Ayses Hände in die Schüsseln, regt Sch zur Bewegung der Hände an.	Vermitteln von Reizen, Unterstützen von Reaktionen
Die Wasserschüsseln werden weggestellt. Sch erhalten eine zweite leere Schüssel. LL helfen beim Abtrocknen der Hände.	Medienwechsel
Angela und Dorothee nehmen sich je ein Päckchen Kleistermehl, öffnen die Packung durch Einreißen. L1 hilft, wo nötig. Sch schütten den Packungsinhalt in ihre Schüssel, befühlen und mischen das neue Material.	Anwendung erlernter Griffe und Tätigkeiten Vergleichendes Wahrnehmen des neuen Materials
Muhammer schüttet mit Hilfe Kleistermehl aus dem geöffneten Päckchen in seine und Rainers Schüssel. Sch greifen das Material, bewegen es in der Schüssel. L2 unterstützt die Aktionen.	Wahrnehmen des Materialreizes, Anwendung bekannter Schemata
L3 streut Kleistermehl über Meiks und Ayses Hände, regt die Sch zu Bewegungen im neuen Material an.	Wahrnehmen und Reagieren (neue Reizbedingung)
Die Wasserschüsseln werden wieder auf den Tisch gestellt. Sch streuen teils selbständig, wo nötig mit Hilfe, das Kleistermehl ins Wasser. Sch verrühren die beiden Medien selbständig (Dorothee, Angela), mit geringer Hilfe (Muhammer, Rainer) oder durch Führen der Hände (Meik, Ayse). Sch bewegen ihre Hände in der entstehenden Kleistermasse.	Über die Reize auf der Haut nehmen Sch wahr, wie durch die Verbindung von Kleistermehl und Wasser ein neuer Stoff entsteht. Für Angela, Dorothee und Muhammer wird ein Erkennen auf Verständnisbasis angestrebt.

Unterrichtsaktivitäten	Kommentar
Die Materialien werden beiseite gestellt, Sch säubern sich im Waschraum selbständig bzw. mit Hilfe und ziehen die Malkittel aus.	Signal für das Ende der Arbeits-phase

Unterrichtsbeispiel: „Wir bekleben Papierbögen mit Buntpapier"

Unterrichtsaktivitäten	Kommentar
Angela, Dorothee und Muhammer erhalten große weiße Papierbögen, die mit Klebeband auf die Arbeitsfläche geklebt werden.	L1 arbeitet mit Angela und Dorothee L2 betreut Muhammer
Sch werden aufgefordert (verbal, durch Ge-sten), aus einem Schälchen Papierschnipsel zu greifen und auf das Papier zu streuen oder zu legen. L1 und L2 geben notfalls Hilfestel-lung.	Erste Gestaltung der Papierfläche
L1 und L2 ermuntern Sch verbal oder durch motorische Führung die Schnipsel zu bewe-gen, zusammenzukehren, zu greifen, anzu-blasen etc.	Veränderbarkeit der Anordnung wird sichtbar
Sch füllen (mit Hilfe) die Schnipsel ins Schäl-chen zurück.	
LL streichen Kleister auf's Papier. Sch unter-suchen die neuentstandene Fläche mit den Händen.	Fühlen der klebrigen Beschaffen-heit, Wiedererkennen des Materials
Sch holen sich erneut Schnipsel aus dem Schälchen, versuchen sie auf's Papier zu streuen, nehmen wahr, daß das Papier an den Händen klebt und abgestreift werden muß.	Wahrnehmen des Kleisters als Haft-material Reagieren auf die neue (Problem-) Situation
Sch untersuchen die Schnipsel auf der einge-kleisterten Papierfläche, drücken sie durch Darüberstreichen fest (motorische Führung bzw. Anleitung).	Erneutes Gestalten der Papierflä-che
Sch betrachten die fertigen Produkte, LL hän-gen die Papierbögen an den Wänden des Klassenzimmers auf.	Anbahnung des Verständnisses über das Verhältnis von Tätigkeit und Produkt

4. Unterrichtsreihe: Herstellen von Streubildern (Kleister-Material-Gemischen)

Zeitraum: 6 Wochen

Schülergruppe: a) Dorothee, Angela, Muhammer
                   b) Rainer, Meik, Ayse

Medien: Papierbögen, Kleister, Pinsel, Streumaterial (Korn, Getreideflocken, Gewürze, Tee)

Inhaltliche Schwerpunkte:

für a)

— Kennenlernen und sachgerechtes Ausführen der verschiedenen Arbeitsschritte: Auftragen von Kleister mit dem Pinsel (Dorothee, Angela) oder der Hand (Muhammer); Bestreuen der Klebefläche mit Material; Abschütten der Reste in einen Behälter;

— Erkennen, Unterscheiden und Benennen (Dorothee) der verschiedenen Arbeitsmaterialien

— Ausführen von verbalen Anweisungen (bei Reduzierung motorischer Anleitung)

— Entwicklung eines Reihenfolgeverständnisses an der Gestaltungsaufgabe (den 1. Schritt kennen, die folgenden Schritte kennen . . .)

für b)

— Stimulation der Arme und Hände mit den Materialien

— Anregung der Eigenaktivität im hantierenden Umgang mit den Medien Kleister, Streumaterial und deren Verbindungsprodukten.

Unterrichtsbeispiel: **„Wir gestalten Papierflächen durch Bestreuen mit Korn"**

Unterrichtsaktivitäten	Kommentar
Alle Sch werden mit ihren Stühlen oder Fahrgeräten um den Tisch plaziert.	L1: Dorothee, Angela, Muhammer L2: Rainer L3: Ayse, Meik
Angela, Dorothee und Muhammer erhalten ein Blatt schwarzes Tonpapier. Die übrigen Sch bekommen flache Schüsseln, die am Tisch fixiert werden. L2 und L3 schütten Korn über die Hände und Arme der Sch in die Schüssel und regen Sch an, die Hände im Material zu bewegen.	Differenzierung nach Leistungsniveau und Ansprechbarkeit. Stimulation für Rainer, Ayse, Meik Wiedererkennen des Materials aus der Kornwanne, Motivation zur Eigenaktivität

Unterrichtsaktivitäten	Kommentar
L1 bietet Korn in einem Behälter an, fordert Sch auf, etwas zu entnehmen und auf das Papier zu streuen.	Handhabung des Materials in sachgebundener Weise
L1 pustet Korn vom Blatt, drückt Bedauern aus, daß das Material nicht haftet, wartet auf Sch-Reaktionen.	Anknüpfen an Vorerfahrungen (Unterrichtsreihe 3)
Eventuelle Reaktion Dorothees: sagt"Reiba" (= Kleister), deutet auf die Stelle im Regal, wo der Kleister steht.	Anregung zur Problemlösung und Artikulation bei Dorothee
L1 holt Kleister, bietet den Sch Pinsel und Schälchen an.	
L2 und L3 ersetzen die Schüsseln ihrer Sch durch leere Gefäße, gießen Kleister über Hände und Arme der Sch in die Schüssel und unterstützen die Aktivitäten der Sch im Umgang mit dem Medium.	Konfrontation mit neuen Hautreizen
L1 fordert Angela auf, die Kleisterflasche zu öffnen. Sch gießen (mit Hilfe) Kleister in ihre Schälchen. L1 fordert sie auf, das Medium mit dem Pinsel (Dorothee, Angela) oder der Hand (Muhammer) auf die Bögen zu streichen. Angela und Muhammer werden motorisch unterstützt.	Anwendung erlernter Fertigkeiten Sachgerechtes Ausführen des 1.Arbeitsschrittes
L2 und L3 schütten Korn in den Kleister, Sch vermischen und bewegen die Materialien	Veränderung des Reizangebotes
L1 bietet Kornbehälter an, Sch entnehmen Korn und streuen es auf die Kleisterfläche. L1 schüttet überschüssiges Material in einen Behälter zurück.	Sachgerechtes Ausführen des 2. Arbeitsschrittes. Demonstration des 3. Arbeitsschrittes.
Sch betrachten das Produkt.	
L2 und L3 bringen die Sch in den Waschraum zum Säubern, sobald Müdigkeit und Stereotypien einsetzen.	Entsprechen der veränderten Bedürfnislage der Sch
Falls Konzentration und Motivation der Sch es erlauben, fertigt L1 mit Dorothee, Angela und Muhammer ein 2. Streubild an. L1 begleitet die Arbeitsschritte verbal, gibt Hilfen durch Materialangebot und gezielte motorische Führung.	Wiederholung der Schrittabfolge bei Variation des Untergrundes (weißes Papier). Festigung des Ablaufs und Anregung zu weitgehend selbständigem Handeln.

164

5. Unterrichtsreihe: „Herstellen und Formen von plastischem Material mit Hilfe von Kleister"

Zeitraum: 2 Monate

Schülergruppe: a) Angela, Dorothee, Muhammer, Rainer
b) Ayse, Meik

Medien: Kleister, Papierschnipsel, Sand, Sägemehl

Inhaltliche Schwerpunkte:

für a)
— Herstellen von plastischem Material durch Vermischen und Verkneten von Kleister und Papierschnipseln; Kleister und Sand; Kleister und Sägemehl;
— Formen von Kugeln, Eiern, Platten (Dorothee, Angela);
— Gestalten der herstellten Formen durch Eindrücken der Finger, Zerpflücken der Oberfläche.

für b)
— Stimulation der Arme und Hände;
— Anregung der Eigenaktivität im Bereich der Greifmotorik durch den hantierenden Umgang mit Kleister, Papierschnipseln, Sand, Sägemehl und den Mischprodukten.

6. Unterrichtsreihe: „Herstellen von Gips"

Zeitraum: 2 Monate

Schülergruppe: a) Dorothee, Angela, Muhammer
b) Rainer, Ayse, Meik

Medien: Gips, Wasser, Formen z. Ausgießen

Inhaltliche Schwerpunkte:

für a)
— Herstellen von Gips aus Gipsmehl und Wasser
— Formen des Gipses zu Kugeln
— Ausgießen von Formen und Herstellen von Reliefs und Abdrücken

für b)
— Stimulation durch das sich verändernde Material Gipsmehl, Gipsbrei, Gips Wahrnehmen von Temperaturreizen beim Abbinden des Gipses, Anregung zum gezielten Einsatz der Greifmotorik.

7. Unterrichtsreihe: „Drucken mit dem Körper" (Hand- und Fußabdruck)

Zeitraum: 6 Wochen (pro Körperteil)

Schülergruppe: a) Angela, Muhammer, Dorothee
b) Meik, Rainer, Ayse

Medien: Fingerfarbe, Tapetenrollen

Inhaltliche Schwerpunkte:

für a)
— Durch Einfärben und Abdrucken der Körperteile Papierflächen gestalten
— Hand und Fuß dabei bewußt als Körperteil empfinden, zeigen und benennen (Dorothee)
— Betrachten und In-Beziehung-Setzen der Spuren zur eigenen Tätigkeit
— bewußtes, gezieltes Auflegen des gefärbten Körperteils, sukzessive Anbahnung des Einmal-Abdrucks
— Korrekte Ausführung des Handlungsablaufs (Reihenfolge einhalten: einfärben, auflegen, abdrucken; Schritte jeweils nur einmal vollziehen)

für b)
— Hand und Fuß bewußt als Körperteil empfinden, vermittelt durch den optischen und taktilen Reiz der Farbe (Feuchtigkeit, Temperaturunterschied, veränderte Hautspannung nach dem Trocknen).

Im folgenden eine Sammlung von Themenbeispielen für die Themen von Unterrichtsreihen/Vorhaben aus zwei weiteren Bereichen:

Bereich: Umgang mit Lebensmitteln
Themen: „Wir bereiten Instant-Getränke zu"
„Wir schälen Obst" (Banane, Mandarine, Orange)
„Wir schälen hartgekochte Eier"
„Wir löffeln ein weichgekochtes Ei aus"
„Wir rühren einen Nachtisch an" (kalter Pudding)
„Wir knacken Nüsse"
„Wir mixen Obst und Gemüse" . . .

Bereich: Psychomotorische Übungen
Themen: „Wir lernen die Wippe kennen"
„Wir balancieren auf der Rolle"
„Wir bewegen uns mit dem Rollbrett"
„Wir schaukeln"
„Wir bewegen uns auf dem Air-Tramp"
„Wir lernen das Trampolin kennen"
„Wir spielen mit Bällen" . . .

Weitere Bereiche sind aus den Ansätzen der Integrierten Förderung (Haupt/ Fröhlich) und der Basalen Aktivierung (Breitinger/Fischer) ableitbar; z.B.:

— Bereich: Körperpflege
— Bereich: Wäschepflege
— Bereich: Materialpflege
— Bereich: Raumpflege
— Bereich: Umgang mit Pflanzen

— Bereich: Umgang mit Naturmaterial
— Bereich: Werken, Reparieren, Basteln
— Bereich: Umweltorientierung...

2.4.2.6. Gemeinschaftsaktivitäten

Der Unterschied der bisher ausgeführten Phasen im Schulalltag der Schwerstbehindertengruppe, zu den unter dem Stichwort Gemeinschafts- oder Gruppenaktivitäten zusammengefaßten Unterrichtsvorhaben, liegt hauptsächlich darin, daß bei den erstgenannten Sequenzen vorwiegend inhaltliche und intentionale Gründe dafür sprechen, die Schüler von Zeit zu Zeit auch als *Gruppe* zu unterrichten. Bei den Gemeinschaftsaktivitäten, von denen hier die Rede ist, sind dagegen vor allem auch organisatorische Überlegungen ausschlaggebend, ein gemeinsames Angebot für die gesamte Gruppe zu machen. Selbstverständlich sind solche Gedanken nur in Übereinstimmung mit einer adäquaten Zielsetzung sinnvoll. Es darf aber nicht vergessen werden, daß es schon allein die *gruppenmäßige Organisation* der Arbeit mit Schwerstbehinderten erfordert, Bereiche aufzuspüren, die sowohl für die einzelnen Schüler als auch für die Gesamtgruppe bedeutsam sind und Möglichkeiten für gezielte Förderung bieten.

Dabei müssen Situationen ausgewählt werden, die es den einzelnen Schülern erlauben, auf ihrem jeweiligen Aneignungs- und Verarbeitungsniveau vom Angebot der Umwelt zu profitieren. Situationen also, die einerseits einen den Schülern entsprechenden Grad von Vielfältigkeit aufweisen und dadurch die Schüler auf angemessene Art und Weise anregen, die andererseits aber keine Überreizung und damit Überforderung darstellen.

Zu solchen Situationen lassen sich z.B.
— das „Spiel"
— Spaziergänge, Lerngänge und
— das „Schwimmen"
bei entsprechender Planung gestalten.

„Spiel"

Unter dem Begriff „Spiel" wird hier die *lustvolle Anwendung bereits verfügbarer Handlungsschemata* verstanden. Damit wird selbstverständlich nicht ausgeschlossen, daß innerhalb des „Spiels" für einzelne Schüler eine Erweiterung ihrer Kompetenzen erwünscht und auch möglich ist. In erster Linie geht es aber um den Aspekt des Wohlbehagens bei den spielerischen Tätigkeiten der Kinder.

An Unterrichtsphasen wie Einzelförderung, Mahlzeiten oder Handlungseinheiten aus der Unterrichtsreihe/des Vorhabens, die in hohem Maße auf eine aktive Mitarbeit der Schüler und qualitative Weiterentwicklung vorhandener Fertigkeiten abzielen, müssen sich schon allein deshalb Unterrichtsphasen anschließen, die die Schüler weitgehend unbeeinflußt gestalten können, weil von einer zeitlich stark eingeschränkten Aufnahmefähigkeit schwerstbehinderter Schüler gegenüber gelenkten Angeboten ausgegangen werden muß.

Innerhalb der Spielsituation ist daher auch ein Entspannen, Ruhen, ja sogar Schlafen sinnvoll, wenn es der jeweiligen Bedürfnislage der Schüler entspricht. Auch die Ausführung stereotyper Tätigkeiten muß den Schülern in dieser *ihrer Freizeit* gestattet werden.

Um die Spielsituation zu einer Möglichkeit werden zu lassen, in der die Schüler ihren jeweiligen Interessen auch tatsächlich nachgehen können, ist ein materielles Arrangement notwendig, das auf die einzelnen Schüler Bezug nimmt. Zwar kann es für alle Schüler oder zumindest für einen Teil der Gruppe zu zeitlichen Überschneidungen der Spielphasen kommen, die Inhalte bzw. Materialangebote müssen jedoch differenziert werden.

Innerhalb der vorgestellten Schwerstbehindertengruppe gestaltet sich ein Beispiel für die Spielsituation konkret als Angebot für

— *Dorothee, Angela und Muhammer:*
In einer abgegrenzten Spielecke befinden sich frei zugänglich Spielgegenstände (Holzbauklötze unterschiedlicher Größe, Bälle aus verschiedenartigem Material, Büchsen, Metall- und Glaskugeln, Kugelbahn, Klettermaxe, Baubecher, Bauringe, Einlege-Puzzles, Teddy, Puppe, Auto, Kiste mit Kleinmaterial, Materialsäckchen, Babyspielzeug . . .) in verschiedenen Fächern eines offenen Regals, sowie Wippe, Rollen und Polster an den Seiten der Spielfläche.

Die Aktivitäten des Lehrers beschränken sich auf die Beobachtung der Schülertätigkeiten und gelegentliche Unterstützung der von den Schülern intendierten Spielhandlungen (z.B. Wippe von der Wand abrücken, Kiste ins Regal heben etc.), was die Verhinderung bzw. Unterbrechung negativer Interaktionen zwischen den Schülern (Beißen, aggressives Bewerfen mit Gegenständen) einschließt;

— *Meik:*
Meik wird bequem in „seiner Ecke" gelagert, die mit hängenden Gegenständen ausgestattet ist (Mobiles, Glöckchen, Greiflinge). Der Lehrer zeigt Meik durch Handführung, wie er Geräusche erzeugen oder optische Effekte erzielen kann und beobachtet im weiteren Meiks selbständige Aktivitäten. Zeigt Meiks Verhalten, daß er müde oder lustlos ist, so sorgt der Lehrer dafür, daß er sich ausruhen kann und nicht von anderen Schülern gestört wird;

— *Ayse:*
Ayses ruhige Zimmerecke ist ausgestattet mit einem bequemen Polster, auf dem Ayse ungestört schlafen kann. Ist Ayse nicht müde, so bietet der Lehrer ihr Materialien zum Ergreifen und oralen Erkunden (Papier, Fell, Plastikschwimmtiere, Klötze, Greiflinge, Kleinkindspielzeug) in unmittelbarer Körper-

nähe an. Er ermöglicht Ayse intensiven Körperkontakt, streicheln sie, summt ihr etwas vor und bietet sich selbst (Kleidung, Haare, Hand) als Spielgegenstand an;

— *Rainer:*

Ihm wird ungehindertes Herumkrabbeln und Untersuchen der Gegenstände und Materialien im Klassenzimmer ermöglicht, wobei der Lehrer darauf achtet, daß sich für Rainer keine Gefährdungen (z.B. durch Anstoßen oder Einklemmen) ergeben.

Spaziergänge, Lerngänge

Es kann nicht uneingeschränkt gelten, daß man möglichst viel Zeit mit einer Schwerstbehindertengruppe „draußen" verbringen sollte, wenn nicht vorher klar durchdacht wurde, welchen qualitativen Nutzen der Aufenthalt im Freien oder an einem Lernort außerhalb der Schule für die Schüler hat oder welche Sinneseindrücke und Tätigkeiten sich mit dem Verlassen des Schulgebäudes selbstverständlich und notwendig ergeben.

Der Einfluß des Lehrers bei der Durchführung von Spazier- und Lerngängen auf die Umweltreize, mit denen er seine Schüler konfrontieren möchte, ist auf die Auswahl

— des Zeitpunktes
— der Dauer
— des Ortes und
— der Witterungsverhältnisse

beschränkt. Er hat diese Faktoren in ein Verhältnis zur intendierten Förderabsicht zu bringen und sich dann für eine adäquate Form der Durchführung zu entscheiden.

Zusätzlich muß die Notwendigkeit oder Möglichkeit der *Vermittlung* zwischen Umwelterscheinungen einerseits und den Schülern andererseits berücksichtigt werden. D.h. beispielsweise, sich die motorischen Einschränkungen der Schüler bewußt zu machen, die eine Kontaktaufnahme mit und Aneignung von Umwelt verhindern oder erschweren und diese durch *Vermittlungshilfen* zu ermöglichen.

Um das Gesagte zu veranschaulichen, hier zwei Beispiele aus der Arbeit mit der vorgestellten Schwerstbehindertengruppe:

„Herbstspaziergang":

Zeitpunkt: früher Nachmittag

Dauer: 1 Stunde

Ort: Schrebergartengelände mit Parkbankanlage in der direkten Nachbarschaft des Schulgeländes

Witterungsverhältnisse: sonnig, windig, lau

Am Spaziergang nehmen teil: die Schüler Angela, Dorothee, Rainer und Muhammer, begleitet von zwei Lehrkräften. Angela und Rainer werden im Rollstuhl gefahren, Dorothee und Muhammer laufen neben den Fahrgeräten her,
halten sich teilweise seitlich fest und führen die Rollstühle ab und zu selbständig mit geringer Hilfe des Lehrers.

Der Spaziergang besteht aus einer Runde durch die Gartenanlage mit Halt an
verschiedenen Orten wie Obstbaum, Blumenbeet, Wassertonne, Gartenzaun
mit Tor und einer Rast auf der Parkbank unter Bäumen.

Intentionen:

— Genießen der angenehmen Witterungsverhältnisse
— Wahrnehmen der spezifischen Herbstnatur: Geruch von moderndem
   Laub, reifem, faulendem Obst; Fallen, Herumwirbeln von Blättern im
   Wind; Plumpsen von Obst auf den Boden; Rascheln der Blätter unter den
   Füßen; Duft von Herbstblumen, Geruch von Herbstfeuern . . .
— Befühlen von Naturmaterialien: glatte Eicheln und Kastanien, feuchtes
   Laub, stachelige Kastanien- und Bucheckernschalen, hartes und weiches
   klebriges Obst, kaltes Wasser in der Regentonne . . .
— Beobachten von Menschen bei verschiedenen Tätigkeiten:
   Rasen mähen, Beet umgraben, Obst auflesen, Blumen gießen, Feuer
   machen . . .

Vermittlungshilfen:

Hinlenkung der Aufmerksamkeit auf die natürlichen Begebenheiten (verbal,
gestisch, durch motorische Führung, Einlegen von Pausen, Aufsuchen bestimmter Orte); Anregen der Wahrnehmung und des hantierenden Umgangs
(Naturmaterialien zum Riechen, Betasten, Schmecken anbieten, in ein Gefäß
sammeln und tragen lassen).

Lerngang: „Einkauf im Supermarkt"

Zeitpunkt: Vormittag
Dauer: 10 Minuten (Wegstrecke zusätzlich 2x15 Minuten)
Ort: Supermarkt in ca. 300 m Entfernung vom Schulgelände
Witterungsverhältnisse: kühles, naßkaltes Frühlingswetter

Am Lehrgang nehmen teil: Angela und Rainer (in Rollstühlen), Dorothee und
Muhammer mit Halt an den Fahrgeräten laufend, in Begleitung von drei Lehrkräften.

Der Lerngang besteht aus der Wegstrecke zum Supermarkt (Gehweg entlang
einer schwachbefahrenen Sackgasse), dem Einkauf eines Produkts im Supermarkt und dem Rückweg.

Intentionen:

— Zurücklegen einer Wegstrecke, um ein Ziel (Supermarkt, Schule) zu erreichen
— Verarbeiten der komplexen Situation im Supermarkt (Angst vor Geräuschen, fremden Menschen, der grellen Beleuchtung abbauen, sich den Weg durch das Gedränge bahnen, Produkte wiedererkennen z.B. Saftpackung, Brot, Obst)
— ein Produkt aus dem Regal nehmen, tragen, auf das Band an der Kasse legen, einpacken, mitnehmen, zur Schule tragen, dort „verbrauchen" (hier: Eier, die gekocht und gegessen werden).

Vermittlungshilfen:

Vermittlung von Sicherheit durch intensiven Körperkontakt, Reduzierung der Dauer des Aufenthaltes falls notwendig, Hinlenkung der Aufmerksamkeit auf Bekanntes, Unterstützung der notwendigen motorischen Tätigkeiten.

„Schwimmen"

Die Anführungsstriche, in die der Begriff Schwimmen hier gesetzt ist, deuten bereits an, daß an dieser Stelle kein regelrechtes Erlernen einer Schwimmart gemeint sein kann, sondern daß es sich vielmehr um „Erlebnisse im Wasser" handelt, die als Gemeinschaftsaktivitäten angeboten werden.

Nichtsdestotrotz ist dabei ein korrektes methodisches Vorgehen erforderlich, um den Schülern einerseits Spaß und Genuß im Erleben des nassen Elements, andererseits aber auch Erweiterung der motorischen Kornpetenzen vermitteln können. Als einziges Konzept, nach dem erfolgreich auch mit Schwerstbehinderten gearbeitet werden kann, hat sich bisher die Halliwick-Schwimm-Methode nach McMillan einen Namen gemacht. Auch in der von mir als Beispiel vorgestellten Schwerstbehindertengruppe wird nach dieser Methode gearbeitet und sind z.T. bereits beachtliche Erfolge erzielt worden.

Als kurzer Abriß des Konzeptes hier im folgenden ein zusammenfassendes Zitat. Zur intensiveren Einarbeitung in die Methodik seien die im Literaturverzeichnis aufgeführten Aufsätze empfohlen.

„Die Halliwick-Methode hat sich als Schwimmtherapie vor allem innerhalb der Krankengymnastik seit den 50er Jahren international verbreitet. Im Behindertensport ist die von McMillan entwickelte Methode relativ unbekannt. Didaktisch werden folgende Lernschritte als Grobziele angestrebt: Geistig-seelische Anpassung an das Wasser, reaktive Gleichgewichtserhaltung (Meisterung von Rotationen), Zur-Ruhe-Kommen durch Bewegungshemmung (Inhibition), Bewegungsbahnung (Facilitation) für das Rückenschwimmen. Diesen vier Grobzielen sind zehn Feinlehrziele in Form eines 10-Punkte-Programmes zugeordnet, welches in immer gleicher Abfolge an die Kinder herangetragen wird. Die didaktisch-methodische Vermittlung geschieht im 1:1- Verhältnis von Betreuer (. . .) und Kindern. Im Gegensatz zur Zielsetzung des Behindertenschwimmens im sportlichen Bereich (Erlernen einer Schwimmart als Möglichkeit zur selbständigen Fortbewegung im

Wasser), steht bei der Halliwick-Methode die Verbesserung von Bewegungsmustern im Vordergrund, und zwar sowohl im Wasser als auch an Land." (Schmidt-Hansberg 1981, S. 103)

2.5. Entscheidungsfeld: Organsiation

2.5.1. Zeitplanung

Nachdem die inhaltliche Gestaltung der Förderarbeit mit schwerstbehinderten Schülern unter dem Aspekt der Gruppe ausführlich behandelt worden ist, gilt es, sich dem mehr formalen Gesichtspunkt organisatorischer Planungs- und Strukturierungsarbeit zuzuwenden: Wie können die angesprochenen Inhalte in eine sinnvolle zeitliche Ordnung gebracht werden, die den pädagogischen Intentionen nicht hinderlich ist, sondern sie im Gegenteil fördert?

Es gilt also zunächst, Prioritäten zu setzen und erste zeitliche Zuordnungen zu treffen, um die im zweiten Schritt weitere Inhalte gruppiert werden können.

Der Tagesablauf

Ein denkbares Raster für den täglichen Orientierungsrahmen wurde bereits im Abschnitt 2.2.2. (Resultate der Aufnahme-Diganostik) vorgestellt. Ob dieses Raster sinnvollerweise für andere Schwerstbehindertengruppen übernommen werden kann, teilweise oder auch völlig umgestellt werden muß, hängt von den besonderen Begebenheiten der jeweiligen Schule und vor allem von den in der Gruppe zusammengefaßten Schülern ab.

Für die individuelle Abstimmung der zeitlichen Planung läßt sich ein Lehrerteam am besten folgende Fragen durch den Kopf gehen:

Erstens: Welchen Zeitbedarf umfassen die einzelnen Unterrichtsaktivitäten?

Z.B.: Toilettengang mit drei Kindern: 15 Minuten; Frühstück mit der Gesamtgruppe: 45 Minuten; Mittagessen mit der Gesamtgruppe: 60 Minuten; Einzelförderung 20 Minuten; etc.

Zweitens: Welche Aktionen sind an feststehende Termine gebunden?

Z.B.: Ankunft der Schüler 8.30 Uhr; Toilettengänge 9.00,12.00 und 15.00 Uhr; Mittagessen 12.30 Uhr; Abfahrt der Schüler 15.30 Uhr; Schwimmbadbenutzung: Montag 10.00 bis 11.00 Uhr; Turnhallenbenutzung: Dienstag 14.00 bis 15.00 Uhr; etc.

Drittens: Welche Reihenfolge bei der Durchführung der einzelnen Tätigkeiten entspricht am besten den didaktischen Prinzipien der *Regelmäßigkeit* und *Abwechslung* als Variation des Anforderungsniveaus durch Unterteilung der Arbeitsphasen mit Ruhe- und Spielphasen, als Ortswechsel und als Variation der Sozialform und der Sozialpartner?

172

Die Beantwortung dieser Fragen ergibt in der Regel eine erhebliche Reduzierung der Möglichkeiten, den Zeitplan zu formulieren und führt zu einer ersten Struktur, die zunächst auf ihre Eignung hin überprüft werden sollte. Zeigt sich im Schulalltag, daß mit den getroffenen Regelungen nicht zurechtzukommen ist, können mit Hilfe der neuen Erfahrungen Alternativen gesucht werden.

Der „Stundenplan" — Zeitplanung im Wochenintervall

Was für den Tagesablauf gilt, trifft in gleicher Weise für die Wochenplanung zu. Aktivitäten, die nicht täglich, aber mindestens einmal pro Woche durchgeführt werden (z.B. Schwimmen, Krankengymnastik, Unterrichtsreihe etc.), müssen einen festen Platz im Stundenplan bekommen. Dabei empfiehlt es sich, jeweils nur einen Zeitabschnitt pro Tag unterschiedlich auszufüllen, um über den Wechsel nicht die notwendigen Orientierungspunkte für die Schüler vernachlässigen zu müssen. Als praktikable Lösung kann der Vorschlag gelten, sich für jeden Wochentag einen Programmpunkt auszuwählen und zu einer bestimmten Zeit durchzuführen. Im folgenden als Beispiel der Stundenplan der vorgestellten Schwerstbehindertengruppe:

Die unterschiedliche Anwesenheitsdauer der Schüler wird hier so berücksichtigt, daß am Nachmittag Aktivitäten eingeplant sind, die sich auf das höhere Entwicklungsniveau der in der Schule verbleibenden Restgruppe beziehen.

Uhrzeit	Montag	Dienstag	Mittwoch	Donnerstag	Freitag
8.30	(2)	Ankunft der Schüler			
8.45	(2)	Toilettengang für Angela, Rainer, Muhammer			
9.00	(2 — 3)	Morgenkreis			
9.30	(3)	Toilettengang für Meik und Ayse Vorbereitungen für das Frühstück			
9.45	(4)	Frühstück			
10.30	(2)	Pause (Ruhen und Spielen)			
10.45	(2)	Toilettengang für Angela, Rainer, Muhammer			
11.00	(4)	Einzelförderung bzw. Förderung in Kleingruppen (zu Beginn der Einzelförderung Toilettengang für Ayse und Meik)			Gemeinschaftsaktivitäten (3 — 4)
12.00	(3)	Toilettengang für Angela, Rainer, Muhammer Vorbereitungen für das Mittagessen			
12.30	(3)	Abfahrt der Schüler Meik und Ayse Mittagessen für die Restgruppe			Abfahrt der Gesamtgruppe

Uhrzeit	Montag	Dienstag	Mittwoch	Donnerstag	Freitag
13.30	(2)	Pause (Ruhen und Spielen)			
13.45	(2)	Toilettengang für Angela, Muhammer und Rainer			frei
14.00	Schwimmen (4)	Gymnastik (2)	Spazier-und Lerngänge (2 — 3)	Unterrichts-reihe (2 — 3)	frei
15.15	(2)	Ankleiden, Verabschiedung			
15.30	(2)	Abfahrt der Schüler Dorothee, Angela, Rainer und Muhammer			

Die in Klammern gesetzte Zahl bedeutet die Anzahl der erforderlichen Lehrpersonen (Optimum!). Vgl. dazu auch unter Punkt 2.5.2. Gruppenbesetzung.

Die vorgestellten Raster für die Planung des Tagesablaufs und des Wochenintervalls haben allerdings nur den Stellenwert von *Hilfslinien* in der zeitlichen Gliederung. Es ist selbstverständlich, daß es häufig zu Überschneidungen und Verschiebungen einzelner Phasen kommt, so z.B. wenn Toilettengänge zwischendurch notwendig werden, wenn der Rhythmus der einzelnen Schüler bzgl. Anspannung und Entspannung deutlich auseinanderfällt etc. Zudem ist eine vernünftige Handhabung des Schemas von dogmatischem Durchexerzieren der Planungspunkte weit entfernt und kann sich flexibel auf individuelle Besonderheiten, spezielle äußere Begebenheiten und Gelegenheiten einrichten. Nur so verstanden ist die Zeitplanung eine Hilfe und kein Korsett.

2.5.2. Organisation der Lehreraktivitäten

Gruppenbesetzung

Auch wenn dieser Punkt sicher bei keinem der für Stundenpläne zuständigen (Kon-)Rektoren Begeisterung auslösen wird, so hat sich die Zuteilung der Lehrerstunden doch voll und ganz an der Zeitplanung in der Schwerstbehindertengruppe zu orientieren *und nicht umgekehrt.* Insbesondere gilt es zu berücksichtigen, daß die für andere Gruppen an der Sonderschule für Geistigbehinderte bereits sehr fragliche, aber übliche Aufteilung der Lehrerpräsenz in Aufsichts- (Betreuungs-) und Unterrichtsstunden und diese wiederum in Mitarbeit und selbständigen Unterricht für das Personal einer Schwerstbehindertengruppe nicht durchgehalten werden kann. Ebenso wie die Bereiche der vitalen Versorgung und die der Einzelförderung ineinander übergehen oder unmittelbar zusammenfallen, ebensowenig können einzelne Lehrkräfte als Unterrichtsführende und -begleitende unterschieden werden, was sich bis in die Unterrichtsplanung und -vorbereitung fortsetzt.

Es bleibt sicher Sache des jeweiligen Schulleiters und seines Kollegiums, wie diese Schwierigkeiten gelöst werden sollen. Daß sich mit der von anderen

174

Gruppen unterschiedenen Unterrichtsform aber auch ein anderer Lehrereinsatz zwingend ergibt, um diesen Fakt wird sich keiner herumdrücken können.

Wie aus dem vorhergehenden Stundenplanbeispiel bereits ersichtlich, ist für die einzelnen Phasen innerhalb des Schultages auch jeweils eine unterschiedliche Personalbesetzung erforderlich. Dabei gilt grundsätzlich, daß selbst in einer Pausenphase, in der die Schüler weitgehend nur beobachtet und beaufsichtigt werden müssen, unter einer Besetzung von zwei Lehrkräften nichts geht, will man die Schüler nicht in fahrlässiger und zynischer Weise ihrem Schicksal überlassen. Zu den Mahlzeiten und bei speziellen Aktivitäten wie Einzelförderung bzw. Kleingruppenarbeit oder Gemeinschaftsaktivitäten muß für eine Personalbesetzung von drei bis vier Lehrkräften gesorgt sein — je nach Schülerzahl, die eine Anzahl von sechs Schülern per se nicht überschreiten sollte. Für das „Schwimmen" ist ein Schüler-Lehrer-Verhältnis von 1:1 unabdingbar.

Bleiben diese Prämissen unberücksichtigt, so hieße das, die Förderung Schwerstbehinderter auf ein schulisches Bewahren herunterzubringen. Die besten Absichten sind dann nicht mehr zu verwirklichen und bleiben zwangsläufig auf der Strecke.

Auf das obige Beispiel bezogen, ist eine Besetzung der Schwerstbehindertengruppe mit vier Lehrkräften à 27 Wochenstunden durchaus realistisch. Sofern vermeidbar, ist es günstiger, keine Lehrkräfte mit reduzierter Stundenzahl in die Gruppenbesetzung aufzunehmen, da sich sonst die Anzahl der verschiedenen Lehrpersonen, die ohnehin schon beträchtlich ist, zusätzlich erhöht.

Beim Ein- und Auswechseln von Lehrkräften, was durch den unterschiedlichen Personalbedarf und das begrenzte Stundendeputat der einzelnen Lehrpersonen unvermeidlich wird, ist darauf zu achten, daß niemals die gesamte Personalbesetzung ausgetauscht wird. Ein günstiges Verfahren besteht darin, eine tägliche *Stammbesetzung* von zwei Lehrkräften durchgehend in der Schwerstbehindertengruppe zu belassen und für die personalintensiveren Vorhaben eine entsprechende Anzahl von Lehrkräften einzuwechseln.

Diese Vorgehensweise hat zwei Vorteile: Erstens können sich die Lehrkräfte in der Funktion als Stammbesetzung oder Zusatzpersonal ablösen, ohne daß die Gruppe darunter leidet. Zweitens kommt auf diese Weise die Spezialisierung der Lehrkräfte auf bestimmte Schüler oder thematische Sachgebiete besonders effektiv zur Geltung .

Aufgaben des Lehrerteams

Die Organisation der Lehreraktivitäten in einem Lehrerteam bringt automatisch eine Reihe von Problemen mit sich, die gründlich durchdacht werden müssen. Das in anderen Klassen der Sonderschule für Geistigbehinderte praktizierte Klassen- und Fachlehrerprinzip, das gelegentlich auch die Kooperation mehrerer Lehrkräfte notwendig macht, muß in der Schwerstbehindertengruppe durch eine *prinzipielle Kooperation aller Lehrkräfte* ersetzt werden, die — so man will — alle Klassenlehrer- wie auch Fachlehrerstatus haben. Eine Hierarchie innerhalb des Förderteams ist nicht nur aus Gründen individueller Anerkennungsbedürfnisse und ungünstiger Wirkungen auf das Arbeitsklima abzulehnen, sondern vor allem deshalb, weil ein Kompetenzgefälle, das sicherlich nicht von vornherein immer vermieden werden kann, mit der Zeit nivelliert werden muß. Dafür ist es unabdingbar, daß alle Lehrkräfte mit der gleichen Entscheidungsbefugnis an der Planung und Durchführung des Unterrichts beteiligt werden. Da der Unterricht bei Schwerstbehinderten in besonderem Maße darauf basiert, daß die Förderangebote in gleichartiger und gleichmäßiger Form an die Schüler herangetragen werden, sollte von Lehrerseite sichergestellt sein, daß nach jeweils denselben — gemeinsam erarbeiteten — Prinzipien vorgegangen wird. Dies kann umsoweniger erwartet werden, als einzelne Lehrkräfte nicht mit voller Verantwortung und ihrem ganzen Engagement in die Arbeit einbezogen und nur zum ausführenden Subjekt degradiert werden. Es ist daher auch eine auf fachlicher Autorität beruhende Hierarchie innerhalb des Lehrerteams zugunsten der Team-Bildung (im doppelten Sinne des Wortes Bildung) abzubauen.

Die Arbeit der Lehrkräfte als Team bedeutet nicht, daß gleichzeitig auch auf jede Art der Spezialisierung verzichtet werden muß. Im Gegenteil ist gerade auf Basis einer einheitlichen Gesamtlinie und eines gemeinsamen Wissensfundaments eine Spezialisierung der einzelnen Erzieher nach Interesse und Vorlieben, zusätzlicher Kompetenzen in einzelnen Fachgebieten sowie nach Temperament und individueller Ausstrahlung nur von Vorteil.

Auch — vielleicht sogar gerade — innerhalb einer Schwerstbehindertengruppe, wo es auf einen intensiven körperlichen und emotionalen Kontakt zwischen Lehrer und Schüler ankommt, spielt der Bereich der zwischenmenschlichen Sympathie und Antipathie eine entscheidende Rolle. Die Spezialisierung der Lehrkräfte hinsichtlich des Aufbaus besonders enger Beziehungen zu einzelnen Kindern ist schon allein aus diesem Grunde anzustreben. Erfahrungsgemäß haben unterschiedliche Lehrer ebenso verschiedenartige Vorlieben wie Abneigungen und finden zu den einzelnen Schülern auch ganz unterschiedlich Bezug. Damit diese häufig unterschwelligen und diffusen Gefühle die Arbeit nicht behindern, ist es erforderlich, daß sich alle Erzieher ganz offen zu ihren *Sympathiedifferenzen* bekennen. Das macht den Weg frei für die bewußte Gestaltung von Lehrer-Schüler-Beziehungen unterschiedlicher Intensität, die selbstverständlich von jedem der Erzieher akzeptiert und nicht zuletzt auch von den Schülern selbst verkraftet werden müssen.

Es ist übrigens gar nicht so selten, daß es die Schüler sind, die sich ihren Lieblingslehrer letztendlich aussuchen. Damit wird bei vernünftigem Umgang der Lehrer mit ihren Gefühlen ein Schlußpunkt unter eventuell bestehende Eifersüchteleien gesetzt.

Um einerseits die gemeinsame Linie der Förderarbeit festzulegen, andererseits um individuelle Probleme ausräumen zu können, ist es notwendig, daß sich das Förderteam in kürzeren Abständen zur Unterrichtsplanung und *Reflexion* der Arbeit zusammenfindet. Wie häufig solche Teambesprechungen angesetzt werden müssen, hängt ganz vom inhaltlichen Umfang der zu diskutierenden Punkte ab und wird auch bei entsprechender Einarbeitung in den Bereich der Förderung Schwerstbehinderter nicht wesentlich reduziert, da sich ständig neue Erkenntnisse und Notwendigkeiten ergeben. Eine vernünftige Form der gemeinsamen Planungsarbeit, die den zeitlichen Aufwand in praktikablen Grenzen hält, besteht darin, die einzelnen Förderprogramme und Vorhaben in groben Zügen in der Gruppe durchzusprechen, die Ausarbeitung und Feinformulierung jedoch an Einzelne zu delegieren. Dabei ist es natürlich besonders günstig, wenn diejenigen Lehrkräfte, die sich mit dem jeweiligen Schüler besonders intensiv befassen, auch dessen Förderprogramm schriftlich erstellen. Eine Reflexion des fertigen Programms sowie der Erfolge bzw. Schwierigkeiten seiner Durchführung sollte daran anschließend wieder vom gesamten Team geleistet werden. Dasselbe Prinzip kann auch bei der Planung von inhaltlichen Schwerpunkten wie Morgenkreis, Unterrichtsreihe, Gemeinschaftsaktivitäten angewendet werden.

Daß eine schriftliche Fixierung der gesamten Förderarbeit erforderlich ist, ergibt sich nicht nur aus dem Fakt, daß die ausdifferenzierten Überlegungen allen Team-Mitgliedern (und auch den Eltern!) zugänglich gemacht werden müssen, sondern vor allem auch aus der Tatsache, daß die Reflexion der geleisteten Förderarbeit einer objektiven Basis bedarf. Der Wert der schriftlichen Unterrichtsplanung auch für die Elternarbeit sei hier nur am Rande vermerkt.

Neben der schriftlichen Fixierung der Förderpläne fallen in der Schwerstbehindertengruppe noch eine Reihe zusätzlicher Aufgaben an, die ebenfalls organisiert werden müssen. Einer dieser Punkte betrifft die Materialbeschaffung bzw. -herstellung. Diese mit viel Lauferei, erforderlichem Organisationstalent oder abendlicher Heimarbeit verbundenen Tätigkeiten erfreuen sich in der Regel nur sehr zurückhaltender Beliebtheit. Es muß daher darauf geachtet werden, den unumgänglichen Aufwand gleichmäßig auf die Lehrkräfte zu verteilen und dafür zu sorgen, daß er ordentlich erledigt wird. Am besten ist dies zu erreichen, wenn jeder Lehrer sich die für seinen Bereich anfallenden Materialien selbst besorgt bzw. sich Lehrkräfte, deren Bereiche zusammenfallen (Beispiel Einzelförderung: Übungen in der Kornwanne) die notwendigen Utensilien wechselweise gegenseitig beschaffen. Stellt sich diese Regelung als unbefriedigend heraus, so ist zu überlegen, ob nicht eine Lehrkraft den Bereich Materialbeschaffung auf Deputatsbasis voll übernimmt.

Bei der Vertretung der Schwerstbehindertengruppe nach außen (Schulleitung, Eltern, etc.) sollte einerseits nach dem Prinzip verfahren werden, als Team aufzutreten und anfallende Aufgaben gemeinsam anzugehen, andererseits sollten die Eltern sehr wohl wissen, an welchen der Erzieher sie sich bei speziellen Fragen und Problemen vor allem bezüglich ihres Kindes wenden können. Gesprächspartner kann hier am besten der Haupterzieher des jeweiligen Kindes sein.

2.6. Die Integration der Schwerstbehindertengruppe in die Schulgemeinschaft

Neben den unter Punkt 2.1. bis 2.5. behandelten Entscheidungsfeldern schulischer Förderung Schwerstbehinderter ergeben sich in der Praxissituation häufig noch eine Reihe weiterer Probleme und Schwierigkeiten, die berücksichtigt und gelöst werden müssen.

Im wesentlichen resultieren alle im folgenden angesprochenen Punkte aus der Entscheidung, Schwerstbehinderte innerhalb der Sonderschule für Geistigbehinderte zu Gruppen zusammenzufassen und im Rahmen der bestehenden Institution zu unterrichten, wenn auch nach anderen methodischen und inhaltlichen Kriterien. Mit der Einrichtung von Schwerstbehindertengruppen an der Sonderschule für Geistigbehinderte, die sich deutlich von anderen Gruppen unterscheiden, ergeben sich *Integrationsprobleme* im Verhältnis zwischen Schwerstbehindertengruppe (und zwar für Schüler und Lehrkräfte gleichermaßen) und der restlichen Schulgemeinschaft.

Es kann nicht immer davon ausgegangen werden, daß der Entschluß, eine Schwerstbehindertengruppe einzurichten, von der Zustimmung und vom Engagement des gesamten Kollegiums getragen wird, wie dies auch bereits im Punkt 2.1.1. angesprochen wurde. Häufig bleibt selbst bei gründlicher Vorbereitung und gemeinsamer Einarbeitung in die Grundzüge des neuen Aufgabengebietes ein Rest an Unverständnis und Ablehnung gegenüber der Konkretisierung erhalten. Nicht selten sind Urteile wie „Da kommt ja doch nichts dabei heraus" bzw. „So ein Aufwand für einen sehr fraglichen Nutzen!" einiger Lehrkräfte gegen die theoretischen Einwände der Befürworter schulischer Förderung Schwerstbehinderter resistent. Hier nützt es sicher wenig, den betreffenden Personen entrüstet vorzuhalten, daß sie gegenüber Schwerstbehinderten dieselben rassistischen Gedanken verfechten, die sie beim „Normalbürger" als Urteil über Geistigbehinderte überhaupt aufs schärfste kritisieren würden. Solange keine echte Überzeugung vom Sinn und der Notwendigkeit einer schulischen Arbeit mit Schwerstbehinderten in den Köpfen aller Kollegen existiert, wird es auch ständige Reibereien im Schulalltag geben. Ob sich die Mißbilligung darin ausdrückt, dem Kollegen in der Schwerstbehindertengruppe den Teppichboden oder die höhere Personalbesetzung zu neiden, oder ob die abweichenden Unterrichtsformen mit Kommentaren wie „Wann machen die eigentlich Unterricht?" bekrittelt werden, stets wird dem Schwerstbehinderten die Anerkennung als Schüler bestritten, der allein deshalb Hilfe bekommt, weil er sie *braucht* und nicht, weil sich ein wie auch immer gearteter Nutzen absehen läßt. Auch die mitleidsvolle Begutachtung „dieser armen Kreaturen", als eine andere Variante der Beurteilung Schwerstbehinderter, die sie nicht ernst nimmt, verhindert den selbstverständlichen Umgang mit den einzelnen Schülern und ihrer Gruppe, der Grundlage für die korrekte Einschätzung und entsprechende Schlußfolgerungen für die Förderarbeit ist.

Um solche Haltungen aufzubrechen, ist mehr erforderlich, als den Kollegen verletzt und beleidigt moralische Vorhaltungen zu machen.

Es geht im Gegenteil darum, ihnen die Schüler als Persönlichkeiten und die spezielle Art des Arbeitens mit ihnen als sinnvolle Notwendigkeit nahezubringen, um Unkenntnis, Mißtrauen und Fehleinschätzungen in Neugier, Interesse und Unterstützung umzuwandeln.

Praktisch lassen sich solche Veränderungen langfristig nur dadurch erzielen, daß die Schwerstbehindertengruppe als Einheit von Lehrern und Schülern offensiv gegen die Isolation innerhalb der Schulgemeinschaft vorgeht und bei allen sich bietenden Gelegenheiten auf Integration dringt. Hierfür ist es wichtig, daß die Schwerstbehindertengruppe sich öffnet, damit sie von den anderen Mitgliedern der Schule kennengelernt werden kann. Warum nicht Kollegen direkt und persönlich zur Hospitation in die Gruppe einladen, sie um Krankheitsvertretungen bitten, sie mit den Schülern in ihrer Klasse besuchen?

Nur über die Ermöglichung, ja Forderung intensiver Kontakte mit der Schwerstbehindertengruppe und gründlicher Einsichtnahme in das, was dort geschieht, kann gehofft werden, daß sich eine positive Haltung bei den offenen und heimlichen Kritikern herstellen läßt.

Nicht nur die Lehrkräfte der anderen Gruppen, auch diejenigen Schüler an der Sonderschule für Geistigbehinderte, die erkennen, daß in der Schwerstbehindertengruppe Schüler sind, die sich deutlich von den anderen Kindern an der Schule unterscheiden, brauchen eine Hilfestellung, um ein angemessenes Verhältnis zu den neuen Schülern zu entwickeln. Zwar ist hier weniger häufig zu beobachten, daß die schwerstbehinderten Schüler gemieden, häßlich tituliert oder aggressiv angegriffen werden, sie müssen sich jedoch nicht selten fassungslos bestaunen oder wie lebendige Puppen benutzen lassen, die pausenlos herumgetragen oder gefahren, befummelt und mit Süßigkeiten gefüttert werden können. Hier ist es wichtig, die anderen Schüler mit den besonderen Eigenarten und Bedürfnissen der schwerstbehinderten Schulkameraden vertraut zu machen und einen partnerschaftlichen bzw. rücksichtsvollen Umgang anzubahnen.

Dabei ist es sicherlich kein Fehler, stärkere Schüler, die dies gerne tun, zu kleinen Hilfsdiensten heranzuziehen, z.B. beim Fahren der Rollstühle zwischen Klassenraum und Pausenhof etc. Auch die Einladung einzelner Schüler aus anderen Klassen in die Schwerstbehindertengruppe, z.B. im Rahmen des

Morgenkreises, einer Unterrichtsreihe oder Spielaktivität mit der Gesamtgruppe, bietet Möglichkeiten zum gegenseitigen Kennenlernen und Vertrautmachen. Schüler der Schwerstbehindertengruppe können wiederum ab und zu eine andere Klasse besuchen und dort Teile des Tages verbringen, sofern dies von den Lehrkräften unterstützt und der Besuch entsprechend gestaltet wird.

Vielleicht läßt sich an der Schule sogar eine Paten-Klasse für die Schwerstbehindertengruppe finden, die bereit ist, die schwerstbehinderten Schüler ab und zu in ihre Aktivitäten einzubeziehen (Feste, Feiern, Spaziergänge, Freizeiten, etc.).

Prinzipiell ist für die Schwerstbehindertengruppe stets zu überlegen, wo innerhalb des Schulalltages Separation sinnvoll und notwendig ist (Inhalte, Methoden, Organisation), und wo sie als aufgezwungene (Isolation von der *Schulgemeinschaft)* überwunden werden muß.

Die Anerkennung der Integration einer Schwerstbehindertengruppe in die Schulgemeinschaft als ein *Schwerpunkt der schulischen Förderung,* dem Zeit, Planungsarbeit und Organisation gewidmet werden müssen, ist dabei der erste Schritt zum angestrebten Erfolg.

3. Literaturverzeichnis

3.1. Basale Stimulation und grundlegende Entwicklungs- förderung Schwerstbehinderter

Begemann,E., Fröhlich,A., Penner,H.: Förderung von schwerstkörperbehin- derten Kindern in der Primarstufe; Mainz 1979

Fröhlich,A.(Hrsg.): Wahrnehmungsstörungen und Wahrnehmungstraining bei Körperbehinderten; Rheinstetten 1977

Fröhlich,A., Tuckermann,U. (Hrsg.): Schwerstbehinderte; Rheinstetten 1977

Fröhlich,A.: Ansätze zur ganzheitlichen Frühförderung schwer geistig Behin- derter unter sensumotorischem Aspekt; in: Bundesvereinigung Lebenshilfe (Hrsg.): Hilfen für geistig Schwerstbehinderte - Eingliederung statt Isolation; Schriftenreihe Lebenshilfe Bd. 3, Marburg 1978

Fröhlich,A., Heidingsfelder,M.: Basale Förderung der Handfunktion bei Schwerstbehinderten; in Beschäftigungstherapie und Rehabilitation 2/1979

Fröhlich,A.: Basale Stimulation - Ein interdisziplinärer Ansatz zur Förderung Schwerstbehinderter; in: Zur Orientierung 4/1979, S. 370 - 377

Fröhlich,A.: Die Förderung schwerst(-körper-)behinderter Kinder -Aspekte ei- ner Kommunikationsförderung; in: Dittmann,W., Klöpfer,S., Rouff,E. (Hrsg.): Zum Problem der pädagogischen Förderung schwerstbehinderter Kinder und Jugendlicher; Rheinstetten 1979

Fröhlich,A.: Erzieherisches Handeln mit schwerst Mehrfachbehinderten; in: Fröhlich, A. (Hrsg.): Lernmöglichkeiten; Heidelberg 1981, 1. Aufl.

Fröhlich, A. (Hrsg.): Lernmöglichkeiten; Heidelberg 1981, 1. Aufl.

Fröhlich,A.: Der somatische Dialog; in: Behinderte 4/1982

Fröhlich,A.: Probleme der Förderung von Schwerst- und Mehrfachbehinder- ten; in: Hartmann,N. (Hrsg.): Beiträge zur Pädagogik der Schwerstbehinderten; Heidelberg 1983

Fröhlich,A.: Ganzheitliche Schwerstbehindertenförderung: Kommunikation, Wahrnehmung, Umwelterfahrung; in: VDS (Hrsg.): Bewegen, Erleben, Lernen; Zeitschrift für Heilpädagogik, Beiheft 12, Nienburg 1985

Fröhlich,A. (Hrsg.): Wahrnehmungsstörungen und Wahrnehmungsförderung; Heidelberg 1986

Fröhlich,A.: Ganzheitliche Kommunikationsförderung für schwerer geistig behinder- te Menschen; in: Fröhlich,A. (Hrsg.): Lernmöglichkeiten; Heidelberg 1989, 2. Aufl.

Fröhlich,A.: Grundzüge der Förderung von Kindern mit schwersten Behinderungen - eine Einführung; in: Fröhlich,A. (Hrsg.): Lernmöglichkeiten; Heidelberg 1989, 2. Aufl.

Fröhlich,A. (Hrsg.): Lernmöglichkeiten. Aktivierende Förderung für schwer mehrfachbehinderte Menschen; Heidelberg 1989, 2. Aufl.

Fröhlich,A.: Curriculum; in: Fröhlich, A. (Hrsg.): Die Förderung Schwerstbehinderter - Erfahrungen aus sieben Ländern; Luzern 1990, 3. Aufl.

Fröhlich,A. (Hrsg.): Die Förderung Schwerstbehinderter - Erfahrungen aus sieben Ländern; Luzern 1990, 3. Aufl.

Fröhlich,A.: Kommunikation mit schwerstbehinderten Kindern und Jugendlichen; in: Fachverband für Behindertenpädagogik Landesverband Hamburg VDS (Hrsg.): Entwicklungsförderung schwerstbehinderter Kinder und Jugendlicher; Hamburg 1990

Haupt,U., Fröhlich,A.: Entwicklungsförderung schwerstbehinderter Kinder - Bericht über einen Schulversuch Teil 1; Mainz 1982

Pechstein,J.: Die Umweltabhängigkeit der frühkindlichen zentralnervösen Entwicklung; Stuttgart 1974

Rahmen,H., Fröhlich,A.: Spiel- und Anregungsmaterial für schwerstbehinderte Kinder; in: VDS (Hrsg.): Bewegen, Erleben, Lernen; Zeitschrift für Heilpädagogik, Beiheft 12, Nienburg 1985

Strothmann, M.: Basale Stimulation - Sensorische Integration. Einige kritische Anmerkungen zum theoretischen Konzept und zur Anwendung in der Praxis; in: Doering,W.u.W. (Hrsg.): Sensorische Integration; Dortmund 1990

3.2. Isolationstraining für Autisten / Sensomotorische Entwicklungsförderung / Psychomotorik

Ayres,J.: Bausteine der kindlichen Entwicklung; Berlin 1984

Delacato,C.H.: Der unheimliche Fremdling: Das autistische Kind; Freiburg 1975

Doering,W.u.W.: Sensorische Integration; Dortmund 1990

Fröhlich,A.: Schwerstbehindertenpädagogik unter psychomotorischem Aspekt; in: Höss,H., Wolf,G. (Hrsg.): Psychomotorische Förderung geistig Behinderter; Stuttgart 1982

Fröhlich,A.: Aspekte der allgemeinmotorischen Förderung im Frühbereich; in: Bundesvereinigung Lebenshilfe (Hrsg.): Bewegungserziehung und Sport mit geistig behinderten Menschen; Große Schriftenreihe Bd. 6, Marburg 1982

Fröhlich,A.: Möglichkeiten der Psychomotorik mit schwerstbehinderten Kindern; in: Praxis der Psychomotorik 1/1984

Höss,H., Wolf,G. (Hrsg.): Psychomotorische Förderung geistig Behinderter; Stuttgart 1982

Kiphard,E.J.: Wie weit ist ein Kind entwickelt? Dortmund 1976

Kiphard,E.J., Fröhlich,A.: Die Bedeutung einer systematischen Sensibilisierung der Lage- und Bewegungsempfindung für die Entwicklungsförderung hirngeschädigter Kinder; in: Zeitschrift für Krankengymnastik 8/9 1981

Kiphard,E.J.: Mototherapie I und II, Dortmund 1983

Prekop,I.: Förderung der Wahrnehmung bei entwicklungsgestörten Kindern Teil I,II,III; in: Lebenshilfe 2/1980, Geistige Behinderung 3/1980, 4/1980

Verband ev. Einrichtungen für geistig und seelisch Behinderte e.V. (Hrsg.): Wahrnehmungsübungen im Bereich des Tastsinns und des Bewegungssinns; Mariaberger Heime 1988, 5. Aufl.

3.3. Krankengymnastik / Halliwick-Schwimm-Methode

Bobath,B.u.K.: Die motorische Entwicklung bei Zerebralparesen; Stuttgart 1977

Feldkamp,M. u.a. (Hrsg.): Krankengymnastische Behandlung der infantilen Zerebralparese; München 1989

Finnie,N.: Hilfe für das cerebral gelähmte Kind; Ravensburg 1974

Flehmig,I.: Normale Entwicklung des Säuglings und ihre Abweichungen; Stuttgart, New York 1987, 3. Aufl.

Gardiner,H.: Grundlagen der Übungstherapie in Krankengymnastik und Rehabilitation; Stuttgart 1974

Gekeler,I.: Schwimm- und Wassertherapie nach James McMillan. Theorie und Praxis; in: Krankengymnastik 11/1974

Mahler-Müller,S.: Krankengymnastische Förderung Schwerstbehinderter; in: Zur Orientierung 4/1974

Rietmann,B.: Therapeutische Aspekte sportlicher Betätigung: Schwimmen mit cerebral bewegungsgestörten Kindern; in: Feldkamp,M., Danielcik,I. (Hrsg.): Krankengymnastische Behandlung der cerebralen Bewegungsstörung; München o.J.

Schmidt-Hansberg,M.: Die Halliwick-Schwimm-Methode nach McMillan in der Rehabilitation Behinderter; in: Motorik 3/1981

Schorr,M.: Die Kombination von Krankengymnastik und pädagogischer Förderung in der Hilfe für geistig und körperlich Schwerstbehinderte; in: Zur Orientierung 4/1979

Schorr,M.: Krankengymnastik und Heilpädagogik bei geistig und körperlich Schwerstbehinderten; in Fröhlich,A. (Hrsg.): Die Förderung Schwerstbehinderter - Erfahrungen aus sieben Ländern; Luzern 1990, 3. Aufl.

3.4. Basale Aktivierung / Integriertes Lernen

Beck,M., Fröhlich,A.: Lernen mit Kindern in und durch Alltagshandlungen; in: Fröhlich (Hrsg.): Lernmöglichkeiten, Heidelberg 1989, 2. Aufl.

Breitinger, M., Fischer, D.: Intensivbehinderte lernen leben; Würzburg 1981

Breitinger, M.: Sensomotorische Lernsituationen mit Schwerstbehinderten; in: Feuser,G., Oskamp, U., Rumpler, F.: Förderung und schulische Erziehung schwerstbehinderter Kinder und Jugendlicher, Stuttgart 1983

Breitinger, M.: Schule als Lebensraum für Kinder und Jugendliche mit schwerer geistiger Behinderung; in: Hartmann,N. (Hrsg.): Beiträge zur Pädagogik der Schwerstbehinderten; Heidelberg 1983

Fischer,D.: Die Förderung Intensiv-Geistigbehinderter - eine schulpädagogische Aufgabe; in: Baier,H. (Hrsg.): Beiträge zur Behindertenpädagogik in Forschung und Lehre; Rheinstetten 1976

Fischer, D.: Körpernahes Lernen - Lernen mit dem Körper als Weg der Erziehung und Bildung von Menschen mit schwerer geistiger Behinderung; in: Feuser,G., Oskamp,U., Rumpler,F. (Hrsg.): Förderung und schulische Erziehung schwerstbehinderter Kinder und Jugendlicher; Stuttgart 1983

Haupt,U., Fröhlich,A.: Integriertes Lernen mit schwerstbehinderten Kindern - Bericht über einen Schulversuch Teil 2; Mainz 1983

3.5. Kombiniertes Konzept

BASALE AKTIVIERUNG
vgl. Literaturempfehlungen 3.4.

BASALE KOMMUNIKATION

Lernen konkret; 2/1990: Nonverbales Lernen, insbesondere: Timmermann,J.: Fußmassage als Form basaler Kommunikation; S.13ff und Moos,B.: Der Gong als ein Mittel der Kommunikation bei schwerst geistigbehinderten Schülern; S.16ff

Mall,W.: Basale Kommunikation - ein Weg zum anderen; in: Geistige Behinderung 1/1984

Mall,W.: Die Wiederaufnahme der primären Kommunikationssituation als Basis zur Förderung schwer geistig behinderter Menschen; in: VDS (Hrsg.): Bewegen, Erleben, Lernen; Zeitschrift für Heilpädagogik, Beiheft 12, Nienburg 1985

Mall,W.: Kommunikation mit schwer geistig behinderten Menschen; Heidelberg 1990

BASALE STIMULATION
vgl. Literaturempfehlungen 3.1.

BEHANDLUNG VON AUTOAGGRESSIVITÄT

Rohmann,U., Hartmann,H.: Autoaggression. Grundlagen und Behandlungsmöglichkeiten; Dortmund 1988

Schorr,M.: Der Abbau einer autoaggressiven Verhaltensweise; in: Zur Orientierung 1/1980

ENTWICKLUNGSPSYCHOLOGIE
vgl. Literaturempfehlungen 3.6.

FESTHALTE-THERAPIE

Prekop,J.: Hättest du mich festgehalten ...; Kösel-Verlag 1989

Rohmann,U., Elbing,U.: Festhaltetherapie und Körpertherapie; Dortmund 1990

FÖRDERPFLEGE/AKTIVIERENDE PFLEGE

Fröhlich,A.: Förderpflege - Der neue Terminus; Sonderpädagogik Heft 4/83, S.190-191

Fröhlich,A.: Die Pflege Schwerst-Mehrfachbehinderter als integrativer Bestandteil einer ganzheitlichen Förderung aus pädagogischer Sicht; in: Deutsche Krankenpflegezeitschrift 1/1980

Lernen konkret; 2/1986: Förderpflege

Schwörer,Ch.: Der apallische Patient; Stuttgart 1988

Trogisch,J.: Ärztliche Aufgaben bei der Rehabilitation geistig Schwerstbehinderter; in: Fröhlich,A. (Hrsg.): Die Förderung Schwerstbehinderter; Luzern 1981

FÜHREN IN PROBLEMLÖSENDEN ALLTAGSGESCHEHNISSEN

Affolter,F.: Wahrnehmung, Wirklichkeit und Sprache; Villingen 1987

INTEGRIERTES LERNEN/INTEGRIERTE FÖRDERUNG
vgl. Literaturempfehlungen 3.4.

ISOLATIONSTRAINING
vgl. Literaturempfehlungen 3.2.

KÖRPER- UND GESTALTTHERAPIE

Besems,T.,van Vugt,G.: Gestalttherapie mit geistig behinderten Menschen, Teil 1 und Teil 2; in: Geistige Behinderung: 4/1988 und 1/1989

Fischer,D., Weinert,Ch.: Der Körper - eine Herausforderung in der pädagogisch-therapeutischen Arbeit mit schwerstbehinderten Kindern; in: Behindertenpädagogik 3/1988

Klostermann,B.: Körpertherapie bei schwerstbehinderten blinden Kindern; in: VDS (Hrsg.): Bewegen, Erleben, Lernen; Zeitschrift für Heilpädagogik, Beiheft 12, Nienburg 1985

Lernen konkret; 2/1989: Lernen mit dem Körper

Pfeffer,W.: Leibhaftes Lernen bei geistig Behinderten; in: Geistige Behinderung 2/1986

Pfluger-Jakob,M.: Elementare Wahrnehmung bei schwerstbehinderten Kindern. Psychoemotionale Aspekte; in: VDS (Hrsg.): Bewegen, Erleben, Lernen; Zeitschrift für Heilpädagogik, Beiheft 12, Nienburg 1985

KRANKENGYMNASTIK
vgl. Literaturempfehlungen 3.3.

Musiktherapie

Vogel,B.: Musiktherapie bei Schwerstbehinderten; in: Zur Orientierung 4/1974

Vogel,B.: Musiktherapie - ein Schlüssel zur Seele; in: Geistige Behinderung 2/1988

SENSOMOTORISCHE ENTWICKLUNGSFÖRDERUNG
vgl. Literaturempfehlungen 3.2.

SENSORISCHE INTEGRATION

Ayres,J.: Bausteine der kindlichen Entwicklung; Berlin 1984

Doering,W.u.W.: Sensorische Integration; Dortmund 1990

SNOEZELEN

Hulsegge,J., Verheul,A.: Snoezelen - eine andere Welt; Bd. 21 Große Schriftenreihe Lebenshilfe, Marburg 1989

Kauschus-Nazario,Ch.: Snoezelen - mit allen Sinnen leben lernen; in: Geistige Behinderung 3/1989

Lamers,W.: Snoezelen - Ein Erlebnis für Schwerstbehinderte? - schauen - staunen - genießen- entspannen -; in: Fachverband für Behindertenpädagogik Landesverband Hamburg VDS (Hrsg.): Entwicklungsförderung Schwerstbehinderter Kinder und Jugendlicher, Hamburg 1990

3.6. Entwicklungspsychologie und Folgerungen

Affolter,F.: Wahrnehmung, Wirklichkeit und Sprache; Villingen/Neckar 1987

Augustin,A.: „Behandlung von Störungen der kognitiven Entwicklung"; in: Schriftenreihe des Verbandes der Beschäftigungs- und Arbeitstherapeuten e.V.; Zusammenstellung von Vorträgen anläßlich der 27. Jahresfortbildungsveranstaltung des Verbandes der Ergotherapeuten e.V. Karslruhe 1981; verlag modernes lernen, Bestnr. 1003

Ayres, J.: Bausteine der kindlichen Entwicklung; Heidelberg, New York, Tokio 1984

Breitinger,M.: Sensomotorische Lernsituationen mit Schwerstbehinderten; in: Feuser, Oskamp, Rumpler (Hrsg.): Förderung und schulische Erziehung schwerstbehinderter Kinder und Jugendlicher; Würzburg 1982

Flehmig,I.: Normale Entwicklung des Säuglings und ihre Abweichungen; Stuttgart, New York 1987

Ginsburg,H., Opper,S.: Piagets Theorie der geistigen Entwicklung; Stuttgart 1975

Hennige,U. u.a.: Die Erfassung und Förderung der sensomotorischen Kompetenz geistig Schwerstbehinderter; Neuerkeröder Beiträge Heft 4; Hrsg. v.d. Neuerkeröder Anstalten, Sickte 1988

Jetter,K.: Kindliches Handeln und kognitive Entwicklung; Bern, Stuttgart, Wien 1975

Jetter,K.: Leben und Arbeiten mit behinderten und gefährdeten Säuglingen und Kleinkindern; Stadthagen 1988

Moog,W., Moog,E.S.: Die entwicklungspsychologische Bedeutung von Umweltbedingungen im Säuglings- und Kleinkindalter; Berlin 1979

Oerter,R., Montada,L.: Entwicklungspsychologie; München-Weinheim 1987, 2. Aufl.

Pfeffer,W.: Die Förderung schwer geistig Behinderter auf der Grundlage der Entwicklung der sensomotorischen Intelligenz; ZfH, 34. Jg., Heft 6/1983 S. 357-363

Prekop,I.: „Störungen der kognitiven Entwicklung der sensomotorischen Stufe"; in: Schriftenreihe des Verbandes der Beschäftigungs- und Arbeitstherapeuten e.V.; Zusammenstellung von Vorträgen anläßlich der 27. Jahresfortbildungsveranstaltung des Verbandes der Ergotherapeuten e.V. Karslruhe 1981; verlag modernes lernen, Bestnr. 1003

Rosemann, H.: Entwicklungspsychologie; Arbeitshefte für Psychologie Bd.11 Berlin 1974

Scherler,K.: Sensomotorische Entwicklung und materiale Erfahrung; Schorndorf 1975

Spitz,A.R.: Die Entstehung der ersten Objektbeziehungen; Stuttgart 1973

Stendler Lavatelli,C.: Früherziehung nach Piaget; München, Basel 1976

Vater,W.: Früherziehung unter sensomotorischem Aspekt; in: Höss,H., Wolf,G. (Hrsg.): Psychomotorische Förderung geistig Behinderter; Stuttgart 1981

Wohlfarth,R.: Prüfung der sensomotorischen Intelligenz; in: frühförderung interdisziplinär 6.Jg. S. 73-79 (1987)

3.7. Diagnostik

Cardinaux,H.: Zur Diagnose der Mehrfachbehinderung; Villingen-Schwenningen 1975

Fischer,E.: Pädagogische Beurteilung bei Schülern mit einer schweren geistigen Behinderung; in: Lernen konkret 1/1991

Flehmig,I.: Normale Entwicklung des Säuglings und ihre Abweichungen; Stuttgart, New York 1987, 3. Aufl.

Franger,W., Pfeffer,W.: Probleme und Möglichkeiten der Diagnostik bei schwerster geistiger Behinderung; in: Kornmann,R., Meister,H., Schlee,J.: Förderungsdiagnostik; Heidelberg 1986, 2. Aufl.

Fröhlich,A., Haupt,U.: Förderdiagnostik mit schwerstbehinderten Kindern; Dortmund o.J. (1988), 4. Aufl.

Günzburg,H.C.: S/P=PAC-Bogen; Stratford-upon-Avon 1977

Hellbrügge,Th.: Münchner funktionelle Entwicklungsdiagnostik; München 1975

Hellbrügge,Th., v.Wimpfen,J.H.: Die ersten 365 Tage im Leben eines Kindes; München, Zürich 1976

Kiphard,E.J.: Wie weit ist ein Kind entwickelt? Dortmund 1987, 7.Aufl.

Lernen konkret; 1/1991: Pädagogische Beurteilung

Oerter,R., Montada,L.: Entwicklungspsychologie; München-Weinheim 1987, 2. Aufl.

3.8. Unterrichtspraxis mit Schwerstbehinderten

Becker,H.: Klassenfahrt mit „Schwerstbehinderten" - Ein Bericht -; In: Behindertenpädagogik, 19. Jg. 1/1980, S. 84-89

Bonn,H.: Arbeitslehre - Sachbezogene Arbeitshaltung schwerstgeistigbehinderter Werkstufenschüler: Anbahnung und Vorhabengestaltung; Berlin 1985

Bonn,H.: Möglichkeiten der nonverbalen Kommunikation schwerstbehinderter Schüler unter Einsatz technischer Kommunikationshilfen; in: Fröhlich,A. (Hrsg.): Kommunikation und Sprache körperbehinderter Kinder; Dortmund 1989

Braun,E.-M., Fischer,E.: Spezielle Planungsaufgaben bei schwer geistig behinderten Schülern; in: Fischer,E., Mertes,J.P. (Hrsg.): Unterrichtsplanung in der Schule für Geistigbehinderte; Dortmund 1990

Breitinger, M.: Ein Unterrichtsangebot: Wir erleben, erfahren Seile, Stoffbänder, Schnur ...; in: Dittmann, W. u.a.: Neue Richtlinien für den Unterricht in der Schule für Geistigbehinderte; Stuttgart 1983

Dank,S.: Heterogene Schwerstbehindertenklassen an der Sonderschule für Geistigbehinderte - Möglichkeiten der gruppenmäßigen Förderung an konkreten Beispielen; in: Fachverband für Behindertenpädagogik Landesverband Hamburg VDS (Hrsg.): Entwicklungsförderung schwerstbehinderter Kinder und Jugendlicher; Hamburg 1990

Dank,S.: Probleme bei der Förderung Schwer- und Schwerstmehrfachbehinderter; in: VBE (Hrsg.): Dokumentation Sonderschultag des Verbandes Bildung und Erziehung 1990; Bonn 1990, zu beziehen bei: VBE, Dreizehnmorgenweg 36, 5300 Bonn 2

Dank,S.: Schulische Arbeit mit schwer- und schwerstbehinderten Kindern und Jugendlichen; in: VDS Landesverband Nordrhein-Westfalen e.V. (Hrsg.): Mitteilungen des Verbandes Deutscher Sonderschulen e.V. Landesverband Nordrhein-Westfalen; Heft 1/1991, zu beziehen bei: VDS, Holunderweg 35, 5309 Meckenheim

Dank,S.: Didaktische Aspekte der schulischen Förderung schwerstbehinderter Kinder und Jugendlicher; Kurs der FernUniversität - Gesamthochschule Hagen 1991/92 Nr. 3599/4076

Dolfen,H.: Richtlinien und Hinweise für den Unterricht Förderung schwerstbehinderter Schüler; in: Lernen konkret, 2/1986

Fischer,D.: Eine methodische Grundlegung. (Neues Lernen mit Geistigbehinderten); Würzburg 1981, 2. Aufl.

Fischer,E., Mertes,J.P.: Unterrichtsplanung in der Schule für Geistigbehinderte; Dortmund 1990

Fröhlich,A.: Curriculum; in: Fröhlich,A. (Hrsg.): Die Förderung Schwerstbehinderter - Erfahrungen aus sieben Ländern; Luzern 1990, 3. Aufl.

Günzburg,A.: Umweltgestaltung für Schwerstbehinderte - Die Schaffung einer Erfahrungswelt; in: Fröhlich,A. (Hrsg.): Die Förderung Schwerstbehinderter - Erfahrungen aus sieben Ländern; Luzern 1990, 3. Aufl.

Haberl,B., Ries,E.: Ein Tag in unserer Klasse; in: Lernen konkret 2/1987

Klein,F.: Konzeption einer Tagesbildungsstätte für schwer geistig und mehrfachbehinderte Erwachsene:; in: Fröhlich,A. (Hrsg.): Lernmöglichkeiten; Heidelberg 1989, 2. Aufl.

Koch,T.: Vom Erdbad zur Erbse; in: Lernen konkret 3/1987

Lebenshilfe für geistig Behinderte e.V., Kreisvereinigung Neunkirchen (Hrsg.): Erstellung von Förderprogrammen für schwer geistig behinderte und mehrfachbehinderte Kinder und Jugendliche; Neunkirchen 1990; zu beziehen bei: Geschäftsstelle der Lebenshilfe für geistig Behinderte e.V., Kreisvereinigung Neunkirchen, 6680 Neunkirchen, Schloßstr. 37

Lernen konkret; 2/1986: Förderpflege

Lernen konkret; 1/1987: Unterricht mit Schwerstbehinderten

Lernen konkret; 2/1989: Lernen mit dem Körper

Lernen konkret; 2/1990: Nonverbales Lernen

Lernen konkret; 4/1990: Wir backen

Lernen konkret; 1/1991: Pädagogische Beurteilung

Müller,M.: Die Förderung schwerst geistig behinderter Kinder - Überblick; in: Fröhlich,A. (Hrsg.): Die Förderung Schwerstbehinderter - Erfahrungen aus sieben Ländern; Luzern 1990, 3. Aufl.

Pöhnl,B.: Lernzielorientierter Unterricht mit schwerstbehinderten Schülern; in: Fröhlich,A. (Hrsg.): Lernmöglichkeiten; Heidelberg 1989, 2. Aufl.

Rahmen,H., Fröhlich,A.: Spiel- und Anregungsmaterial für schwerstbehinderte Kinder; in: VDS (Hrsg.): Bewegen - Erleben - Lernen; Zeitschrift für Heilpädagogik, Beiheft 12, Dezember 1985

Rahmen,H., Lennartz-Pasch,R.: Spielmaterial für Behinderte; Wuppertal 1988

Rahmen,H., Lennartz-Pasch,R.: „Fröhliches Wohnen!" Alternativen zur norm-gerechten Behindertenwohnkultur; in Fröhlich,A. (Hrsg.): Lernmöglichkeiten, Heidelberg 1989, 2. Aufl.

Rahmen,H., Lennartz-Pasch,R.: Gestaltung bewegt! in: Fachverband für Be-hindertenpädagogik Landesverband Hamburg VDS (Hrsg.): Entwicklungsför-derung schwerstbehinderter Kinder und Jugendlicher; Hamburg 1990

Rahmen,H., Lennartz-Pasch,R.: Fantasto - Ästhetisches Spiel- und Anre-gungsmaterial für Behinderte; Moers 1990

Richter,I.: Schwer mehrfach Behinderte lernen Selbständigkeit; Reha-Verlag 1979

Sinnhuber,H.: Spielmaterial zur Entwicklungsförderung; Dortmund 1985

Straßmeier,W.: Frühförderung konkret. 260 lebenspraktische Übungen für ent-wicklungsverzögerte und behinderte Kinder; München, Basel 1981

Verband Deutscher Sonderschulen e.V. (Hrsg.): Bewegen - Erleben - Ler-nen; Zeitschrift für Heilpädagogik, Beiheft 12, Dezember 1985

Walburg,W.R.: Lebenspraktische Erziehung Geistigbehinderter; Berlin-Char-lottenburg 1972

3.9. Integration

Becker,H.: Sonderklassen für Schwerstbehinderte oder „Eingliederung statt Isolation"; in: Behindertenpädagogik, 19. Jg., 1/1980, S.73-84

Bundesverband für spastisch Gelähmte und andere Körperbehinderte (Hrsg.): Gemeinsam spielen - Gemeinsam lernen. Behinderte und nichtbehin-derte Kinder in Kindergarten und Schule; Düsseldorf o.J.

Ehlers,A., Hoffmann-Bechthold, H.: Integrative Beschulung schwerstbehin-derter Kinder und Jugendlicher in der Schule für Geistigbehinderte und der Schule für Körperbehinderte in Schleswig-Holstein; in: Fachverband für Behin-dertenpädagogik Landesverband Hamburg VDS (Hrsg.): Entwicklungsförde-rung Schwerstbehinderter Kinder und Jugendlicher, Hamburg 1990

Hinz,A.: Kinder mit schwersten Behinderungen in Integrationsklassen. Theore-tische Überlegungen und erste praktische Erfahrungen in Hamburg; in: Geisti-ge Behinderung 2/1991

Roser,L.O.: Die Förderung schwerstbehinderter Kinder im Florentiner Integra-tionsmodell - Individualisierte Betreuung in der sozialen Umwelt; in: Fröhlich,A. (Hrsg.): Die Förderung Schwerstbehinderter - Erfahrungen aus sieben Län-dern; Luzern 1990, 3. Aufl.

Rothmayr,A.: Zur Integration sogenannter Schwerstbehinderter in integrativen Gruppen; in: Fachverband für Behindertenpädagogik Landesverband Hamburg VDS (Hrsg.): Entwicklungsförderung Schwerstbehinderter Kinder und Jugendlicher, Hamburg 1990

Scholz,H.: Zur Integration schwerstbehinderter Kinder; in: Fachverband für Behindertenpädagogik Landesverband Hamburg VDS (Hrsg.): Entwicklungsförderung Schwerstbehinderter Kinder und Jugendlicher, Hamburg 1990

Straßmeier,W.: Wie lassen sich Schwerstbehinderte in schulische Lernprozesse eingliedern? in: Fachverband für Behindertenpädagogik Landesverband Hamburg VDS (Hrsg.): Entwicklungsförderung Schwerstbehinderter Kinder und Jugendlicher, Hamburg 1990

3.10. Grundlegende Beiträge

Bayrisches Staatsministerium für Arbeit und Sozialordnung (Hrsg.): Hilfen zum Leben für Schwerstbehinderte; München 1987

Buchka,M., Hackenberg,J.: Das Burn-out-Syndrom bei Mitarbeitern in der Behindertenhilfe; Dortmund 1988, 2. Aufl.

Bundesverband für spastisch Gelähmte und andere Körperbehinderte e.V. (Hrsg.): Pädagogische Förderung schwerstbehinderter Kinder und Jugendlicher; Düsseldorf 1987, zu beziehen bei: Bundesverband für spastisch Gelähmte und andere Körperbehinderte e.V., Brehmstr. 5-7, 4000 Düsseldorf 1

Bundesvereinigung Lebenshilfe für geistig Behinderte (Hrsg.): Hilfen für schwer geistig Behinderte - Eingliederung statt Isolation; Schriftenreihe Lebenshilfe Bd. 3, Marburg 1978

Dittmann,W.: Basale Förderung als Bildungsauftrag der Schule für Geistigbehinderte, in: Dittmann,W. u.a. (Hrsg.): Neue Richtlinien für den Unterricht an der Schule für Geistigbehinderte; Stuttgart 1983

Dittmann,W., Klöpfer,S., Ruoff,E. (Hrsg.): Zum Problem der pädagogischen Förderung schwerstbehinderter Kinder und Jugendlicher; Rheinstetten 1984, 2.Aufl.

Dittmann,W., Hahn,M., Ruoff,E., Sautter,H. (Hrsg.): Neue Richtlinien für den Unterricht in der Schule für Geistigbehinderte; Stuttgart 1983

Dittmann,W.: Schwer geistig behinderte Schüler und ihre schulische Bildung nach Veröffentlichung der KMK-Empfehlungen; in: Dittmann,W., Klöpfer,S., Ruoff,E. (Hrsg.): Zum Problem der pädagogischen Förderung schwerstbehinderter Kinder und Jugendlicher; Rheinstetten 1984, 2.Aufl.

Dolfen,H.: Richtlinien und Hinweise für den Unterricht Förderung schwerstbehinderter Schüler; in: Zeitschrift lernen konkret, 2/1986

Fachverband für Behindertenpädagogik Landesverband Hamburg VDS (Hrsg.): Entwicklungsförderung schwerstbehinderter Kinder und Jugendlicher; Hamburg 1990

Feuser,G.: Schwerstbehinderte in der Schule für Geistigbehinderte; in: Dittmann,W., Klöpfer,S., Ruoff,E. (Hrsg.): Zum Problem der pädagogischen Förderung schwerstbehinderter Kinder und Jugendlicher; Rheinstetten 1979

Feuser,G.: Thesen zum Problemkreis schwerst geistigbehinderter Kinder und Jugendlicher; in: Feuser,G., Oskamp,U., Rumpler,F. (Hrsg.): Förderung und schulische Erziehung schwerstbehinderter Kinder und Jugendlicher; Stuttgart 1983

Feuser,G.: Zur Diskussion gestellt: Schulische Förderung Schwerstbehinderter; Zeitschrift für Heilpädagogik, 34.Jg. 1983, Heft 12

Feuser,G., Oskamp,U., Rumpler,F. (Hrsg.): Förderung und schulische Erziehung schwerstbehinderter Kinder und Jugendlicher; Stuttgart 1983

Fischer,E.: Wahrnehmungsförderung - Zum Aufbau von Wahrnehmungskompetenz als Aneignung sinnlicher Erkenntnisse und Bedeutungsstrukturen bei Geistigbehinderten; Bad Honnef 1983

Fischer,E.: Ansätze und Tendenzen in der pädagogischen Förderung schwer Geistigbehinderter in der Bundesrepublik Deutschland; in: Zeitschrift für Heilpädagogik, 36. Jg. 1985, Heft 7, S. 510-524

Fischer,E.: Die Förderung von Kindern und Jugendlichen mit geistiger Behinderung in der ehemaligen DDR; in: Lernen konkret 2/1991

Fornefeld,B.: „Elementare Beziehung" und Selbstverwirklichung geistig Schwerstbehinderter in sozialer Integration. Reflexionen im Vorfeld einer leiborientierten Pädagogik; Mainz 1989

Fornefeld,B.: Humanes Annehmen (schwerst-)geistigbehinderter Menschen; in: Dreher,W.: Geistigbehindertenpädagogik - vom Menschen aus; Gütersloh 1990

Fröhlich,A.: Schulorganisatorische Probleme bei der Integration von sogenannten schwerstbehinderten Kindern; in: Behindertenpädagogik 1/1980

Fröhlich,A.: Die Entwicklung Schwerstbehinderter - Forderungen an eine therapeutisch-pädagogische Förderung extrem behinderter Menschen; in Beschäftigungstherapie und Rehabilitation 4/1980

Fröhlich,A.: Pädagogische Forderungen an eine Arbeit mit Schwerstbehinderten; in: Deutsches Caritas Jahrbuch 1981, Karlsruhe 1980

Fröhlich,A.: Schwerstbehinderte Menschen - Vorschläge für lebensbegleitende Förderung in Wohnortnähe; in: Das Band 1/1981

Fröhlich,A.: Hilfe ist keine Rechtfertigung für gesellschaftliche Entmündigung; in: Bundesverband für spastisch Gelähmte und andere Körperbehinderte (Hrsg.): Gemeinsam spielen - Gemeinsam lernen. Behinderte und nichtbehinderte Kinder in Kindergarten und Schule; Düsseldorf o.J.

Fröhlich,A.: Vitale seelische Probleme schwerstbehinderter Kinder; in: Forschungsgemeinschaft „Das körperbehinderte Kind" (Hrsg.): Entwicklung und Förderung Körperbehinderter; Heidelberg 1985

Fröhlich,A.(Hrsg.): Kommunikation und Sprache körperbehinderter Kinder; Dortmund 1989

Fröhlich,A.: Grundzüge der Förderung von Kindern mit schwersten Behinderungen - eine Einführung; in: Fröhlich,A. (Hrsg.): Lernmöglichkeiten 1989, 2. Aufl.

Fröhlich,A. (Hrsg.): Lernmöglichkeiten 1989, 2. Aufl.

Fröhlich,A. (Hrsg.): Die Förderung Schwerstbehinderter. Erfahrungen aus sieben Ländern; Luzern 1990, 3. Aufl.

Hartmann,N. (Hrsg.): Beiträge zur Pädagogik der Schwerstbehinderten; Heidelberg 1983

Hahn,M.: Zum Ausbrennen (Burn-out-Syndrom) im Zusammenleben mit schwerstbehinderten Menschen; in: ZHN, 54.Jg. 2/1985

Heiduschka,R.: Was für eine Zeit! Gründungsansprache von Rita Heiduschka, Vorsitzende der Lebenshilfe DDR; in: Geistige Behinderung 3/1990

Klein,F.: Zum pädagogischen Verstehen des Kindes mit einer schweren geistigen Behinderung; in: Lernen konkret 1/1991

Lamers,W.: Anmerkungen zum Spiel (schwer)geistigbehinderter Kinder; in: Dreher,W. (Hrsg.): Geistigbehindertenpädagogik - vom Menschen aus; Gütersloh 1990

Mühl,H.: Handlungsbezogener Unterricht mit Geistigbehinderten; Bonn-Bad Godesberg 1980, 2. Aufl.

Müller,M.: Die Förderung schwerst geistig behinderter Kinder - Überblick; in: Fröhlich,A. (Hrsg.): Die Förderung Schwerstbehinderter - Erfahrungen aus sieben Ländern; Luzern 1990, 3. Aufl.

Pfeffer,W.: Förderung schwer geistig Behinderter. Eine Grundlegung; Würzburg 1988

Reimen,M.: Förderung Schwerstbehinderter: Integration in verschiedene Fachdisziplinen; in: Fröhlich,A. (Hrsg.): Die Förderung Schwerstbehinderter - Erfahrungen aus sieben Ländern; Luzern 1990, 3. Aufl.

Schumacher,J.: Schwerstbehinderte Menschen verstehen lernen; in: Geistige Behinderung 1/1985

Spreng,H.: Schwerstbehinderte Kinder - eine Herausforderung für die Schule; München, Basel 1979

Stinkes,U.: Das ethische Verhältnis zum Anderen als Basis pädagogisch verantwortlichen Verstehens und Handelns - ein phänomenologisches Fragment; in: Dreher,W. (Hrsg.): Geistigbehindertenpädagogik - vom Menschen aus; Gütersloh 1990

Wedding,B.: Das Burn-out-Syndrom; in: Pädagogik 41.Jg. 6/1989

3.11. Erlasse und Richtlinien

Kultusministerkonferenz: Empfehlungen für den Unterricht in der Schule für Geistigbehinderte. Beschlüsse der Kultusministerkonferenz; Neuwied 1980

Lehrpläne und Richtlinien der alten Bundesländer:

Baden-Württemberg: Bildungsplan der Schule für Geistigbehinderte (Sonderschule). Kultus und Unterricht. Amtsblatt des Ministeriums für Kultus und Sport Baden-Württemberg; Lehrplanheft 5/1982

Bayern: Allgemeine Richtlinien für Erziehung und Unterricht und lernzielorientierter Lehrplan für die Schule für Geistigbehinderte. Amtsblatt des Bayrischen Staatsministeriums für Unterricht und Kultus; Sondernummer 24, 1982

Staatsinstitut für Schulpädagogik (Hrsg.): Lehrplan und Materialien für den Unterricht in der Schule für geistig Behinderte mit Abdruck der allgemeinen Richtlinien; München 1982

Berlin: Rahmenplan für Unterricht und Erziehung in Berliner Schulen. Schule für Geistigbehinderte. Der Senator für Schulwesen, Jugend und Sport; o.J.

Hamburg: Beschlüsse der Kultusministerkonferenz. Empfehlungen für den Unterricht in der Schule für Geistigbehinderte; Luchterhand 1980

Hessen: Richtlinien für den Unterricht in der Schule für Praktisch Bildbare (Sonderschule). Der Hessische Kultusminister (Hrsg.); Wiesbaden 1983

Niedersachsen: Richtlinien für die Schulen in Niedersachsen - Schulen für Geistigbehinderte. Der Niedersächsische Kultusminister; Hannover 1975

Nordrhein-Westfalen: Richtlinien und Lehrpläne für die Schule für Geistigbehinderte (Sonderschule) in Nordrhein-Westfalen. Die Schule in Nordrhein-Westfalen. Der Kultusminister des Landes Nordrhein-Westfalen (Hrsg.), Köln 1980

Richtlinien für die Förderung schwerstbehinderter Schüler in Sonderschulen und Hinweise für den Unterricht. Der Kultusminister des Landes Nordrhein-Westfalen (Hrsg.), Köln 1985

RdErl. des Kultusministers vom 20. Dezember 1973 - II A 5.36 - 5/0 - 4350/73 - GABl. 1974 S. 62: Verfahren bei der Aufnahme in Sonderschulen und beim Übergang von Sonderschulen in allgemeine Schulen (Sonderschul-Aufnahmeverfahren - SAV)

RdErl. des Kultusministers vom 12. Juli 1978 - GABl.NW.S.503: Aufnahme Schwerstbehinderter in Sonderschulen

Rheinland-Pfalz: Richtlinien und Lehrplan Schule für Geistigbehinderte (Sonderschule). Kultusministerium Rheinland-Pfalz; Mainz 1980

Empfehlungen zur Förderung von Schülern mit extrem autistischem Verhalten. Rundschreiben des Kultusministeriums Rheinland-Pfalz vom 15.5.1979 - 946 B Tgb. Nr. 2100

Saarland: Richtlinien Schule für Geistigbehinderte (Sonderschule). Schule im Saarland. Schriftenreihe des Ministers für Kultus Bildung und Sport 1980

Schleswig-Holstein: Lehrplan für die Schule für Geistigbehinderte in Schleswig-Holstein (Handreichungen für den Unterricht). Der Kultusminister des Landes Schleswig-Holstein; Kiel 1982

Bestimmungen der ehemaligen DDR:

Ministerium für Gesundheitswesen der Deutschen Demokratischen Republik (Hrsg.): Grundlagenmaterial zur Gestaltung der rehabilitativen Bildung und Erziehung in Rehabilitationspädagogischen Förderungseinrichtungen des Gesundheits- und Sozialwesens der DDR; Berlin 1987

3.12. Elternproblematik

Beuys,B.: Am Anfang war nur Verzweiflung; Hamburg 1984

Dreyer,P.: Ungeliebtes Wunschkind; Frankfurt a.M. 1988

Fröhlich,A.: Mütter schwerstbehinderter Kinder; Heidelberg 1986

Jonas,M.: Trauer und Autonomie bei Müttern schwerstbehinderter Kinder; Mainz 1990

Jonas,M.: Behinderte Kinder - behinderte Mütter? Die Unzumutbarkeit einer sozial arrangierten Abhängigkeit; Frankfurt a.M. 1990

Hinze,D.: Väter und Mütter behinderter Kinder. Der Prozeß der Auseinandersetzung im Vergleich; Heidelberg 1991

Kniel,A.: Bedingungsfaktoren emotionaler Belastungen von Müttern behinderter Kinder im Vorschulalter: Eine empirische Untersuchung; in: Behindertenpädagogik 27/1988

Schuchardt,E.: Jede Krise ist ein neuer Anfang; Düsseldorf 1984

3.13. Didaktisches Material und Medien zur Förderung Schwerstbehinderter

Apotheken verkaufen Aquadest-Flaschen, die sich für viele Schwerstbehinderte besonders gut zum Trinken eignen

Arbeitsgemeinschaft Behinderte in den Medien, München
Film (1989): Schöner Wohnen

Dusyma, Haubersbronner 40; 7060 Schorndorf
Spiel- und Arbeitsmaterial, Einrichtungsgegenstände

Firma eibe, Postfach 6, 8701 Röttingen
Spiel- und Arbeitsmaterial, Einrichtungsgegenstände

Firma Enste, Hitchinstraße 36, 6530 Bingen 11 - Büdesheim
Lagerungshilfen

IWB, Birkenweg 22, 3559 Lichtenfels 5
Informationen zum Arbeiten mit Schwerstbehinderten im Pränatalraum: Hörproben, Video-Film, Kurse und Seminare

„Maulwurfs Design", Markstraße 244, 4150 Krefeld 1.
Spielmaterial für Behinderte, Raumgestaltungen im Wohn-, Therapie-, Arbeits- und Schulbereich, Durchführung von Seminaren und Fortbildungen zu o.g. Themen.
Lit.: Rahmen,H., Lennartz-Pasch,R.: Spielmaterial für Behinderte; Script-Verlag, Wuppertal 1988; dies.: Fantasto. Ästhetisches Spiel- und Anregungsmaterial für Behinderte; Script-Verlag, Moers 1990

Ronémons-Material: Neue Medien zur schulischen Förderung Schwerstbehinderter; Manuskript und Katalog zu beziehen bei: Emons,B., Fa. Ronémons, Hopfensackstege 6, 4190 Kleve; Tel. (0 28 21) 2 31 34

Service Civil International, Kirschenallee 35, 4130 Moers 1
Herstellung und Vertrieb von Spiel- und Anregungsmaterial für (Schwerst)behinderte (vgl. Maulwurfs Design)

Spinnrad (Ladenkette für Natur-Kosmetik)
Versand: Am Luftschacht 3a, 4650 Gelsenkirchen
vertreibt Plastik-Pipetten, die für die Durchführung eines Trinkprogramms bei Schwerstbehinderten benötigt werden

Sport Thieme, Helmstedter Straße 40, 3332 Grasleben
Sportgeräte, Matten, Keile

Verlag technischer Medien Soraja Bonn, Spulstraße 3, 4050 Mönchengladbach 2
„Worker" - Unterrichts- und Arbeitshilfen, Geräteprogramm und Zubehör.

Die Funktion der Worker-Unterrichts- und Arbeitshilfen beruht auf dem Prinzip der Sensorschaltung, die bereits durch eine leichte Berührung aktiviert werden kann. Schwerstbehinderte können mit Hilfe des Worker-Systems jedes beliebige elektrische Gerät ein- bzw. ausschalten.

Lit: Bonn,H.: Möglichkeiten der nonverbalen Kommunikation schwerstbehinderter Schüler unter Einsatz technischer Kommunikationshilfen; in: Fröhlich,A. (Hrsg.): Kommunikation und Sprache körperbehinderter Kinder; Dortmund 1989

Wehrfritz, Postfach 1107, 8634 Rodach
Spiel- und Arbeitsmaterial, Einrichtungsgegenstände

Widmaier, Waldstraße 36, 7307 Aichwald 3
Spiel- und Arbeitsmaterial, Einrichtungsgegenstände

3.14. Spiel- und Liederbücher

Böke,B.: Lernspiele Bd. 1; Boppard/Rhein 1972

Fuchs,P., Gundlach,W. (Hrsg.): Unser Liederbuch für die Grundschule; Stuttgart o.J.

Hahn,G.: Lied und Spiel; Hannover 1955

Jung,G.: Orff-Instrumente in der Sonderschule für Geistigbehinderte; Lernen konkret Taschenbuch 2, Bonn-Bad Godesberg 1987

Keller,W.: Ludi musici. Spielbuch für Kindergarten und Grundschule; Boppard/Rhein 1970

Kellermann,D.: Spiele für Kleinkinder; Niederhausen/Taunus 1976

Klein,R.R.: Willkommen lieber Tag, Bd.1; Frankfurt a.M. 1964

Konietzko,C.: Sing-, Kreis-, Finger- und Bewegungsspiele; Ravensburg 1978

Lemmermann,H.: Die Zugabe, Bd. 1 und 2; Boppard/Rhein o.J.

Linke,C.: Lieder für uns; Lahr/Schwarzwald 1963

Moog,H.: Singbuch 1 und 2 mit Lehrerband; Düsseldorf 1975

Sieler,R.: Mit Geräuschinstrumenten Musik machen; Frankfurt a.M. 1971

Steinmann-Vogel,B.: Rhythmische Erziehung; Dortmund 1977

Ihre Praxis ist unser Programm!

Übungsreihen
für Geistigbehinderte

◆ **Lehrgang A: Umgang mit Mengen, Zahlen und Größen**

Heft A1: Susanne Dank
Geistigbehinderte lernen die Uhr im Tagesablauf kennen
2. Aufl. 1991, 76 S., Format DIN A 4, geh
ISBN 3-8080-0207-7   Bestell-Nr. 3602, DM 18,80

Heft A3: Ursula Waskönig / Christiane Hardtung
Geistigbehinderte benutzen Hohlmaße
„Wir messen ab mit Löffel, Tasse und Meßbecher"
1994, 72 S. (davon 39 Kopiervorlagen), Format DIN A 4, geh, ISBN 3-8080-0305-7   Bestell-Nr. 3620, DM 24,80

Heft A5: Susanne Dank
Geistigbehinderte lernen den Umgang mit dem Längenmaß
2. Aufl. 1995, 84 S., Format DIN A 4, geh
ISBN 3-8080-0262-X   Bestell-Nr. 3609, DM 18,80

Heft A7: Sabine Heidjann
Geistigbehinderte lernen Möglichkeiten Freier Arbeit im Bereich UMZG kennen
1993, 68 S., Format DIN A4, geh
ISBN 3-8080-0280-8   Bestell-Nr. 3611, DM 19,80

Heft A8.1-A8.2: Franziska Reich
Anbahnung des Zahlbegriffs bei Geistigbehinderten:
Heft A8.1: **Theoretische Einführung**
1993, 40 S., Format DIN A4, geh
ISBN 3-8080-0288-3   Bestell-Nr. 3613, DM 19,80

Heft A8.2: **Geistigbehinderte lernen Voraussetzungen zum Zählen (Reihenbegriff und Zahlbegriff "1")**
1994, 44 S., Format DIN A 4, geh
ISBN 3-8080-0289-1   Bestell-Nr. 3614, DM 19,80

Heft A8.3: **Geistigbehinderte lernen zählen**
1995, 48 S., Format DIN A4, geh
ISBN 3-8080-0290-5   Bestell-Nr. 3615, DM 19,80

(Weitere Bände sind in Vorbereitung)

◆ **Lehrgang B: Sprache**

Heft B1: Susanne Dank
Geistigbehinderte lernen ihren Namen lesen und schreiben
3., verb. Aufl. 1995, 40 S., Format DIN A 4, geh,
ISBN 3-8080-0298-0   Bestell-Nr. 3601, DM 17,80

Heft B2: Anneliese Berres-Weber
Geistigbehinderte lesen ihren Stundenplan
Bilder lesen und Handlungen planen
1995, 190 S., davon 116 S. Kopiervorlagen, Format DIN A4, im Ordner
ISBN 3-8080-0302-2   Bestell-Nr. 3622, DM 78,00

◆ **Lehrgang G: Sport**

Heft G1: Rudolf Lause
Geistigbehinderte erlernen das Schwimmen
2. Aufl. 1994, 52 S., Format DIN A 4, geh
ISBN 3-8080-0273-5   Bestell-Nr. 3610, DM 19,80

Heft G2: Rudolf Lause
Geistigbehinderte erleben das Wasser
1992, 40 S., Format DIN A 4, geh
ISBN 3-8080-0306-5   Bestell-Nr. 3621, DM 18,80

Heft G3: Rudolf Lause
Geistigbehinderte Schüler spielen ausgewählte Ballspiele
1994, 56 S., Format DIN A 4, geh
ISBN 3-8080-0327-8   Bestell-Nr. 3624, DM 19,80

◆ **Lehrgang D: Lebenspraktisches Training**

Heft D1: Susanne Dank
Geistigbehinderte pflegen ihren Körper
Fitneß-Training / Hygiene / Herstellung von Kosmetika
3., unveränd. Aufl. 1995, 79 S., Format DIN A 4, geh,
ISBN 3-8080-0303-0   Bestell-Nr. 3603, DM 19,80

◆ **Lehrgang F: Wahrnehmungsförderung**

Heft F1-F5: Anneliese Berres-Weber
Geistigbehinderte üben kognitive Fähigkeiten und Fertigkeiten:

Heft F1: **Einführung zu den Formen Kreis und Dreieck**
2. verb. Aufl. 1995, 43 S., Format DIN A 4, geh
ISBN 3-8080-0286-7   Bestell-Nr. 3604, DM 17,80

Heft F2: **Arbeitsmaterial zu Kreis und Dreieck**
1991, 140 Blatt, Format DIN A 4, Block
ISBN 3-8080-0246-8   Bestell-Nr. 3605, DM 24,80

Heft F3: **Einführung z. d. Formen Quadrat u. Rechteck**
1992, 64 S., Format DIN A 4, geh
ISBN 3-8080-0247-6   Bestell-Nr. 3606, DM 17,80

Heft F4: **Arbeitsmaterial zum Quadrat**
1992, 124 Blatt, Format DIN A 4, Block
ISBN 3-8080-0248-4   Bestell-Nr. 3607, DM 24,80

Heft F5: **Arbeitsmaterial zum Rechteck**
1992, 132 Blatt, Format DIN A4, Block
ISBN 3-8080-0249-2   Bestell-Nr. 3608, DM 24,80

◆ **Lehrgang H:**
Heft H4: Ute Schimpke
Ganzheitlicher Anfangsunterricht
„Wir werden ein Abenteuerzirkus – Wir bauen eine Insel – Wir bauen einen Spielplatz"
1994, 44 S., Format DIN A 4, geh
ISBN 3-8080-0322-7   Bestell-Nr. 3623, DM 19,80

 **verlag modernes lernen - Dortmund**

Hohe Straße 39 · D-44139 Dortmund ☎ (0180) 534 01 30 • FAX (0180) 534 01 20

1/96